高校德育教育
引入传统文化的 策略研究

肖 兵◎著

中国出版集团
中国民主法制出版社

全国百佳图书
出版单位

图书在版编目（CIP）数据

高校德育教育引入传统文化的策略研究 ／ 肖兵著.
— 北京 ： 中国民主法制出版社，2023.5
ISBN 978-7-5162-3206-4

Ⅰ．①高… Ⅱ．①肖… Ⅲ．①中华文化－关系－高等
学校－德育工作－研究－中国 Ⅳ．①K203②G641

中国国家版本馆 CIP 数据核字（2023）第 066174 号

图书出品人：刘海涛
出 版 统 筹：石　松
责 任 编 辑：刘险涛

书　　名/高校德育教育引入传统文化的策略研究
作　　者/肖　兵

出版·发行/中国民主法制出版社
地址/北京市丰台区右安门外玉林里 7 号 （100069）
电话/（010）63055259（总编室）　63058068　63057714（营销中心）
传真/（010）63055259
http://www.npcpub.com
E-mail:mzfz@npcpub.com
经销/新华书店
开本/16 开　　　787 毫米×1092 毫米
印张/13.25　　**字数/**212 千字
版本/2023 年 5 月第 1 版　　2023 年 5 月第 1 次印刷
印刷/廊坊市源鹏印务有限公司

书号/978-7-5162-3206-4
定价/68.00 元
出版声明/版权所有，侵权必究。

（如有缺页或倒装，本社负责退款）

前　言

　　一个民族的存在和发展离不开其所处的文化环境，文化是其心灵深处的精神家园。中国传统文化源远流长，博大精深，历经数千年发展而绵延不绝，是中华民族旺盛生命力的内在动力。

　　高度重视德育改革已经成为世界发展趋势，各个国家都已经意识到德育改革的必要性和迫切性，越来越多的国家纷纷采取具体措施，大力加强学校德育建设。例如，坚持德育的连续性和统一性，注重德育的实用性和实效性，强调内容的多样性与层次性，等等，都取得了一定的成效。在党和国家的高度重视下，在广大德育工作者的辛勤劳动、刻苦钻研下，我国高校德育工作取得了巨大的进步，成绩喜人。但是，由于我们现在处于新时期，新时期的一些特点和出现的一些现象，给高校德育工作带来了一些困难。现代文化思潮的传入，社会主义市场经济的负面影响，科学技术的高速发展和互联网的广泛应用等，对大学生的世界观、人生观、价值观和道德观造成了一定的冲击。

　　本书对高校德育教育引入传统文化的策略进行研究，在明确传统文化与高校德育的基础之上，探讨了中国传统文化在大学生德育教育中的科学利用，并对高校德育主体诉求、高校德育机制与理念的创新、高校德育模式方法与形式的创新进行阐述，探索了中国和谐传统与现代德育目标的构建、中国传统伦理道德与现代德育内容的构建，以及中国传统文化与德育教育相融合的原则和路径。希望本书所研究的课题能够为高校德育教育引入传统文化提供一些具有操作性和实践性的建议。

　　在撰写本书的过程中，作者倾注了大量的心血，但由于时间紧促，再加上水平有限，错漏之处在所难免，敬请各位专家、学者，以及读者批评指正。

目录

第一章 传统文化概述 1

    第一节 传统文化的内涵 1

    第二节 传统文化的特点 11

    第三节 传统文化的精神 17

第二章 高校德育创新研究 24

    第一节 高校德育的内涵和在现实中的地位 24

    第二节 高校德育创新的理论基础和原则 27

    第三节 高校德育创新 31

    第四节 中国传统文化与德育教育相融合的价值意义 38

第三章 中国传统文化在德育教育中的科学利用 49

    第一节 中国优秀传统文化对大学生德育的价值 49

    第二节 中国传统文化在大学生中的缺失及成因 58

    第三节 中国传统文化在大学生德育教育中的实现策略 64

第四章 高校德育主体诉求 75

    第一节 大学生主体意识增强的诉求 75

    第二节 大学生全面发展的诉求 82

    第三节 大学生思想道德素质发展的诉求 93

第五章 高校德育机制与理念的创新 103

    第一节 高校德育机制的创新 103

    第二节 高校德育理念的创新 124

第六章 高校德育模式方法与形式的创新 143

    第一节 建立新媒体虚拟空间与现实空间结合的德育模式 143

    第二节 建立新媒体视域下各方面相结合的立体德育模式 153

    第三节 运用新媒体创新德育方法 161

第四节 运用新媒体改进德育的形式 168

第七章 中国"和谐"传统与现代德育目标的构建 180

第一节 中国传统文化的"和谐"思想 180

第二节 中国"和谐"传统的德育价值 187

第三节 现代德育目标的构建 194

参考文献 201

第一章 传统文化概述

第一节 传统文化的内涵

传统文化就是文明演化而汇集成的一种反映民族特质和风貌的民族文化，是民族历史上各种思想文化、观念形态的总体表征。世界各地、各民族都有自己的传统文化。我们中华民族有着五千年的悠久历史，在历史的长河中不断地积累形成的文化形态，也是多种多样的，包括：古文、诗、词、曲、赋、民族音乐、民族戏剧、曲艺、国画、书法、对联、灯谜、射覆、酒令、歇后语等。

传统文化的全称大概是传统的文化，落脚在文化，对应于当代文化和外来文化而言。其内容当为历代存在过的种种物质的、制度的和精神的文化实体和文化意识。例如，民族服饰、生活习俗、古典诗文、忠孝观念之类；也就是通常所谓的文化遗产。

了解中国传统文化的内涵，首先要理解什么是"传统"和"文化"。传统是由历史留传而来的思想、道德、风俗、艺术、制度等。

文化属于社会历史范畴，是指人类创造社会历史的发展水平、程度和质量的状态。因此，在中国文献中，"文化"一词的含义是有所演变的。

在中国传统中，偶尔也有提到"文化"这个名词的。南齐王融在《三月三日曲水诗序》中写道："设神理以景俗，敷文化以柔远。"这里的"文化"是文治和教化的意思。但是，在古汉语中，没有双音节词，多数情况下，"文"和"化"是分开使用的。在中国古代文献中的"文"字本意是"纹"，即纵横交错的纹理。

例如，《左传·隐公元年》："中子生而有文在其手。"后来，"文"

又引申为文采、文字、文章、条纹、品行修养和礼乐制度等。再后来，"文"又引申为处理人与人之间关系的原则和方法。人与人之间的关系，以及处理人际关系的规范就是"人文"。"关乎人文，以化成天下"，意思就是，观察人的伦常秩序，以教化天下，移风易俗。

中国传统文化就是指中华民族在古老的华夏大地上所创造的具有持久生命力的文化。它是中华文明演化而汇集成的一种反映民族特质和风貌的民族文化，是中华民族历史上各种思想文化、观念形态的总体特征。是居住在中国地域内中华民族及其祖先所创造的、为后世继承和发展的、具有鲜明民族特色的传统优秀文化。

中国传统文化历史悠久，内涵博大精深，是中华民族几千年文明的结晶。包括充满智慧的哲学，完备深刻的道德伦理，异彩纷呈的文学艺术，独具特色的语言文字，经世致用的传统史学，普惠世界的科技工艺，等等。这些共同构成了中国传统文化的基本内容。

一、文化

文化，本身是一个比较大的概念。笼统地说，文化是一种社会现象，是人们长期创造形成的产物。同时，又是一种历史现象，是社会历史的积淀物。广义的文化是人类创造出来的所有物质和精神财富的总和。其中，既包括世界观、人生观、价值观等具有意识形态性质的部分，又包括自然科学和技术、语言和文字等非意识形态的部分。确切地说，文化是指一个国家或民族的历史、地理、风土人情、传统习俗、生活方式、文学艺术、行为规范、思维方式、价值观念等。

（一）文化的定义

早在中国古代，"文化"一词就存在了。最早"文"是指互相交错的复杂的纹理。《说文解字》里称，"文，错画也，象交叉"，都说的是这个意思；"化"一般指变化，事物的形态或者是性质发生了改变。例如，《黄帝内经·素问》里有"化不可代，时不可违"的句子，还有庄子著名的《逍遥游》中也有"化而为鸟"的诗句。西汉的刘向则将"文化"二字合在一起，他在《说苑·指武》中说过："圣人之治天下也，先文德而后武力。凡武之兴，为不服也。文化不改，然后加诛。夫下愚不移，纯德之所不能化，而后武力加焉。"指的是"文治教化"，与之相对的就是武力的征服。然而，他所说的"文化"其实并不是一个整体的词语，"文"与"化"各有各的意思。在这里，"文"是指"德行"和"文德"的意思，与古时候"人文"的意思相近。而"化"则是"教化"的意思。晋朝《补亡诗》里有"文化内辑，武功外悠"之说。南北朝时期南齐的王融在《曲水诗序》中有"设神理以景俗，敷文化以柔远"这样的诗句。后来，"文"与"化"不断被联系在一起，并最终组成一个名词整体，但是，比较侧重于"人文"之意，主要指人们的思想道德、观念、风俗习惯、典章制度，等等。

20世纪70年代出版的《大百科全书》，给文化新的定义，认为文化是人类、社会在历史上的发展水平，是人类生产和生活的各种形式的表现，还有人类创造出来的物质的、精神的财富。

总之，文化就是人类社会实践的产物。目前，在我国具有影响力的观点是从文化的层次、功能，以及综合视角对文化进行理解。比如，张岱年认为，文化主要包括三个层次：第一层次是思想、意识、观念。其中，价值观念与思维方式，是其中最重要的两个方面。第二层次就是文物，就是说思想意识的实物化。第三层次是制度、风俗，是思想观点凝结成的条例、规矩。文化概念的理解方式，主要是名词性、动名词性等静态理解方式。随着时代的发展与变迁，人们解读文化的视野也在不停地变化。现在学界逐渐在狭义文化观和广义文化观的基础上进一步的综合、深化，从动态角度来理解文化的内涵，从实践、创造等功能方面解读文化。比如，当我们说实践是文化之根的时候，不仅仅指静态的文化、制度、精神，等等，而且指实践是文化创造和延续的核心，强调实践是在具体的文化背景下进行的。同时，文化概念的界定和理解更加体现出文化作为"人之为人"的根本存在方式这一精神。文化是历史地凝结成的稳定的生存方式，其核心是人构建起来的人之形象；文化并不是简单的思想方式和意识观念。它像血缘一样，熔铸在总体性文明中的各个层面，左右着人的行为方式。

（二）文化的特征

第一，具有继承性，世代相传。中国传统文化在某些短暂的历史时期内有所中断，在不同的历史时期，多少有所改变，但是，总体上没有中断，变化不大。

第二，具有可传播性。这是文化的一个重要特性，它可以通过各种媒介和手段进行传播。

第三，具有独特的民族特色。文化的种类、形式等丰富多样，各不相同，每个国家和民族都有与自身的生产、生活方式相符合的文化传统，区别于其他的民族和族群。

二、我国的传统文化

中国传统文化就是指我们中华民族自古流传下来的各民族共同表现出来的，并且可以影响整个社会的，具有稳定结构的思维方式、价值取向、国民品性、理想人格、伦理观念等精神成果的总和。

所谓优秀的传统文化，就是指在历史上发挥过重要作用的文化，就是有利于人类社会的繁荣昌盛和国家、民族的安定团结的文化，就是能够提升人们的智慧并激发创造力的文化。同时，增进人们的福祉和幸福生活，能够升华人的精神生命并具有人类终极价值的文化。可以说，是居住在中国地域内的为我们中华民族及其祖先所创造的，为中华民族世世代代所继承发展的，具有鲜明的民族特色，历史悠久、为中国人所特有的文化精神，以及基于此的知识系统、价值系统、行为系统，是我们中华民族几千年历史文明的结晶。

中华传统文化首先应该包括思想、文字、语言，之后是六艺，也就是：礼、乐、射、御、书、数，再后是生活富足之后衍生出来的书法、音乐、武术、曲艺、棋类、节日、民俗等。传统文化是我们生活中息息相关的，融入我们生活的，我们享受它而不自知的东西。

中华传统文化应包括：古文、古诗、词语、乐曲、赋、民族音乐、民族戏剧、曲艺、国画、书法、对联、灯谜、射覆、酒令、歇后语等。传统节日（均按农历）有：正月初一春节（农历新年）、正月十五元宵节、四月五日清明节、清明节前后的寒食节、五月五日端午节、七月七日七夕节、八月十五中秋节、腊月三十除夕，以及各种民俗活动等。包括传统历法在内的中国古代自然科学，以及生活在中国的各地区、各少数民族的传统文化，也是中华传统文化的组成部分。

时至今日，古今中外的学者尚不能得出定论，除了多维视野的原因外，还有语言学角度的客观歧义。

广义上讲，文化是人类精神生活与物质生活的总和。

其一，从时间角度上讲，有原始文化、古代文化、近代文化、现代文化。

其二，从空间角度讲，有东方文化、西方文化、海洋文化、大陆文化。

其三，从社会层面上讲，有贵族文化、平民文化、官方文化、民间文化、主流文化、边缘文化。姜义华先生分为规范性文化、非规范性文化、半规范性文化。这种分法比较新颖。

所谓的规范性文化，姜先生认为，是以孔子等学说为经，以历代官修史志为纬，在长期流迁演化中广泛吸收了其外来文化而形成的经史文化，是中国小农社会的具有最高权威的规范性文化。与此相应的，则是普遍存在于一般民众中的生产方式、生活方式、人与人的种种关系，风俗、习惯、信仰、追求，日常心理、潜在意识及形形色色的成文或不成文制度中的非规范性文化。除去这两种文化之外，还有介于两者之间的半规范性文化，指雅俗程度不一的大量文学艺术作品，对经史文化呈半游离状态的各种文化教育、娱乐活动。比如，《水浒传》《三国演义》《隋唐演义》《西游记》等俗文化代表作。

其四，从社会功用上，分为名号文化、礼仪文化、制度文化、服饰文化、校园文化、企业文化。

其五，从文化的内在逻辑层次上，又可分为物态文化、心态文化、行为文化、制度文化四个层次。

其六，从经济形态方面，又有牧猎文化、渔盐文化、农业文化、工业文化、商业文化之分。

三、传统文化的表现形式

（一）技艺

1. 琴

笙、笛子、二胡、古筝、箫、鼓、古琴、琵琶。《茉莉花》、十大名曲（《高山流水》《广陵散》《平沙落雁》《梅花三弄》《十面埋伏》《夕阳箫鼓》《渔樵问答》《胡笳十八拍》《汉宫秋月》《阳春白雪》）。

2. 棋

中国象棋、中国围棋，对弈、棋子、棋盘、五子棋。

3. 书

中国书法—象形文字—甲骨文—金文—篆书—隶书—楷书—行书—草

书—硬笔书法，篆刻印章，文房四宝—毛笔、墨、砚台、宣纸，木版水印、甲骨文、钟鼎文、汉代竹简、竖排线装书。

4. 画

国画、山水画、写意画；敦煌壁画：八骏图、太极图（太极）。

5. 名

字号、印鉴、符标；姓名；名称、称号。

（二）传统

1. 十二生肖

鼠、牛、虎、兔、龙、蛇、马、羊、猴、鸡、狗、猪。

2. 传统文学

唐诗、宋词、元曲，明清小说、歌、赋、《诗经》《三十六计》《孙子兵法》、四大名著。

3. 传统节日

元宵节、寒食节、清明节（祭祖）、端午节（粽子、赛龙舟、屈原）、中秋节、重阳节（敬老）、腊八节、除夕（大年三十、红包、守岁、团圆饭）、春节（正旦、元旦、元日）为代表。

4. 中国戏剧

昆曲、湘剧、粤剧、徽剧（庐剧）、汉剧、京剧、皮影戏、越剧、川剧、评剧、越剧、湖南花鼓戏、豫剧、黄梅戏；昆曲脸谱、湘剧脸谱、川剧脸谱、京戏脸谱。

曲艺：相声、歌仔戏、皮影戏、布袋戏、南曲、高甲戏、双簧。

5. 中国建筑

长城、牌坊、园林、寺院、钟、塔、庙宇、亭台楼阁、井、石狮、民宅、徽派建筑、陕西窑洞、秦砖汉瓦、兵马俑。

6. 汉字汉语

汉字、汉语、对联、谜语（灯谜）、歇后语、熟语、成语、射覆、酒令。

7. 传统中医

中医、中药、《黄帝内经》《伤寒杂病论》《本草纲目》《中医内科学》，《中医外科学》。

8. 舞蹈

古代舞蹈：周朝雅乐、大舞、小舞、汉朝乐府、唐朝乐舞；现代舞蹈：彩带舞、武功、扇子舞。

9. 数学

《周髀算经》《九章算术》（三国时刘徽著）、圆周率、算盘。

10. 天文学

天象观察记录，发明观测仪器：圭表、浑仪、简仪、高表、仰仪、制定历法（农历）。

11. 四大发明

造纸术、印刷术、火药、指南针。

（三）民俗

1. 民间工艺

剪纸、风筝、中国织绣（刺绣等）、中国结、泥人面塑、龙凤纹样（如意纹、雷纹、回纹、巴纹）、祥云图案、凤眼、千层底。

2. 中华武术

南拳北腿、少林、武当，内家外家，太极八卦。

3. 地域文化

中原文化、江南文化、江南水乡、塞北岭南、大漠风情、蒙古草原、天涯海角、西域文化。

4. 民风民俗

礼节、婚嫁（红娘、月老）、丧葬（孝服、纸钱）、祭祀（祖）；门神、年画、鞭炮、饺子、舞狮。

（四）其他

1. 四大雅戏

花鸟虫鱼、牡丹、梅花、桂花、莲花、鸟笼、盆景、斗蛐蛐、鲤鱼。

2. 动物植物

龙、凤、狼、麒麟、虎、豹、鹤、龟、大熊猫；梅兰竹菊：梅花、兰花、竹子、菊花；松、柏。

3. 器物随身

玉（玉佩、玉雕）、瓷器、景泰蓝、中国漆器、彩陶、紫砂壶、蜡染、古代兵器（盔甲、大刀、宝剑等）、青铜器、古玩（铜钱等）、鼎、金元宝、如意、烛台、红灯笼（宫灯、纱灯）、鼻烟壶、鸟笼、长命锁、糖葫芦、铜镜、大花轿、水烟袋、芭蕉扇、桃花扇。

4.饮食厨艺

出门七件事：柴、米、油、盐、酱、醋、茶；酒、茶道；吃文化、中国菜、八大菜系（鲁、川、粤、闽、苏、浙、湘、徽）、饺子、团圆饭、年夜饭、年糕、中秋月饼、筷子；鱼翅、熊掌。

5.传说神话

女娲补天、盘古开天地、后羿射日、嫦娥飞天、夸父逐日。

四、中国传统文化的保护措施

（一）区别对待中国传统文化

区别对待中国传统文化，有利于社会前进的脚步。

优势：民本思想，商周时代有"民为邦本，本固邦宁"的说法。荀子"水则载舟，水则覆舟"，孟子"我善养吾浩然之气"，杜甫"会当凌绝顶，一览众山小"。还有"位卑未敢忘忧国""君子之交淡若水，小人之交甘若醴""先天下之忧而忧，后天下之乐而乐""人生自古谁无死，留取丹心照汗青"等。

劣势：推崇守旧，"天可变，地可变，祖宗之法不可变"；"两耳不闻窗外事，一心只读圣贤书"的迂腐、官僚贵族欺压人民、"君子忧道不忧贫"、抑制百姓通过商业或其他途径谋求更多的物质利益；压制个性、压制自由思想、阻碍发展等。

（二）客观地看待问题

从时代的角度，以比较的观点和方法看问题。"独在异乡为异客，每逢佳节倍思亲""慈母手中线，游子身上衣"的崇高天伦；"天行健，君子以自强不息"的不屈不挠的精神。"仁者爱人"的高尚道德；马援马革裹尸，霍去病"匈奴未破，何以家为"，曹操"对酒当歌，人生几何"，王昌龄"秦时明月汉时关"的功业抱负；"感时花溅泪，恨别鸟惊心""人闲桂花落，月静春山空"。中国传统文化的这些长处，必将成为世界文化珍贵的部分。

中国传统文化是在漫长的古代历史中形成的，是以封建社会文明为其背景。而西方文化，严格地说，是在文艺复兴之前才逐渐形成，是以资本主义文明为背景的。一个是封建色彩浓厚的文明，一个是资本主义色彩浓厚的文明，这就决定了中国传统文化不可避免地存在落后性，在许多方面存在着薄弱之处。但是，也不能一味否决，而在于能否取其精华。

（三）传统文化发展的必由之路

继承、借鉴与创新，并主动地融入世界文化，是中国今后文化发展的必由之路。

文化的建设，必须坚持继承、吸收、创新。主要是有价值的东西，反映事物的本质和规律，以及一些高尚品质。但是，反对无限拔高。中国传统文化是在特定时期形成，必定有其时代局限性，任何夸大其词，都是错误的。

这些年来，有些人看到《周易》、论语、禅宗等思想成果的价值，这本是一件好事。但是，盲目崇拜，极尽溢美之词，那便走上了歧路了。甚至有人在看到西方文明碰到一些挫折后，便反过来大力宣扬：西方文明已经破产了，传统文明重新复兴，是大势所趋！中华文明是要复兴，但并非要复兴某一特定的文化，而是要建立科学、民主、崇尚人的尊严和价值的新中华文化。

从整个世界文化角度来学习。世界各民族的文化互有长短，应该互相学习，才能共同进步。

对于个人而言，我们需要做到：

第一，有一定的文化积累。第二，明确方向。即与社会发展趋势相一致，与以人为本、以民为本的价值观相一致。第三，要有宽松环境。要允许新事物存在、发展，不能视新事物为洪水猛兽，要鼓励不同思想文化自由交锋。第四，勇气和意志。需要整个民族的勇气和意志。旧的文化是过去社会前进的动力，新的社会也需要新的文化坚持不懈地奋斗，并尊重事物发展规律，最终必然能取得胜利。

中国传统文化的断代，已经三百六十多年。由于我们在很长时间内不能以开阔的胸怀理解资本主义，对于资本主义文明一直保持一种强烈的警惕性，不能积极地学习西方文化那些先进成果，结果，反过来损害了我国民族传统文化现代化进程。这十多年间，又出现了国学热，涌现了一些国学大师。但是，一些人只是就国学谈国学，已走入歧路。今日谈国学，应站在整个世界文化背景去研究。要研究国学，就必须了解现代社会发展趋势。这样，研究国学，才能真正得出比较全面、成熟、中肯的结论。

五、传承优秀传统文化的意义

中国优秀传统文化所蕴含的内容是很丰富的，是全世界文化宝库中最为璀璨的一颗明珠，必须要加大力度进行继承与弘扬。

（一）历史意义

众所周知，我国优秀传统文化是中华民族生生不息的命脉，是中华民族凝聚在一起的强大精神动力，激发着我们的爱国主义精神和民族创造力。中华民族的伟大复兴必然伴随着中华文化的繁荣。在社会主义市场经济不断完善和发展的今天，文化的繁荣昌盛日益重要，文化的发展是社会主义事业的重要组成部分，关系到社会主义现代化能不能实现，而我们传统文化的继承与发展问题，又是社会主义文化发展的重要组成部分。

可以说，中国的社会主义先进文化的建设是在两个基础上创造发展的，第一个基础是新时代中国特色社会主义的实践基础；第二个基础就是我国的优秀传统文化，缺一不可。我们建设优秀传统文化传承体系，建设中华民族共有精神家园，既是对中华优秀传统文化的传承与发展，也是推进社会主义先进文化发展的重要标志，意义重大。

（二）现代意义

生存危机、信仰危机，以及诚信危机，归根结底，就是文化的危机，是传统文化断裂和缺失的表现。我们有必要加强传统文化的学习和继承，优秀的传统文化是中国特色社会主义不断发展的内在动力和精神推力，在一定的社会和经济条件的推动下，我国优秀的传统文化可以与社会实践相结合，从而转化成为符合社会和人民大众需要的社会主义新型文化。

同时，我国传统文化还可以借鉴先进的外来文化，吸收其中的精华部分为我所用，为我服务。也就是说，使我们的优秀传统文化面向未来、面向世界，走出中国、走向世界，实现现代化。这样，才能更好地为大众和社会服务，尤其是对我国实现现代化建设和实现小康社会，具有重要的现实意义。

首先，弘扬优秀传统文化，加强我国文化建设，符合市场经济的需要和要求，是人们的生活不断进步的必然要求；其次，这是社会文化建设的需要，文化是民族的标志，文化是民族的灵魂，文化创造了希望，文化创造了发展，文化使人民团结一致。我们五千年的文化可谓无与伦比，且在五千年的发展中不断推陈出新，发扬光大。我们应站在文化建设与战略的高度，站在精神文明与物质文明和谐发展的高度来弘扬中华优秀传统文化，给广大青少年以美好的文化滋养，重整中国人内在的理想，创造一个海晏河清、祥和安乐的和谐社会。最后，这是社会道德建设的需要，"观乎人文，天下化成"。文化是一切道德的基础，中华民族历来就是注重文明教化的民族。因此，我们应将道德资源几乎无处不在的优秀传统文化教给青少年，给我们这个人心浮躁、急功近利的时代以补救和滋养，让全社会沐浴在优秀传统文化的阳光之中。

第二节 传统文化的特点

中华民族历史悠久，五千年的文明积淀使得中华民族拥有了无比灿烂的传统文化。中华民族的传统文化内涵丰富，经久不衰，经历了数千年的社会变动，依然保持着其自身的特色，并且对中华民族的发展产生了深远地影响。时至今日，中华民族的优秀传统文化依然光辉璀璨，发挥着其不可替代的作用。特别是在经济全球化，文化呈多元发展趋势的背景下，中华民族的优秀传统文化依然有其深刻的理论价值和无可替代的社会价值。

在几千年的历史长河中，中国传统文化受独特的自然条件和历史条件的制约，形成了自身鲜明的特色。中国文化成长于内陆型的自然环境，以小农经济为主体的经济基础，以家族制度、专制制度，以及"家国同构"为特征的社会结构和相对封闭的国际条件，使中国传统文化具备鲜明的特色。

一、中国传统文化具有相对独立性

中国传统文化的相对独立性源于地域性，中国文化产生和发展的大陆是东亚大陆。这个地区北有大漠，西有高原，东南临海，由于古代的交通不发达，因而形成了一片相对独立的辽阔大地。因而，中国文化基本上是在一种与外界较为隔离的状态下产生发展起来的，是一种较为自发的文化，独立成为一个系统。中国文化在其历史发展的长河中，逐渐形成了一个以华夏文化为中心，同时汇集了国内各民族文化的统一体。这个统一体发挥了强有力的同化作用，在中国历史上的任何时刻，都未曾分裂和瓦解过。即使在内忧外患的危急存亡关头，在政治纷乱、国家分裂的情况下，它仍能够保持完整和统一。这一特征是在世界其他任何民族的文化中都难以找到的。

之所以说是相对独立的，是因为中国文化在长期的发展过程中，还融入了外来文化因子，但是，这些外来因子并没有占据主体地位。中国文化是按照自身规律不断吸收外来文化发展起来的。

二、中国传统文化具有多元统一性

文化具有多元性，不仅中华民族的传统文化是这样，其他民族的文化也是如此。它们都是在不断的文化交流中变化和发展的。中国文化兼容并包，在几千年的历史长河中不断吸收其他民族优秀的文化，为己所用，"取其精华，去其糟粕"，不断壮大，才有了让世界瞩目的中华文明。

中国传统文化的多元统一性有其历史根源。翻开中华民族五千年的文明史，不难发现，她长期以来的包容心态。作为一个多民族的大国，在多民族的文化交融中，她兼容并包，形成了丰富多彩的多民族文化。比如，精彩纷呈的蒙古族文化、独具特色的苗族文化、丰富多彩的新疆文化，等等。这些文化各有特色，别具一格，与汉文化一起共同构成了精彩的中华文明。纵观中华文明史，从石器时代开始，一代又一代的中国人民创造出了令世人瞩目，甚至长时间处于世界之巅的中华文明。四大发明、国粹京剧、陶瓷制造、丝绸之路，哪一个名字都非常响亮。以京剧为例，丰富多彩的脸谱、独具风味的唱腔、意味深长的故事，不但在国内经久不衰，而且在全世界范围内也深受欢迎。越来越多的外国人来中国欣赏甚至学习京剧。

中国文化又是一个具有很大的兼容性的文化，中国人在漫长的历史进程中，是以开放的心态迎接异质文化。它吸纳了世界各地人民创造的文化，并加以改造、同化，为己所用，使这些外来文化的优秀成分成了中华文明的一部分，并发扬光大。

三、中国传统文化具有连续性与凝聚力

中国传统文化在几千年的发展过程中，一直保持着连续性和整体性，在悠远的历史长河中，一脉相承，从来没有间断，也从来没有出现过中国以外的文化征服或取代中国传统文化的情况。

延续不断，经久不衰，具有顽强的生命力和应变能力，这正是中国传统文化的一个重要特征。在中外历史上，不少优秀的文化因为异族入侵而中断。比如，古希腊、古罗马文化因日耳曼人入侵而中断沉睡了上千年；古印

度文化因雅利安人入侵而雅利安化；古埃及文化则因入侵者的变化而不断改变自己的面貌：曾经一度希腊化，后又罗马化，再后又伊斯兰化。这都是由于它们根基不深，站脚不稳。

中国传统文化却大不相同，十六国时期的五胡乱华，宋元时期契丹、女真的相继南下，乃至蒙古、清朝入主中原，都未能中断中国传统文化，相反却是征服者最后被征服、被同化、被融合，中国传统文化吸收了各少数民族的新鲜血液，反而增加了新的生命活力。它之所以有这种顽强的连续性，就是因为它有强大的同化力与融合力，外族文化进入中原地区、外域文化进入中国后，大都逐步汉化、中国化，与汉族文化、中国文化融为一体，成为中国文化不可分割的一部分，如，我国少数民族的文化，包括楚文化、吴文化、巴蜀文化，以及西域文化等。

时间因素的积淀和空间因素的影响共同作用，使得中国传统文化具有连续性，这种连续性，我们从时间和空间两个因素来看。

从空间的因素看，人与自然做"物质交换"的生产方式及由此产生的行为方式（农业型经济、土地价值观等），稳定的社会结构（包括大一统、国家政治、家族结构，等等），以及"仁义礼智信"等精神为主体的思想意识形态的一贯性，等等，都成为中国传统文化连续发展的背景和前提，也是中国传统文化从未间断的原因之一。从时间因素的积淀来看，中国文化的连续性与文化内在的遗传特性有关。同时，文化的结构又有自身的稳定性，在时代更迭中同样会保持内在气质，并且积极适应时代的变更，文化内在的这些特性导致了文化具有连续性。

中国文化经历了几千年的历史长河，但是，在这几千年的历史变革、世代更替中，它仍保持着自身特性，从未间断。在它的发展历程中环环相扣，连续发展。古代历史上著名的四大文明古国，特别是古埃及和古巴比伦的文化出现了断档，甚至失传。而中华文明却依然完好无损地保存下来。就拿文学来说，先后经历了诗经楚辞、先秦散文、汉魏诗赋到唐诗、宋词、元曲、明清小说，一直延续下来。我们常说，中国文化源远流长，说的就是中国文化的连续性。

中国传统文化还具有强大的凝聚力。这种凝聚力主要表现为文化心理的自我认同感和超地域、超国界的文化群体归属感。近年来，千百万华侨都来关心中国的振兴，正是这种文化凝聚力在起作用。用优秀的传统文化教育人民、团结人民，提高全民族的文化素质；用优秀的传统文化唤起海外广大同胞的爱国心，争取他们从道义上、物质上支持国内的现代化建设，促进祖国早日统一，正是我们弘扬中国传统文化的一个重要目的。

四、中国传统文化具有"以人为本"的特点

以人为本，重人伦，重道德，尊君重民，是中国传统文化的又一个特点。人文主义或人本主义，向来被当作中国传统文化的一大特色。所谓"以人为本"，就是将人作为考虑一切问题的出发点和归宿。也就是说，神本主义在中国不占统治地位，而人本主义则是中国传统文化的核心。在处理人事与天道的关系时，不少政治家与思想家，都主张要先尽人事，然后再考虑天道。因此，有的学者认为，在中国文化中，人是宇宙万物的中心。中国传统文化还强调人伦道德，强调要正确处理人与人之间的各种关系，要求君要仁、臣要忠、父要慈、子要孝，兄友要悌，朋友之间要讲义讲信，为人臣、人妻要守节，与一般人交往也要讲忠恕之道，要努力做到"己所不欲，勿施于人"，等等。只有这样，才能保证家庭和睦、社会安定、君臣合力、朋友同心。在处理君与民的关系时，中国传统文化强调君主专制，强调臣民要忠君，但同时，也有不少思想家强调民为邦本，本固邦宁；强调民贵君轻，提出了"君者，舟也；庶人者，水也。水则载舟，水则覆舟"的著名论断。因此，尊君重民成为中国传统文化的主流。当然，我们也必须看到，中国传统文化中的人文主义或人本主义，与西欧文艺复兴时期的人文主义并不一致，与社会主义时代人民当家作主的制度和主张，更是存在着本质区别：中国古代的人本主义是以家庭、家族为本位，以伦理为中心，以巩固专制王权为最终目的；西方的人文主义则以个人为本位，以法制为中心，以个人的充分发展为终极目的；而我们的社会主义国家则强调人民当家作主，充分尊重个人的权力和自由，为每个人的自由发展创造充分的条件。

中国传统文化强调以人为本，并非尊重个人价值和个体的自由发展，而是将个体融入群体之中，强调个人对他人、对家庭、家族，以及对国家、天下的义务，是以道德修养为旨趣的重人伦、重道德的人本主义。我们社会主义国家的人本主义既继承了中国传统文化中人本主义的积极因素，重视人的作用，重视道德伦理，重视人际关系的和谐和个人修养的积极作用；同时，

又避免了重人伦轻自然、重群体轻个体的倾向。既重视个人的作用，又强调集体主义和国家民族的利益；既尊重人权，尊重每个人的生存权、劳动权、发展权，又强调社会的和谐和稳定，强调民族的团结和社会的发展。这才是人本主义发展的一个崭新的阶段。

五、中国传统文化具有崇尚统一的特点

崇尚统一，维护多民族国家的共同利益，是中国传统文化的又一个特征。我国从原始社会进入奴隶社会后出现的三个王朝夏、商、周，地域虽然不十分广大，政治上实行分封诸侯的分权制，但是，名义上毕竟是三个拥有"天下共主"的统一王朝。只是在东周后期才出现了诸侯长期分裂割据的政治局面。而当时的政治家、思想家们所向往和追求的则是国家统一、法度一统的理想社会。

公元前 221 年，秦始皇"吞二周而亡诸侯，履至尊而制六合"，建立了我国历史上第一个多民族的统一的封建专制主义的国家，并根据韩非子"事在四方，要在中央。圣人执要，四方来效"的治国方案，采取了一系列巩固国家统一的措施：车同轨、书同文、度同制、行同伦、地同域，法令由一统，彻底改变了战国时期"田畴异亩，车途异轨，律令异法，衣冠异制，言语异声，文字异形"的状况。后来的汉朝不仅继承了秦朝天下一统的局面，而且实行了秦始皇制定的郡县制、三公九卿制等基本的政治、经济、军事制度。秦始皇开创的统一大业，到汉武帝时得到巩固和进一步发展。秦皇、汉武对我国统一的多民族国家的建立和巩固做出了杰出的贡献，因此受到子孙后代的崇敬。

从秦汉时期直到现在，我国统一的时间大概在三分之二以上，分裂的时间不到三分之一。它说明，在我国历史上，统一是主流，分裂是暂时的。在统一时，多数政治家、思想家和广大人民都反对分裂；而在分裂时，人民又盼望统一，进步的政治家、军事家、思想家们则为争取国家统一而奋斗不息。比如，三国时期的曹操、刘备、孙权等，都认为自己代表正统，都希望完成统一中国的大业；南北朝时，无论南朝还是北朝的统治者，都希望由自己统一中国；南宋时期，人们常以恢复中原为念；元朝的忽必烈君臣以"混一四海"为己任，建立了第一个由少数民族统一中国的封建王朝，在蒙古、云南、东北正式建立行省。所有这些都说明，崇尚统一，维护多民族国家的

共同利益，是中华民族的优良传统。

六、中国传统文化具有实事求是的特点

务实事，轻玄想；重实用，戒空谈；看实效，重实绩，主张经世致用，是中国传统文化的又一个重要传统。

学术界将这种实用倾向称为"实用理性"或"实践理性"。中国古代文化以"补偏救弊"，即以解决社会、人生的实际问题为出发点和归宿，多数学者热衷于对政治、伦理等与国计民生密切相关的问题的研究与探索，只有极少数人对抽象的思辨感兴趣。中国古代学者也研究宇宙和自然，他们称之为"天"。只有少数人研究天道运行的规律，多数学者主要研究天人之间的关系，研究人们如何适应"天"，如何利用"天"为人类服务。这就是著名的"天人合一"论。对于宇宙的本原、天体运行的规律等问题，除少数天文学家进行过深入研究外，古代的思想家一般都是"存而不论"。孟子则说："知者无不知，当务之为急。""尧舜之知而不遍物，急先务也。"（《孟子·尽心上》）。因此，人们的研究应该采取"急先务"的方法，也就是后人说的"急用先学""当务之急""立竿见影"。荀子在《天论》一文中也说："不为而成，不求而得，夫是之谓天职。如是者，虽深，其人不加虑焉；虽大，不加能焉；虽精，不加察焉。夫是之谓不与天争职。""万物之怪，《书》不说。无用之辩，不争之察，弃而不治。"孔、孟、荀子的这种治学重点和治学态度，对他们的弟子和后人发生了重大影响，对于中国传统文化中实用理性的形成起到了重要作用。

老子、庄子主张"法自然"，曾经研究过不少抽象的理论，他们的辩证法思想、逻辑学说、相对主义理论等，对于中国古代哲学的发展做出了杰出贡献。老子关心的重点依然是"以正治国，以奇用兵，以无事取天下"。着重研究的还是"君人南面之术"，包括以退为进、柔能克刚等为人处世之道。他们的后学弟子研究的黄老刑名之学，其实用性比起孔孟学说来，可以说有过之而无不及。名家主要研究思辨哲学，它促进了中国古代逻辑学的发展。

以上情况说明，中国古代各派学者都倾向于应用和实用，于是形成了中国传统文化中实事求是的思想方法，身体力行的价值取向和经世致用的治学传统。"实事求是"，其原意是讲一种严谨的治学态度，"实事"就是客观存在的实际事物；"是"就是其中的规律；"求"就是去调查研究。它要

求人们尊重客观事实，注重历史经验，并通过研究思考，从中找出规律性的东西，借以指导今后的实践。这无疑是一种科学的态度，正确的思想方法。

作为一种价值取向，主张身体力行，就是反对说空话，主张办实事，主张"独善其身"或"兼善天下"，不论是加强个人品德的修养，还是为人民办好事、谋利益，总之，要有实际行动，并要有看得见摸得着的效果。这样才活得有意义，才是人生的价值所在。

中国传统文化强调经世致用，就是主张做任何学问都要有利于国计民生：比如，修史是为了察古知今、鉴戒垂训，因此，才有了《资治通鉴》等这样的史学巨著；写文章强调"文以载道"，因为它是"经国之大业，不朽之盛事"（曹丕：《典论·论文》）；写诗作词也是为了"诗言志"，兴、观、群、怨，不仅仅是要抒发自己的离情别绪，而是为了事父事君（《论语·阳货》）；绘画是为了"助名教而翼群伦"（宋濂：《宋学士文集·画原》）；音乐则是为了移风易俗，因为它可以善人心，感人至深，自然能起到潜移默化的教育作用。正是在这种经世致用的治学传统影响下，中国古代的科学也成为实用科学：无论天文、数学、医药、地理、农学水利，乃至四大发明，大多是与国计民生密切相关的实用科学。这些实用科学的成就之高、解决实际问题的能力之强，曾在世界历史上遥遥领先，不仅英国的科学家，甚至世界各国的科学家都叹为观止。但是，对于其中的原理和方法，我们的祖先却研究不够，致使有些原理至今仍然不知其详。

中国传统文化的这种实用理性自然也具有两重性，正如李泽厚在《中国古代思想史论》中所说，它"既阻止了思辨理性的发展，也排除了反理性主义的泛滥"。它淡化了中国人的封建思想，使得无神论思想源远流长，但它对自然科学、哲学、逻辑学等思辨学问的研究无疑又起到了阻碍作用。中华民族在科学、文化、观念形态、行为模式方面的优点和缺点，都与这种实用理性有着密切的关系。

第三节 传统文化的精神

中国传统文化博大精深，源远流长，经过几千年至今仍有巨大的生命力和教育价值。精神是相对于形体而言的，精神即是形体运动发展的内在动力。形体是很具体的东西。从这个意义上说，文化是以行为方式、制度、文物等作为表现形式的。精神是很抽象的东西。从这个意义上讲，文化的精神就是思想。文化的基本精神就是"文化发展过程中精微的内在动力，也就是指导民族文化不断前进的基本思想"。文化的基本精神是文化发展的产物，随着文化的发展而发展。因此，文化的基本精神是某一文化体系的核心思想，在该文化体系中处于主导地位，是该文化思想存在的基础，体现了该文化的发展方向。

传统是由历史言传而来的思想、道德、风俗、艺术、制度等。中国传统文化就是历史上各个时期中国人民世代创造的物质和精神的成果，这些成果，以及由此形成的各种理想、观念等流传至今，在当今社会生活中还在发挥作用和影响。在漫长的历史时期内，我们伟大的民族创造了无比辉煌灿烂的文化，为人类文明发展做出了卓越的贡献。传统文化博大精深，包含诸多元素，其基本思想也不是一个单一的元素，同样包含诸多方面，主要有以下几个方面。

一、贵和尚中的兼容精神

"和"的观念和"中庸之道"一直为古人所提倡，在今天我们的行为方式中，也能看到崇尚和的观念和为人处世的中庸之道的身影。具有浓重"人文主义"色彩的传统文化，往往把如何处理天人关系的问题放在第一位，在"天人合一"思想的影响下，在处理天人关系的问题上，必定强调和谐。"和"最早出现在甲骨文中，原意是声音的和谐，后来经过发展，具有了和谐、平和、中和等意。西周史学家史伯主张，只有不同元素相互配合，才能达到辩证的对立统一，收到和谐的效果。春秋时期，"和"的思想得到不断丰富，孔子主张"礼之用，和为贵"，认为在运用各种礼仪的时候，和谐才是最重要的，强调了"和"的重要性。在合同之辩中主张"君子和而不同，小人同而不和"。然而要达到和保持和谐的状态，就必须"尚中"，为人处世崇尚中庸之道。

现在，有很多人误将中庸理解为，中庸就是处事小心谨慎，面面俱到，玲珑得体，遇到与自己意见不合的情况，或者是多种意见相持的情况下，就要全面考虑，做"老好人"。其实，这种理解是不完全正确的。对"中庸"的解释，宋明理学认为："不偏之谓中，不易之谓庸；中者天下之正道，庸者天下之定理。"也就是说，中庸之道在于做事从全局出发，不偏不倚，坚持适度原则，来达到人与人之间相处的和睦，并在此基础上，形成了封建社会等级分明的阶级秩序。老子也主张贵和尚中，尤其是在人与自然关系的处理上，主张天人和谐。在治理国家方面，老子主张无为而治，主张小心谨慎，不偏激，不冒进。

贵和尚中的思想对中国社会的发展和中国人心理特征的形成产生了广泛影响。在秦朝统一中国后，出于加强皇权统治的政治需要，许多朝代的统治者，运用了贵和尚中的思想。这种思想迎合了宗法社会伦理秩序的需要，逐渐被封建王朝的统治者所重视，在文化方面，主张求同存异、兼容并包；在政治统治方面，主张平分地产，人人平等，建立大同的理想社会；在风俗方面，便主张和而不同，为人处世奉行中庸之道。贵和尚中的思想有其积极的一面，也有其消极的一面。在中华民族的发展中，它作为中国人共有的心理品质，使人们注重和谐，维护集体，为人处世宽容大度，有利于人际关系的和睦、社会的和平稳定。其消极的一面表现在，它过于强调和同，忽视了人们竞争意识的培养，不利于社会的发展与进步。

《易经》中说："地势坤，君子以厚德载物。"这句话的主要意思是要人们以大地般宽广的胸襟承载万事万物，顺承天道。《中庸》："万物并育不相害，道并行而不相悖。"这些都体现出了中华民族宽阔的胸怀，中华民族所具有的厚德载物的兼容精神。正是有了这种精神，才有了历史上著名的汉唐雄风，才有几千年的文明古国，才有了许多国家难以企及的大国气质。

二、求实务实

中华民族是一个注重实干的民族。古代先哲们就已经提出"华而不实，耻也"，认为空有华丽的外表，善于泛泛而谈，而不讲求实际、求实务实是可耻的。这也正是传统文化"人文主义"色彩的体现。

中国古代出于加强封建统治的需要，重视人伦秩序，在这样的背景下，中国人更加关注人生，面对现实，追求实际问题的解决。

传统文化中不乏求实务实者，求实务实的精神几乎随处可见：孔子提出了"学而时习之""知之为知之，不知为不知"的认知观念；荀子反对人生而知之，认为人的才干与能力是人后天学习的结果；唯物主义思想家王充，极力反对有神论，提倡人的主观能动精神；老子"知人者智，自知者明"的观点体现了求实的精神；韩非子注重功利，主张用严刑酷法统治乱世，奖励耕战，反对说教。以上都是各家各派注重求实务实的突出表现。

中国文化博大精深，中国的文学作品多从现实生活着眼，描写现实生活中的各种社会现象，形成了古代作品现实主义的写作风格。也有不少仁人志士，不畏权贵，为了求真求实宁可牺牲生命，也不与泛泛而谈，掩盖扭曲事实真相的小人同流合污，做到了"善恶必书，使骄君贼臣知惧"。这无一不是求实务实精神的体现。从生活伦理到政治生活，以及文学作品，中国人一直奉行着求实务实的精神，注重自身价值的实现，反对高谈阔论。这种精神对中国人的民族心理产生了深刻影响，为中国人朴实无华、踏实稳重的性格特征的形成做出了重大贡献。

中国人的实干精神，推动了中国社会经济、政治、文化等各方面的发展，为中国国力的强盛发挥了重要作用。

三、刚健有为的进取精神

刚健有为作为传统文化的核心精神，是传统文化发展的总纲领，统领着以上三个方面的发展。《象传》说："天行健，君子以自强不息；地势坤，君子以厚德载物。"意思是说，君子应像天体运行永不停止那样，奋发向上，自强不息；应该像大地平顺包容天地万物一样，以宽广的胸怀容纳不同的人和不同的意见。由此来看，刚健有为思想包含自强不息和厚德载物两个方面。

刚健有为思想形成于春秋，发展成熟于战国，历经上千年时间。自强不息精神不仅是中华民族刚强威武的独立人格的表现，也涵盖对外强大的抗压能力和对内抵制诱惑，抑制自身弱点的自控能力。这种精神激励了无数中国人，在中华民族的和平年代，这种精神使中国人奋发图强，创造了丰富的民族文化；在战乱时期，激励中国人在危难之际百折不挠，维护民族利益，取得了一次又一次的胜利，度过了一次又一次的危机。在这一过程中，逐渐形成了自尊自信、自强团结的民族精神和民族向心力。古代诗人和作家创造的许多脍炙人口的诗句和著作，就是这一精神的体现。

厚德载物的精神在中国文化制度和传统中也有诸多表现，在人与自然关系的处理上，古人强调要做到人与自然的和谐发展，保护生态环境和自然资源；在对待外来文化方面，以宽容的精神为指导，吸取和借鉴外族文化，从音乐舞蹈到科学文化，从名马美酒到食品服饰，从生活方式到礼仪传统，从政治体制到市场经济，从物质生活到精神生活，都做到了兼容并包、开拓发展。这种包罗万象的气度和魄力，着实令人赞叹不已。

传统文化刚健有为的精神，培育了中国人自强不息和自尊自信的品格，增强了国人的民族向心力和凝聚力，成就了中华民族的光荣传统，使中国在世界的舞台上奋然前行。

四、治国平天下的爱国精神

中国传统文化最具代表性的就是孔孟思想，该思想强调以治国平天下为人生的最高目标，以大一统为理想的社会状态，把国家民族的前途和命运放在首位。几千年来，这种爱国主义的精神被一代又一代中国人所传承至今，无数仁人志士为了祖国的统一和领土的完整而奋斗不息，甚至抛头颅洒热血。文天祥被俘后宁死不屈，有诗云"人生自古谁无死，留取丹心照汗青"；顾炎武把"天下兴亡"看作"匹夫"之责；林则徐虎门销烟，捍卫国家利益，这些仁人志士的所作所为成了爱国精神的经典写照。在抗日战争时期，涌现出了更多为保卫国家领土完整、捍卫国家民族尊严的民族英雄，谱写了一首首爱国主义的赞歌。

爱国主义是中华民族精神的核心，在今天的大学生德育教育中，也是最重要的一方面内容。特别是在今天经济全球化的形势下，弘扬爱国主义精神，尤为重要。中国传统文化中的爱国主义资源可以说十分丰富，深入挖掘将有助于培养大学生的爱国精神和历史使命感。

五、追求崇高的人格精神

中国传统文化的主流是孔孟思想，强调人格的"内圣"，重视人格的完善，主张尊重人的尊严和价值。

孔子讲，"三军可夺帅也，匹夫不可夺志也"。孔子主张人要追求崇高的精神境界，他认为，人应该把"圣贤"和"君子"作为目标，君子应该严于律己，宽以待人，追求崇高，追求正义，讲究道义。

孔子认为，人生的道路不会一帆风顺，必然会遇到很多艰难险阻。因而君子应该具备"三达德"："仁""智""勇"。所谓"仁者必有勇""勇者不惧"。无论在怎样艰苦的环境下，无论遇到怎样的艰难险阻，作为君子都要保持住气节和崇高的人格，在困苦中前进，不卑不亢，无所畏惧。正所谓："岁寒，然后知松柏之后凋也。"

孟子提倡"富贵不能淫，贫贱不能移，威武不能屈"的大丈夫人格，同时，他在道德上主张要有"至刚至大"的浩然之气。

这些经典的思想都主张人要追求崇高的精神境界，随着历史的流转，这些思想为中华民族品格的塑造，中华儿女人格的塑造，做出了突出贡献，产生了深远地影响。追求崇高人格，有助于通过榜样的力量来完善大学生的人格。

六、以义为上、注重伦理的道德主义情怀

追求义利合一是中国传统文化中基本的价值思想。中国的传统文化在早期发展中，就出现了"义利之辨"的讨论。"义"代表了仁义道德；"利"代表了社会生活中的种种物质利益。从另一个角度来说，前者与后者是公利与私利、他利与自利的关系。孔子主张"见利思义""不义而富且贵，于我如浮云"，要求人们在追逐利益的时候，首先要考虑是否符合"义"，即自己取利的行为是不是道义的。人们通常认为，孔子思想中的义利观，仅仅注重人的精神道德提升，而忽视或压制人的物质利益，因此，阻碍了社会主义现代化的进程。这是没有了解到孔子思想的精义，其实，孔子思想中并没有否定对于物质利益的追求，相反，在一定程度上，还积极提倡对于财富的追求。它更进一步地提出了在现实中解决义利关系问题相互矛盾的方案。首先，在个人利益与国家、社会利益相互冲突的情况下，要顾全大局。其次，对物质利益的获取要在社会道义和规范的约束下有秩序地进行。最后，要把从社会得来的财富，再反馈到社会中去。这些对于今天抵制利己主义思潮，净化社会风气，提升全民道德水平，仍然具有不可忽视的作用。

当然，在义利统一的问题上，中国传统文化由于正统孔子思想一直占主导地位，所以，重义轻利甚至尚义反利的思想也一直是一个传统。这一传统一方面，维持了中国古代社会的稳定和延续，缔造了中国人以道德为上，重气节、重人格的民族性格；另一方面，也有压抑人的欲望，扭曲人性的弊端。对于中国传统价值观中的这一"反利"传统，无疑又是我们今天所应该批判和否定的。

中国传统文化是一种伦理型文化，按照中国古代的传统说法，可以把中国传统文化叫作"崇德"型文化。孟子曰："天下之本在国，国之本在家。"这高度概括了中国传统社会的实质。由家庭而家族，再集合为宗族，组成社

会，进而构成国家，这种家国同构，父是家君，君是国父，家国一体渗透到中国古代社会生活的最深层。这种家国同构的宗法制度是形成中国传统文化重伦理、倡道德的根本原因。

中国传统文化重伦理、倡道德的特色具有二重性。

一方面，这种以道德为本位的传统文化特别重视个人对家庭的职责和对社会的义务。它既有利于家庭的稳定、社会的和谐，也有利于建立人与人之间和谐融洽的人际关系。

另一方面，这种以道德为本位的传统文化的道德伦理原则，又是建立在以家庭为基础的自然经济和宗法制度为基础的社会政治结构上的。因此，它特别强调家长的权威，强调子女对父母、妻对于夫、家庭成员对于家长的绝对服从关系。把这种家长制扩大到社会生活中，就是君主专制，君主具有绝对权威。因而，中国的传统文化在一定程度上束缚了民主思想的发展。同时，由于以家庭和社会为单位，个人的权利容易被忽视，容易压抑个人的自我意识，不利于个人自主性、独立性和创造性的发挥。

中国传统文化源远流长，体大思深，其内涵的基本精神，滋养了数千年中华儿女的精神世界，塑造了无数伟岸的人格，凝聚了民族人心，巩固了国家统一，维护了社会秩序，敦厚人际关系，书写了泱泱中华"郁郁乎文哉"的大国气象，在文化全球化和呼吁传统文化为现代化持续发展服务的今天，越来越有着世界性的价值和意义，是值得我们去好好珍惜和继承弘扬的。

第二章 高校德育创新研究

第一节 高校德育的内涵和在现实中的地位

一、"德育"一词的由来及其内涵

"德育"是近代才出现的概念和名词。英国学者斯宾塞（H.Spencer）的《教育论》，使"智育""德育（moral education）""体育"逐渐成为教育世界的基本概念和常用术语。

"德育"一词于 20 世纪初传入我国。王国维发表的《叔本华之哲学及其教育学说》，介绍了叔本华的"德育"与"知（智）育""美育"思想；后又发表《论教育之宗旨》，将"德育""智育""美育"合称为"心育"，与"体育"相提并论，论述身心和谐的教育宗旨。

二、党和政府对高校德育的重视

教育部会同中组部、中宣部已经连续多次召开全国高校党的建设和思想政治工作会议，交流经验，研究问题，采取措施，使高校德育工作得到加强。

加强和改进大学生思想教育是一项重大而紧迫的战略任务，并提出了加强和改进大学生思想教育所应遵循的指导思想、基本原则，以及加强改进大学生思想教育的主要任务，提出要做好以下几项工作：充分发挥课堂教学在大学生思想教育中的主导作用，努力拓展新形势下大学生思想教育的有效途径，充分发挥党团组织在大学生思想教育中的重要作用，大力加强大学生思想教育工作队伍建设，努力营造大学生思想教育工作的良好社会环境，切实加强对大学生思想教育工作的领导。

切实加强和改进大学生思想教育工作，培养造就千千万万具有高尚思想品质和良好道德修养、掌握现代化建设所需要的丰富知识和扎实本领的优秀人才，使大学生们能够与时代同步伐与祖国共命运、与人民齐奋斗，这对于确保实现全面建设小康社会、进而实现现代化的宏伟目标，确保实现中华民族伟大复兴，具有重大而深远的战略意义。

三、正确认识"高校德育首位"论

学校教育要坚持育人为本，德育为先，把人才培养作为根本任务，把思想教育摆在首要位置，主要原因如下：

（一）中国特色社会主义的性质要求学校教育把德育放在首要位置

教育是有阶级性的。古今中外，各个社会中占统治地位的阶级都是按本阶级的政治需要，把德育教育放在学校教育的首要地位，把代表统治阶级的政治信仰、思想意识、价值观念内化为一代新人的素质，都是为了"育新人、取民心、得天下"。因为只有这样，才能造就本阶级所需要的人才，以维持和巩固其社会制度，所不同的是，不同阶级实行不同的德育教育而已。

我们社会主义国家的教育，是社会主义培养各种专门人才的事业。社会主义的经济和政治决定了，社会主义教育的性质、目的、制度、方针和教育的思想政治内容。社会主义教育的目的，是培养社会主义事业所需要的各类人才，要求培养出来的人才必须为社会主义建设事业服务。这是我国高等教育的目的，也是我们高等学校的主要任务。社会主义制度的性质决定着社会主义高等教育的性质；同时，也决定着社会主义大学的办学方向，必须坚持党的领导，坚持社会主义方向，坚持马克思主义在科学文化和学术工作中的指导地位。把德育放在首位，这是我国高等教育社会主义性质的重要标志。作为社会主义的高等学校，如果忘掉或丢掉，甚至摆错了德育的位置，就必然会迷失方向，误人子弟，误国误民。

（二）党的教育方针决定了学校教育要把德育放在首要位置

在德智体全面发展的问题上，有人总结说，学生的智育不合格是"次品"，体育不合格是"废品"，而德育不合格则是"危险品"。它生动形象地阐述了德智体三个方面的关系。就育人来讲，三者是相互关联、相互依存、相互渗透、相互制约、相互促进、不可分割的统一整体。

但是，根据马克思主义辩证唯物主义的观点，构成矛盾统一体的各方，其地位和作用是有主次之别的。如果没有这种明确的区分，就不可能弄清事物的性质，把握事物的本质。依据这一理论，在全面发展教育方面构成的矛盾统一体中，能够体现其性质、本质的，只能是德育。因为，德育所要解决的是学生社会意识的问题，即政治立场、思想观点、行为规范等方面的问题。具体来说，是解决学生为谁而学，学成后为谁服务的问题。我们社会主义大学培养的是能够坚持正确的政治方向，拥护共产党的领导，愿为社会主义祖国献身的高级专门人才。要完成这一任务，只有依靠德育。

（三）学校的中心工作需要把德育放在首位

当前，以"教学为中心"的思想被各类高校充分重视并贯彻实施，"以教学为中心"无疑是正确的，它与德育不但不矛盾，而且是相辅相成的，缺一不可。

教学包括德育。现代教育理论认为，教学应该着眼于学生的全面发展，培养全面和谐发展的个性。

也就是说，教学并非只是传授业务知识，片面地着眼于智力，而应当把教学看作是落实教育方针的主要途径。教学过程中应当包括德育、智育和体育，而且，德育还应该是教学的一项主要内容和首要任务。

德育在教学中起主导作用。在整个教学过程中，德育以其方向性贯穿于其他诸项教育之中。它不仅对智育起着主导作用，同样在体育中也起着主导作用。如果离开了德育，整个教学过程就很难顺利进行，这已经是被实践反复证明了的。

四、新时期高校德育创新的必要性

德育创新是主体（人）为了一定的目的，遵循德育发展的规律，对德育进行变革，从而使德育得以更新与发展的活动。

创新是一个民族的灵魂，是国家兴旺发达的不竭动力。一个没有创新能力的民族，难以屹立于世界民族之林。历史进步的本质在于创新，民族的振兴、国家的强盛同样离不开创新，任何工作没有创新就没有活力，没有生命力。同样，高校的德育工作也只有在实践中不断创新，才能有新的活力，才能适应时代的进步与发展。

德育工作的显著特征在于，它随着时代的变化、社会的变化、生活的变化而变化，具有开放性、现代性、发展性。德育的这些特征要求我们德育工作者，在实践中必须不断地去探索、去实验、去研究、去创新，但是，强调高校德育工作的创新，不是全盘废弃过去的东西。德育工作是一个系统工程，具有一定的规律性。德育工作涉及方方面面，反映了德育客观规律、德育工作的实践经验，以及国家关于德育工作的法律、法规、政策等。我国的高校德育工作经过几十年的探索实践，总结出了许多工作规律，积累了大量的丰富经验。这些规律、经验凝聚了广大高校德育工作者先进的德育理念，为培养面向现代化、面向世界、面向未来的，德智体美等全面发展的社会主义事业建设者和接班人任务的顺利完成提供了有力保证。高校德育工作所取得的这些成绩有目共睹，所形成的理论、探索的规律、积累的经验、创造的方法，应当在实践中予以继承，并使其成为德育工作创新的基础。

新时期高校德育工作所面临的国际和国内环境已经发生了重大变化，高校德育唯有创新才能发展。新时期高校德育的对象已经发生了巨大变化，具有新的特点和要求，高校德育唯有创新，才能适应德育对象全面发展的要求。新时期高校德育的客观环境发生了变化，高校德育唯有创新，才能走出发展的困境。

第二节 高校德育创新的理论基础和原则

实践基础上的理论创新，是社会发展和变革的先导。通过理论创新推动制度创新、科技创新、文化创新，以及其他各方面的创新，不断在实践中前进，永不自满，永不懈怠。这是我们要长期坚持的治党治国之道。新时期高校德育创新工作必须要有坚实的理论基础为指导。

一、新时期高校德育创新的理论基础

中国传统文化是历经几千年的社会变革和发展而形成的一种思想和知识系统，中国传统文化追求人与自然的和谐、人与人的和谐，把天、地、人看作统一的整体，以"人与天地万物为一体""天人合一"为最高境界。

中国传统文化是以伦理观念、伦理道德修养及治国安邦之术为核心的。其内涵和特征主要有四：突出伦理本位，倾心于现实政治，宣扬主体意识（包括认识的主体性、道德的主体性和生活的主体性），强调整体观念。

系统科学理论中的"大德育"思想。系统科学是研究事物整体联系和运动发展规律的科学，其要点为：

第一，任何一个事物的存在都表现为一个系统。系统是由事物内部互相联系、互相作用、互相依赖和影响的若干部分组成的有机整体。整体性是系统的一个本质属性。系统总是处在赖以生存和发展的环境之中，并不断同环境进行物质、能量和信息的交换。

在德育这个系统中，包含着三个最基本的因素：即教育者、受教育者、教育过程。其相互联系，互相影响，十分密切。加强高校德育创新，必须从整体性大背景的变化出发，树立战略意识、时代意识。从整体观念和联合作战的思想出发，明确调控目标，使各系统整合成一种合力，形成上下连接、左右贯通、立体交叉的德育网络。高校德育工作量大面广，组织过程耗时耗力，没有有效的调控机制，就可能导致无序无效。因此，实现德育效果的最大化，不仅需要校内各种教育资源的整合，还需要学校、社会和家庭加强联系，相互协调，从整体上优化育人环境。

第二，系统内部各要素具有层次性和等级性，系统的不同层次有着不同的规律。德育的层次性取决于德育对象的层次性，要提升德育效果，必须把握层次性要求，树立德育对象主体性观念，加强针对性工作。研究德育对象的层次性，要注重学生全面发展和理想人格塑造的序列性，在学生学习过程的不同阶段、不同时机、不同教育环节，实施不同的教育内容，采取不同的方式、手段，满足学生不断增长的需要，分层次有重点，由低到高，由浅入深，形成循序渐进的系列教育格局，使实践随着教育理论的发展向更高层次迈进。

第三，结构性系统功能的发挥，不仅取决于组成该系统的各个部分本身，而且取决于各个部分的结构形式，系统的总功能不是各个组成部分功能的简单叠加，而是各个部分功能的有机结合。

这一理论要求我们要立足于从要素、结构、功能与所处环境的相互联系和制约关系中，分析系统中各要素的结构功能，有意识、有目的地使系统内部各要素达到最佳建构和配置，以求系统形式结构最优和功能最优的整体效应。

因此，要做好以下几个方面的工作。高校、社会与家庭之间的沟通、合作与融合。高校内部各个工作部门、各个岗位之间的协调、有机结合。高校德育工作中的目标、内容、途径、方法、管理和评价等因素合理配置，整体联动，构建一个和谐的大德育工作系统。

二、新时期高校德育创新的原则

（一）主体性原则

所谓主体性原则，就是指在高校德育工作过程中，始终将大学生置于主体地位，始终把大学生看成是德育活动的主体，注重培育和造就大学生的主体性。

把学生作为学校教育的价值主体，确立学生在高校德育中的主体地位。转变将学生仅仅作为教育和管理的对象的现象，坚持以学生为根本，以学生为核心，以学生为目的，尊重学生，理解学生，关爱学生，把促进学生的成长、成才作为高校德育的根本价值取向。

把学生作为学校教育的动力主体，激发学生自我教育的积极性。转变过多地强调教育管理工作者的主导责任，而对学生的主体作用和自我教育重视不够的现象，致力于唤醒学生的主体意识，激发学生的主体热情，调动学生的主体积极性，在课堂教学、校园文化、社团活动、社会实践等环节中，更加充分地发挥学生的主体作用。

把学生作为学校教育的权利主体，切实维护其合法权益。转变重管理、重视对学生的义务要求，而轻服务、忽视学生权益维护的现象，高度重视学生所应具有的受教育权和公民权，使高校德育的过程，成为尊重和维护学生合法权益的过程，成为服务学生成长成才和全面发展的过程。

把学生作为学校教育的发展主体，促进学生的全面发展。转变重知识轻素质、重灌输轻发展的现象，构建科学与人文相统一的素质结构，社会化与个性化相统一的人格结构，促进学生各种素质的和谐发展。

（二）开放性原则

所谓开放性原则，是指高校德育创新必须彻底打破传统的封闭模式，在德育的目标、内容和手段等方面实行全方位开放，把学生从以往的束缚中彻底解放出来，使他们在开放式德育过程中，处于自主、自觉、自愿的状态去接受、思考、判断和分析。

1.德育内容要注重开放性

学生的道德发展是一个持续的、有内在规律的过程。因此，德育内容的开放性，应遵循学生道德发展的规律，充分考虑学生理解和接受的能力，根据时代发展和形势变化而不断丰富和更新。

首先，把道德教育内容的价值准则和规范系统向学生开放，让学生独立思考，理性选择。

其次，灵活使用不同的德育理论和教材。在遵循国家德育统一目标的原则下，根据本地和学生的实际，引进和吸纳一些先进国家的德育理论和经验，开阔学生视野，增加对全球德育发展趋势的了解。

最后，德育内容应贴近实际生活。学校应根据学生实际，定期进行一些诸如形势教育、国家方针政策教育、法纪教育、公德教育、健康教育、环保教育，等等。这些德育内容鲜活丰富，与实际生活密切相关，学生容易理解且乐意接受。

2. 德育手段要展现开放性

充分运用现代科技手段，展现德育课堂教学的开放性。如，用计算机模拟一些在实际生活中涉及道德问题的个案，再组织学生进行分析、处理。用电化教学再现历史画面和生活情境，让学生身临其境，真切体验，增加感性认识，使开放中的德育课堂变得生动活泼、丰富多彩，提高德育课堂的教学效果。

（三）实践性原则

所谓实践性，是指高校德育创新应在开放的基础上，通过师生互动和活动体验，使德育过程成为激发学生道德思维和创造的过程，在动态中实现德育的内化、提升。

1. 德育课堂要贯穿实践性

德育课堂的实践性就是培养学生分析问题和解决问题的能力，使实践的过程成为学生道德自我完善成熟的过程。为突出德育课堂的实践性，要彻底革除传统的观念，打破德育课堂固定、静态、纯理论模式，将课堂融入现实生活，使德育课堂成为学生真刀真枪解决实际问题的大舞台。

首先，德育课堂的实践性，要突出教师与学生、学生与学生间的互动，在互动中交流、探讨、内化、提高。

其次，德育课堂的实践性，要突出学生动手、动脑能力的培养，使学生面对现实生活中的道德问题，能够从容地运用道德经验去解决处理。

2. 德育活动要突出实践性

德育活动的实践性，应注重学生在活动中的亲身体验，强调学生通过实践活动获取直接经验。高校具有德育作用和效果的活动不少。比如，新生军训、社会实践、希望工程，等等。这些活动可以按照现代德育理念进行科学设计，重点开发，突出活动中学生对事物的感性认识，充分调动学生的感觉器官与心灵的双向交流，把交流中获取的感觉、感知、感情通过思想的过滤、提炼，升华到理性认识，凝结成自己的道德观点。

（四）层次性原则

所谓层次性原则，是指高校德育工作要根据不同教育阶段大学生的年龄特征和思想品德水平，确定不同的教育方法、教育目标、教育内容和教育要求等，做到因人施教、因情施教。

1.要因人确定德育工作目标

高校德育工作目标缺乏层次性，将有可能导致在教育学生时，采取精英主义立场，德育工作的天平倾向少数大学生，热衷于抓尖子、抓典型，忽视甚至放弃了多数学生。在德育过程中重理论知识的灌输，轻道德体验、道德情感和道德意志的培养与塑造，轻行动的锻炼。高校德育工作要拟定一套基本的道德要求，努力分层次、有步骤地引导大学生从低向高、脚踏实地地从基本道德要求向较高道德追求迈进。

2，要因人确定德育工作的广度和深度

大学生由于年龄和身心发展水平的差异，所能接受的德育内容层次的广度和深度也就不同。因此，高校德育工作要在具体要求、内容上必须与其相适应。极少数大学生存在厌学、心理障碍等等情况，如果内容的广度和深度脱离了其实际，即使内容正确无误，其结果必然是无效或者收效甚微。

3.要因人确定德育工作的手段和方法

高校德育课教师必须认真研究大学生的个性特征，分清其应达到的道德水平，分清其因个体经验、阅历的不同而呈现出的不同个体道德成熟水平，对不同学生选择并实施不同的手段和方法。

第三节　高校德育创新

一、高校德育内容创新

要从全面建成小康社会的实际出发，从高校学生全面发展的需要出发，坚持以学生为本，解放思想，实事求是，与时俱进，遵循德育发展的新理念，在实践中不断创新高校德育内容。

（一）德育内容创新应与时代发展相适应

传统的德育往往强调其政治性功能，关注学生的政治方向和思想品德，这无疑是十分重要的，但面对未来社会，如果还局限于此，显然不能满足社会和受教育者自身发展的需求，这种纯思想教育和政治性的品德教育将显得苍白无力。

21世纪的德育，其目标应该从单纯的政治思想品德功能，向注重学生综合素质和个性发展进行拓展，从而符合知识经济对人才全方位的要求。德育内容将根据21世纪的世界格局，根据受教育者的特点，不断改革和完善教学内容，在提高受教育者的综合素质上下功夫，促进人的全面发展和个性的自由发挥，从而使德育理论成为一个能适应变革的综合化新体系。同时，适应民族性教育和国际性教育的双重需要，德育工作在进一步深入挖掘和继承民族优秀历史文化传统的同时，把传统文化与现代化科学嫁接起来，把德育内容与世界政治、经济、文化、军事等方面联系起来，从横向和纵向两个方面不断拓展德育工作的范围和空间，从而从大视野、大思路去迎接世界的风云变化和发展格局，培养全面发展的综合型素质人才。

社会主义荣辱观是我国社会主义道德建设过程中的一项重要理论，具有很强的思想性、指导性和现实针对性。它集中体现了爱国主义、集体主义、社会主义思想，体现了社会主义基本道德规范的本质要求，体现了依法治国同以德治国相统一的治国方略，是中华民族传统美德、优秀革命道德与时代精神的完美结合。高校应将荣辱观教育融入德育中，切实加强和改进当代大学生思想教育工作，培育并帮助大学生树立正确的人生观、价值观和道德观。

（二）德育内容应与人才发展的需求相适应

21世纪教育委员会提出了人才素质的标准：

第一，有积极进取开拓的精神；

第二，有崇高的道德品质和对人类的责任感；

第三，在急剧变化的竞争中，有较强的适应能力和创造能力；

第四，有宽厚扎实的基础知识，有广泛联系实际、解决实际问题的能力；

第五，有终身学习的本领，适应科学技术综合化的发展趋向；

第六，有丰富多彩的健康个性；

第七，具有和他人协调和进行国际交往的能力。

这给我们发出一个强烈的信号，国际教育界人才培养思路发生了重大变化，从学知识到做事到与他人相处，再到学会发展，学会做人，都开始把眼光从单纯的专业技能教育，转向全面素质的提高，都强调人才培养要从单纯知识的掌握，到能力的发展，到与人相处的艺术，到广泛可持续发展潜质。

可见，德育在人才素质的培养中具有重要的位置。德育内容创新要把学生培养为全面的人、独立的人、道德的人、健康的人、创新的人，即不仅要关注受教育者政治方向、思想观念等意识层面上的问题，也要关注受教育者身心健康；不仅注重受教育者知识、技能、思维培养，也要十分重视受教育者情感、意志、兴趣、需要、信仰等个性素质，以及社会责任感与社会能力的培养。

总而言之，德育不仅要为受教育者成长指明方向，而且要为受教育者成长所需的个性与才能的发展提供必要的指导与帮助。

二、高校德育方法创新

（一）科学运用典型示范的方法并确立引导式德育方法

运用典型示范的方法，就是利用典型的人和事例对学生进行教育，引导学生去学习、对照和仿效。典型示范法的特点是将抽象的说理变成活生生的典型人物或事件来进行教育，从而激起人们思想情感的共鸣。

第一，深入实际，善于发现典型和推广典型，树立的典型必须有群众基础，其先进事迹必须真实可靠；第二，组织、引导学生有计划、有步骤地学习先进；第三，做好宣传工作，使学生提高学习榜样的思想认识，端正学习态度。如，参观展览、听报告会、与模范人物座谈、听先进个人介绍经验，等等；第四，形成一个比、学、赶、帮、超的良好舆论环境，推动学习；第五，德育工作者自己也要把先进人物作为追赶对象，这样引导学生学习榜样才能有力量。

（二）重视校园文化建设并确立渗透式德育方法

校园文化是社会文化的一种亚文化，是具有高等学校特点的一种精神环境和文化氛围，它包括学校的教学、科研活动，以及校风、学风、校园环境、制度建设、管理水平、生活服务等多方面的内容。大学生生活绝大部分时光是在校园文化的潜移默化作用中度过的，通过校园文化的渗透可确立渗透式德育方法。

1. 由有形教育向无形教育转化

有形教育指"两课"教育，党团组织生活，形势政策报告，以及政治学习和讨论等专门的德育活动。无形教育指校风、学风、教风、班风等校园文化的潜移默化。有形教育是必要的。但是，若在运作方式上恰当地借助于无形教育，效果可能更好。无形教育形式多样，生动活泼，寓教于美，寓教于乐，使学生在无意识中受到熏陶和感染，校园文化就具有这种无形教育的特点，因此，加强校园文化建设，努力塑造校园精神，弘扬富有时代特色的校园精神主旋律，成为教育学生的重要力量。

2. 由有意识教育向无意识教育转化

有意识教育，是指有目的、有计划、有组织地对大学生施加思想、政治和道德影响的以理性形式出现的德育活动。无意识教育，是指体现一定价值观念和审美意向的、以感性形式出现的各种有声有色的校园文化活动及物质环境。校园文化通过提供具有教育意义的场景和活动，对大学生施加影响，使其在无意识中得到教诲。因此，在校园文化建设中，大力绿化、美化校园，发扬为人师表、尊师爱生的风气，完善校园文化设施，开展丰富多彩的文艺活动，努力营造校园氛围，这是使有意识教育向无意识教育转化的重要条件。

（三）拓展高校德育渠道并确立体验式德育方法

实践教育作为高校德育的渠道，是近年来高校德育工作者创造的一种理论联系实际的教育方法。

这里的实践主要包括三层含义：一是指德育对象的人生实践、人生体验。例如，参观访问、社会调查、社会服务活动等。二是德育活动中的社会实践。例如，公益劳动、青年志愿者服务队。三是德育行为的践行、养成。如，学生参加军训、规范管理。实践教育之所以作为高校德育的一个重要方法加以提出，主要因为下列因素：从实践上看，改革开放以来，高校德育在实践方面大胆改革，成绩显著，走出了一条成功的路子；从理论上看，实践既是德育的起点，又是德育的终点，还是德育实施的重要途径和方法，高校应重视实践教育，确立体验式德育方法。

首先，要引导学生勇于实践。即增加学生对人生的感性认识、初始认识，建立学生的初始信念。艰辛知人生，实践长才干。为此，要让学生深入生活，了解生活的底蕴。

其次，要从根本上提高对社会实践的认识。当前，我国改革发展正进入关键时期，高校德育要突出拥护和支持改革这个时代性课题，要通过理论教育和社会实践，从根本上坚定改革的信念，正确对待改革中利益关系的调整，积极为推进改革贡献力量。为此，要适应改革开放的新发展，及时调整充实德育基地，使实践教学制度化、规范化和系列化。

最后，注重德行养成。"纸上得来终觉浅，绝知此事要躬行"。一个人要养成良好道德行为，只有理论知识是不够的，必须付诸实践，知行统一。

（四）贯彻因材施教原则并确立咨询式德育方法

因材施教，就是区分层次，因人施教，根据不同对象的特点和需要开展工作，在德育过程中，确立咨询式德育方法，融德育内容于其中，往往会收到很好的效果。从目前的发展趋势看，心理咨询不仅是一种治疗过程，更重要的是一种帮助、启发和教育的过程。咨询式德育方法是满足学生多方面的需要，是通过咨询机构在开展咨询服务的同时，兼有培训与辅导，以及评价与对策研究在内的三个相互联系的组成部分。

1.咨询服务

它是整个咨询机构的首要任务，其内容涉及大学生有关的诸多方面，不仅是心理领域，如，理想、人生、人格、社会、友谊、爱情、学习，以及某些病症，而且涉及工作方法与能力培养、就业、择业等方面的一些咨询内容。

2.培训与辅导

旨在按照某种特定的要求，依据人的心理形式、变化和发展的相关原理，通过一定的背景与技术手段，训练辅导某个群体或个体达到某种特定的要求，从而增加一些培养学生心理素质或其他方面不足的内容。

3.评价与对策研究

咨询式德育方法要科学化与正规化，评价与对策研究，是必不可少的。这项工作是建立在咨询案例的积累与总结上。因此，咨询档案的建立成为首要的任务。结合高校的状况，可进行以下几方面的评价与对策研究：一是新生基本素质的评价与分析，目的是把握学生的素质倾向性，并依此提出合乎科学的教育方法，真正做到因人施教。二是学生的基本素质评价与教育对策研究，目的在于科学地预测与把握学生的发展趋势，提出相应的教育对策，达到良好的教育效果，并为大学生的择业提供指导性意见。三是常规测评内容与方法的研究，这是辅助咨询手段，主要是通过一些量表来对大学生进行评价。

（五）借助大众传播媒介实现德育手段的现代化

1. 要注重传统媒体的德育功能开发

当今时代，是一个大众传播媒介飞速发展的时代。报纸、杂志、书籍、广播、电视、电影、录像等大众传播媒介被称之为最重要的舆论工具，我们在注重传统媒体作用的同时，更要加强对其功能的开发，如，在学生宿舍安装闭路电视，充分利用校报、广播台等，及时传播正面信息，分析热点、难点问题，帮助大学生化解矛盾，把问题消灭在萌芽状态。

2. 利用多媒体技术并增强德育课效果

信息技术、网络技术、多媒体技术，在教育领域中的运用，使传统教学手段正发生着日新月异的变化。思想教育的个别谈话式将一改传统的"直面"的形式，不受时间与空间的限制，教育者与受教育者之间的信息、思想、情感等内容的交流，将通过计算机这个中介来进行。新时代的高校德育，一方面，坚持和强化对大学生的社会意识形态教育、中华民族传统美德和优秀文化教育；另一方面，要努力实现德育课教育的现代化、多媒体化，深入研究德育课教学方法的特殊规律，开发一些多媒体德育教学软件，改变德育教学中呆板的一面，激发大学生学习的兴趣。

3. 运用现代网络技术并实现德育网络化

德育信息网络包括校报、校刊、校广播台、校有线电视台、阅报栏、宣传橱窗，特别是校园计算机网络。该网络既应充当"把关人"的角色，尽可能地把一些流入学校的消极信息过滤掉，又应当发挥"天平"的作用，对一些难以过滤的消极信息进行平衡。该网络的主流应是积极向上的，阻挡、抵制网上的消极信息；要调动可以利用的校园内各种资源，或制作软件，或主动发布信息，主动向各种不良信息应战；要调动广大学生参与的积极性，让大学生熟悉现代信息社会的基本运行手段和运行规则，使他们走出校园面对信息冲击时，能显得比较成熟和从容。

三、高校德育环境创新

德育应是全社会的力量共同投入完成的大工程，要遵循德育规律，建立起学校、家庭、社会"三位一体""齐抓共管"的"大德育"格局。

（一）高校、社会和家庭各司其职

从学校方面看，幼儿园、小学、初中、高中、大学每个阶段都应很好地开展德育工作，这几个环节是相互衔接的，德育工作是一个过程，把每个阶段抓好，才能为高校德育工作铺好路，打好基础。高校是大学生成才的摇篮，营造优良的德育氛围，对大学生思想品德的形成和发展起着至关重要的作用。高校要全面贯彻和执行党的教育方针，加大德育工作的力度，全方位、全过程、多角度地对大学生实施教育和影响，在各门学科教学中都努力渗透思想品德教育。高校德育工作要贯穿于学校工作的各个方面，贯穿于学校教学、科研、学科建设，以及行政管理、后勤服务的各个环节，做到教书育人、管理育人、服务于人，实现全过程育人、全员育人、全方位育人。

从社会方面看，社会的各个部门和行业，也应配合高校德育工作。大学时期是大学生世界观、人生观、价值观形成的重要时期，社会环境的优劣，对其思想道德素质培养起着十分重要的作用。优化社会环境应引起全社会的高度重视，需要各级党委、政府和全体公民的共同努力。

从家庭方面看，家长要时刻关注孩子的变化，多与孩子沟通、谈心，及时纠正他们错误的人生观、价值观。将孩子引向正常生活的轨道，跟上时代潮流。

（二）高校、社会和家庭的沟通与合作

毫无疑问，在对大学生的德育教育过程中，学校、社会、家庭三者的影响，都是不可忽视的，需要学校、社会、家庭三个方面形成一个有机的系统来共同完成。当前，高校德育工作中存在着与家庭、社会协调不够的问题，必须加以克服。

学校要主动争取家庭、社会对学校德育的支持，充分发挥家庭、社会教育的积极作用。教师要主动联系家长，建立家、校联系制度，互通学生有关情况，使学生的教育不留"盲点"；同时，使家长的意见及时得到反映，促进学校德育工作和家庭德育工作有针对性地开展。

学校应充分开发、利用社会丰富的德育资源，开展德育工作。通过校企合作、产教结合等形式，多渠道创建校外德育基地，紧密结合学生学习的专业实际，聘请有关人员为校外德育辅导员，并定期请他们来校讲课，通过走出去、请进来，开阔学生视野，使培养出来的学生适应社会的需要。学校应该定期对学生进行跟踪调查，了解社会对人才培养的要求和学生适应社会的情况，以改进高校德育工作。

第四节 中国传统文化与德育教育相融合的价值意义

一、中国传统文化与德育教育相融合的必要性

人类的任何活动都离不开其所处的文化环境，德育教育作为一种以"育人"为目标之一的教育实践活动，同样离不开其所处的整体文化环境。正因为如此，文化性不言而喻，也成为德育教育的重要特征之一。本质上说，德育教育的真谛就在于，为一个民族和国家构筑一个思想的支点和灵魂的休养生息之所。

（一）德育教育自身发展的内在要求

近代以来，中国人民经过长期的努力探索，也的确找到了正确的指导方向作为自己的指导思想，我国德育教育事业必须坚持正确的指导方向。然而，作为一种产生于中国本土之外的理论学说，虽然正确的指导方向已经超越了民族与地域的限制而成为"放之四海而皆准"的真理，但是，它不可能直接为中国的革命和建设事业提供具体的路线、方针和政策。我们知道，经过数千年的发展，中华民族有着辉煌的文化创造和深厚的历史积淀，并且形成历经数千年的绵延发展而从未中断过的中国传统文化，其影响力体现在广大中国民众日常的行为方式、思维模式、道德规范，以及价值取向等之中。因此，我国德育教育应该而且必须尊重中华民族历经数千年延传下来的文化传统、行为方式、思维习惯，以及价值取向等，批判地继承、吸收并融合具有鲜明民族特色的中国传统文化。只有这样，正确的指导方向才能真正中国化，我国的德育教育事业也才能在正确的指导方向基本原理和基本方法的指导下，得到进一步的创新发展。

在我国，德育教育作为一种教育实践活动，其根本目的是提高人的思想道德素质，促进人的全面自由以及自主发展。人的全面自由发展，自然而

然地包含了文化素质的要求，因此，德育教育离不开对文化的关注。中国传统文化作为一种崇德型文化，在长期的历史发展过程中汇总形成了"文化化人"和"文化育德"的优良传统，使其自然而然地成为德育教育重要资源的来源之一。因此，我国的德育教育要进一步发展创新，就必须重视其文化性，必须从中国传统文化中有选择地汲取更加丰富的教育资源。换言之，中国传统文化与德育教育相融合，是德育教育自身发展创新的内在要求。

（二）"文化自觉"与"文化自信"的要求

所谓"文化自觉"，是指生活在一定文化中的人对其文化有自知之明，明白它的来历、形成过程、所具有的特色和它发展的趋向，不带任何文化回归的意思，不是要复旧；同时，也不主张全盘西化或全盘他化。换言之，即是文化的自我觉醒、自我反省、自我创建。所谓"文化自信"，则是指一个国家、一个民族、一个政党对其自身文化传统和内在价值的充分肯定，对其自身文化生命力的坚定信念。

世界上任何民族的传统文化都有其积极的方面；同样，也有其消极的方面。一个民族的文化能否实现自觉和自信，很大程度上取决于对传统文化扬弃的客观与科学态度。可以说，对传统文化的理性批判、合理继承、勇于创新，正是"文化自觉"的本质要求。也就是说，一个民族能否对其自身的传统文化进行客观的评价和认识，关系着一个民族"文化自觉"的实现与否。中国传统文化是勤劳善良的中国人民在长达五千年的中国社会发展中创造出来且从未间断过的，这在世界文化上是独一无二的。它不仅标志着中华民族对人类文明和历史的卓越贡献。也是中华民族区别于世界上任何其他民族的鲜明文化身份和基本族群特征。只有认识、理解、接受并内化中国传统文化，我们才能理解自己民族身后的历史底蕴，也才能知晓我们是从哪里来，并对我们现在的生活和未来的美好图景进行规划。

反之，如果失去对中国传统文化的认同与理解，我们必定会失去对自己民族文化身份的认同和归属感，进而导致我们思想文化上的无家可归。因此，对数千年来世代延传下来的中国传统文化能否进行客观的评价、认识和科学合理的扬弃，关系着中华民族"文化自觉"的真正实现与否。那种轻率地对中国传统文化全盘否定或异化的态度与做法，无异于对我们自身文化血脉的鲁莽割裂，很容易造成中华民族的文化断层或文化"无根"现象的产生。

当前，我国德育教育的重要任务之一，就应该是在正确的指导方向指导下，按照"取其精华，去其糟粕"的原则，充分肯定中国文化传统的内在价值，坚定中国传统文化的自信心，努力挖掘中国传统文化的当代价值，不断包容借鉴其他外来文化中的优秀精华，并将其吸收内化，使中国传统文化和现代德育教育优化整合，从而实现中国传统文化的现代转化和创新发展，进而真正实现"文化自觉"与"文化自信"。

（三）形成和发挥文化软实力的基本保证

文化软实力是指一个民族、国家或地区的文化影响力、凝聚力和感召力，是国家软实力的核心因素。这是因为，文化作为一个国家的灵魂或血脉，凝聚着这个民族对世界和生命的历史认知和现实感受，积淀着其最深层的精神追求和行为准则，并承载着整个民族自我认同的核心价值取向。就一个民族或国家自身的发展来说，文化软实力主要表现为一种精神上的整合力，它有利于国家凝聚力的形成和民族性格的养成，有利于促进民族团结、国家统一、政权巩固和文化自信。一个国家如果对本民族或本国的传统文化缺乏自信，忽视自身文化软实力的开发和建设，那么，就等于放弃了本民族或本国的文化主权，其结果自然会导致本民族或本国人民价值取向的混乱，以及精神家园的丧失，甚至民族的离散和国家的分裂。因此，作为一个由56个民族组成的统一的多民族国家，加强对五千年来绵延发展而从未中断过的中国传统文化软实力的开发和建设，充分发挥其对全国各族人民的思想教育和价值引导作用，就显得尤为重要。

作为一种注重道德教化的伦理型文化，中国传统文化自身就具有显而易见的能动的德育教育功能，而我国德育教育本身所具有的文化属性和民族属性，也使其无法离开五千年来中国传统优秀文化留下来的精华。因此，中国传统文化软实力要最终实现其对外的亲和力、渗透力，以及对内的凝聚力和塑造力，则必须通过思想教育和引导的方式来进行和完成，中国传统文化和德育教育的有机融合正是中国传统文化软实力得以形成和充分发挥的基本保证。

（四）探索德育教育新路径的必然选择

德育教育具有文化属性，需要以文化为依托。中国传统文化与德育教育相融合，是应对目前德育教育存在的困境，探索德育教育新路径，提高德育教育实效性的必然选择。当前，在全球化时代背景下，多元文化并存态势越来越明显，大学生的价值观念、思维方式和行为方式都较以前发生了剧烈变化，这对高校德育教育提出了严峻挑战。

一方面，目前，我国大部分高校的德育教育主要还是通过课堂教学来进行，而且在德育教育课堂教学过程中，教学内容单薄枯燥，授课模式单一简单，往往采用社会学、心理学等学科方面的知识与技术，表面化和浅显化地临时解决问题，而对中国传统文化的挖掘和运用不够重视，即使运用中国传统文化为依托，也大多停留在"机械融合"或"单纯说教"式的灌输层面，没有深入考察中国传统文化的实质内涵、时代背景、阶级立场等因素，这些都使得中国传统文化在德育教育中的运用和渗透，非但未能达到预期效果，甚至在某种程度上，淡化了学生民族自信心与自豪感，削弱了中国传统文化在德育教育中的重要应用价值，德育教育的有效性也大打折扣。

另一方面，当前在全球化时代的背景下，多元文化交流频繁，并存态势日趋明显，各种价值观论调不可避免地对大学生的生活态度、思想观念产生严重影响。很多大学生既没有真正了解外来文化、思想、观念之精髓，又没有深刻领会中国传统文化、思想、观念之精髓，因此，在多元文化的碰撞中，他们的价值观极容易走向偏激或急功近利；在学习上，他们只重视能够谋生的课程的学习，而忽视精神层面传统文化与高校德育教育工作融合研究的储备，对德育教育课程也不屑一顾；在生活上，他们更愿意追求金钱与物质的利益；在精神上，他们则只考虑自己，不考虑集体和他人，缺乏对共产主义的理想与信仰，缺乏对人生目标的冷静思考，缺乏对良好的道德品质和人格修养的追求等。我国传统以说教和灌输为主的德育教育模式，无法及时对这些问题提出行之有效的解决方法，而中国传统优秀文化中的精华，也因大学生对其的了解与掌握知之甚少，而无法发挥其在德育教育中应有的积极价值作用。

因此，要真正发挥中国传统文化在高校德育教育过程中的价值作用，摆脱高校德育教育所面临的困境，我们必须具有高度的文化自觉意识，探索建立中国传统文化与德育教育有机融合的最佳机制。

二、中国传统文化与德育教育相融合的可能性

中国传统文化与德育教育在教育目标方面设置都直接指向人，指向人的思想道德素质的提高。同时，它们在目标的最终指向属性上都回归到政治属性上。这体现了二者目标的一致性。除了在目标设置与指向属性有着一致性之外，中国传统文化与德育教育在内容方面也存在着许多相通相合之处。而二者在教育模式方面的不同，则使二者有了很强的互补性。这些都为中国传统文化与德育教育之间相融合创造了重要的可能性条件。

（一）价值观的契合之处

社会主义核心价值观是社会主义核心价值体系的内核，其基本内容包括：倡导富强、民主、文明、和谐；倡导自由、平等、公正、法治；倡导爱国、敬业、诚信、友善，积极培育社会主义核心价值观。

其中，富强、民主、文明、和谐，是我国在社会主义初级阶段的奋斗目标，体现了社会主义核心价值观在发展目标上的规定，是立足国家层面提出的要求。自由、平等、公正、法治，体现了社会主义核心价值观在价值导向上的规定，是立足社会层面提出的要求，反映了社会主义社会的基本属性，始终是我们党和国家奉行的核心价值理念。爱国、敬业、诚信、友善，体现了社会主义核心价值观在道德准则上的规定，是立足公民个人层面提出的要求，体现了社会主义价值追求和公民道德行为的本质属性。

社会主义核心价值观三个层面的要求也为我国的德育教育指明了方向，它要求德育教育必须在理念上进行全面的更新，树立"以人为本"的教育理念，体现在德育教育实践中，就是要以个人的发展需求为本，教育内容要以社会主义核心价值观为主导，教育方法要尊重个体差异，教育途径要吸纳隐性教育的优势等。

而中国传统文化作为中华民族历经五千余年的演化而汇集成的一种反映民族特质和风貌的民族文化，是中华文明的结晶，它源远流长，博大精深，形成了崇德善仁、贵和持中、进取包容、谦敬礼让、忠公重义、求真务实等内涵十分丰富的价值观念，这正是我国现阶段社会主义核心价值观的重要理论来源和发展动力之一。

可以说，中国传统文化所倡导的价值观念与我国当前的德育教育所倡导的社会主义核心价值观有着许多相契合之处，这也是二者之所以能够相融合的重要条件之一。当然，这并不是说，中国传统文化倡导的所有价值观念都是正确且适合我国现阶段的德育教育状况，因此，我们应该秉承批判与继承的态度来区别对待、使用它们。

（二）目标的一致之处

一是提高人们的思想道德素质，使人们具备良好的思想道德素质，如，崇高的理想、优良的品德、强烈的事业心、责任感、坚强的毅力、严格的纪律等，这是我国德育教育的内在目的。

二是促进人的自由全面发展，这是我国德育教育的终极目的。这两方面的内容构成了我国德育教育的根本目的，是德育教育的灵魂和旗帜，直接规定了德育教育的共产主义方向。

而中国传统文化作为崇德尚贤的伦理型文化，以德育人、注重伦理道德，则是其显著特征。

首先，中国传统文化之儒家经典《大学》开篇便提出了思想教育的根本目标，曰："大学之道，在明明德，在亲民，在止于至善。"这即是在阐明，思想教育的目标就是发扬光明美好的道德，使人人都能主动去除污染而自新，最终达到并保持完美之善的境界。

其次，中国传统文化特别注重对圣贤人格的追求，按照儒家经典《论语》的划分原则，中国传统的人格理想可以划分为三个层次。第一个层次为圣人，这也是中国传统文化中理想人格的最高目标和境界。孔子认为，真正的圣人必然是实现道德圆满的统治者，是圣与王的统一，也即内圣而外王。第二个层次为君子，即对美好道德的自觉追求者和体现者，这是中国传统文化中理想人格的核心要素。第三个层次为士或成人，即能遵守礼仪规范者和注重人格尊严者，这是中国传统文化中理想人格的基本标准。中国传统文化中这种对理想人格的追求，也体现了中国传统文化对人们道德品质的理想追求和总体要求。

由此可见，我国德育教育与中国传统文化在目标设置上都指向人，指向人的思想道德素质，都将对人的思想道德素质的培养和提高放在首要核心位置上。注重对人的美好的道德品质的培养和提升，则体现了二者在育人目标上的一致性。

此外，我国德育教育以共产主义为方向，不论是提高人们的思想道德素质，还是促进人的自由全面发展，都是为了更好地激发人们建设中国特色的社会主义，为最终实现共产主义而努力。这也表明了，政治属性是我国德育教育的根本属性。而中国传统文化也特别注重培养个人与家族、国家、社会的良好组织关系，强调"修身齐家治国平天下"。可以看出，中国传统文化培养"格物致知之诚意正心"之人的最终目的毅然回归到"治国平天下"的政治属性上来。因此，我国德育教育与中国传统文化的教育目标最终都指向了政治属性，这也体现了二者在最终目标指向属性上的一致性。

（三）内容的相通之处

从中国传统文化和德育教育各自所包含的内容来看，也存在着许多相通相合之处，二者之所以能相融合，与二者之间存在着的这种相通相合之处有着密切关系。

首先，中国传统文化中的"大同思想"与德育教育中的理想教育之间存在着相通相合的关系。德育教育中的理想教育，是以共产主义理想为核心的理想教育。在正确指导方向所描绘的共产主义社会里，没有私有制、没有阶级，没有国家；财产社会公有，人人地位平等；大家各尽所能，各取所需；人性得以充分发展。

其次，中国传统文化中，朴素的唯物辩证法思想与德育教育中最根本性的教育内容也即科学的世界观教育之间也有相通相合之处。德育教育中的世界观教育包括辩证唯物主义两个方面的内容。

辩证唯物主义以世界的物质同一性为基础，以辩证法为方法论，以对立统一、质量互变与否定之否定三大规律为主干，坚持人类社会由简单到复杂、由低级到高级的螺旋式上升和波浪式前进的历史辩证法。

历史唯物主义则揭示了人类社会发展变化的终极原因是经济因素，并由此强调了社会存在对社会意识的决定作用，物质生产对社会发展的基础作用，以及人的实践对社会发展的推动作用。

正是由于中国传统文化与思想道德教育内容之间的这种相通性，才使二者有了相融合的可能性，进而使德育教育得以在中国传统文化这一丰厚的历史土壤中不断地获得新的发展。

（四）教育模式的互补性

德育教育的方法多种多样，有理论灌输法、实践锻炼法、自我教育法、榜样示范法、比较鉴别法、咨询辅导法等。其中，理论灌输法是德育教育最主要、最基本的方法。作为一门意识形态色彩极为强烈的科学，德育教育自然需要通过理论灌输法，来对受教育者进行理论教育。不过，在我国以往的德育教育实践中，长期以来对其德育功能尤其是意识形态功能的过分强调，而对其文化功能则缺乏应有的关注，这就使得德育教育一直偏重于简单空洞的理论说教和意识形态的直接灌输。受教育者只是消极被动地接受而非积极主动地去内化吸收这些科学理论，这就使德育教育工作显得呆板枯燥、索然无味，德育教育的实效性大打折扣，德育教育也难以适应新形势的发展要求。

德育教育对意识形态的过分强调，使其自身的文化属性和人文精神受到遮蔽。中国传统文化的教育方式则正好弥补了现代德育教育模式的不足。

首先，中国传统文化注重渗透而非灌输，强调"以文化人"，受中国传统文化影响而形成个性品质、思想观念、行为模式等。一旦形成就会内化、积淀、渗透于社会成员的灵魂深处，很难改变。

其次，中国传统文化注重引导人内心深处的自觉意识，引导人们通过"自省""内省""慎独"等内在自省的方式，来反思自己的思想和行为中的不足与过错，进而使人们在认识上达到真正的"知"，不断提升自身的道德修养，使自己不断接近圣人的道德境界。不过，以自觉内省方式来提高自身道德修养，最终是为了付诸道德实践。

最后，中国传统文化注重"知行合一"的道德践行而非空洞说教。可以说，"知行合一"正是我国传统文化经过长期的实践探索和理论总结所形成的极具特色的思想道德教育的方法论系统。

《周易》曰："履，德之基也。"先秦墨家学派代表人物墨子就对道德实践十分重视，他认为，评价一个人是否真正为"仁"，"非以其名也，亦以其取也"。意即一个人是否真正为"仁"，不是看他是否知道"仁"的含义，而是看他在行为上是否有真正"仁"的举动。明代思想家王阳明则更是明确地提出了"知行合一"思想。可见，中国传统文化不仅注重道德教育中的自觉自省，更加注重在自觉自省基础上的道德践行，注重"知"与"行"的辩证统一。

上述中国传统文化所倡导的种种教育模式，弥补了我国现代德育教育因过分重视和强调意识形态性而造成的德育教育单一、空洞，以及枯燥的理论说教和灌输模式。当然，作为一门意识形态色彩极为强烈的科学，德育教育离不开理论灌输这种教育模式，只是当我们忽视了文化对德育教育的内在渗透力，忽视了受教育者对德育教育内在自觉自省意识，忽视了德育教育者与受教育者，在德育教育过程中的道德实践，而过分强调这种理论灌输的教育模式时，灌输的力度再大，德育教育也难以取得理想效果，甚至还会起反作用。

因此，我国现当代的德育教育应该借鉴和吸收中国传统文化所提倡和践行的这些潜移默化的渗透、自觉的内在自省，以及"知行合一"等教育模式，来改变我国现当代德育教育单一枯燥的教育模式，弥补我国当前德育教育模式的不足，引导全体社会成员积极主动、自觉地反思自身，不断提升自身的思想道德素质，培养自己良好的道德品质，提升我国当前德育教育的实效性。

三、中国传统文化与德育教育相融合的价值

德育教育是一项以"育人"为目的的教育实践活动。而对于"育人"而言，不可能离开其所处的整体文化环境。我国的德育教育也离不开经过漫长历史发展和积淀而形成的底蕴深厚的传统文化。与西方的文化不同，中国传统文化正是一种研究如何培养人、教育人的文化，更加注重道德教化，形成了一种崇德尚贤的伦理型"德行文化"，并在漫长的中国古代历史进程中，构建了成熟的道德价值体系，形成了丰富而系统的个人伦理、家庭伦理、国家伦理乃至宇宙伦理，并相应地确立了一整套完备的道德教育理论，它崇尚德行，注重德教，注重培养人仁爱、孝悌、谦和有礼、诚信笃实、忠贞爱国等道德品质，和社会责任感。中国传统文化所具有的这种浓厚的道德特征与道德色彩，对于调和人与人、人与社会，以及人与自然之间的矛盾和冲突，维护社会的稳定，推动历史发展具有重要价值。它对于德行与德教的重视与强调，不仅在我国古代的道德教育中产生了良好的影响，培育了一代又一代崇德尚贤、公而忘私的仁人志士，还为我国当代德育教育事业的发展构建了良好的"以文化人"的文化语境。二者相互渗透、融合，必将促进我国德育教育事业的不断创新发展。

（一）有助于挖掘更加丰富的德育教育资源

崇尚道德，重视道德教化，以及其注重渗透、自觉自省与践行的道德教化方式，是中国传统文化一以贯之的重要特征。中国传统文化的这些特征，不仅使其具有了浓郁的"以文化人"的人文精神，而且也使其在数千年的历史积淀中，在诸多方面，都为我国当前的德育教育提供了丰富的教育资源。

首先，中国传统文化以对圣贤人格的追求作为道德教育的目标，着重培养人的道德品格和社会责任意识，引导人们向圣人、君子等理想人格看齐，从而不断地提升自己的道德水平和人生境界，进而不断接近甚至达到"止于至善"的道德理想。

其次，中国传统文化注重整体观念的培养，追求天人合一的自然观念，倡导自强宽厚、群体至上的民族精神和国家观念，秉持和而不同的社会及人际关系，践行开放融通的创新精神，强调诚信求真的道德品质，追求内圣外王的理想人格与人生取向等。

再次，中国传统文化注重言传身教。强调教育应该遵循身正为范、因材施教、循序渐进等基本原则。

最后，中国传统文化注重"知行合一"的道德教育方式。强调学思结合、向内自省、身体力行、追求"慎独"等基本的道德教育方法。

可以说，中国传统文化中内在蕴含着丰富的德育教育资源，然而，由于20世纪三次反传统思潮的影响，中国传统文化遭到十分惨重的破坏，进而使其各方面的功能也受到严重蒙蔽，加之我国德育教育自身对传统文化的忽视，其内在蕴含着丰富的思想道德教育资源，也很少被德育教育拿来使用。

因此，重新审视中国传统文化的价值所在，努力挖掘其中与德育教育相通相合的教育资源，正是中国传统文化与德育教育相融合的必经之路；反过来说，中国传统文化与德育教育的不断融合，也有助于我们以更积极的主动意识去发掘中国传统文化中丰富的德育教育资源。

（二）有助于拓宽德育教育的研究视野

将蕴含着丰富德育教育资源的中国传统文化融入德育教育，不断挖掘其中可利用的德育教育资源，有助于拓宽德育教育的研究视野，有助于人们从不同视角来对德育教育进行审视和研究，进而有助于改变其单一枯燥的话语系统和理论灌输说教模式，使其更好地适应时代和社会发展的要求。

（三）有助于拓展德育教育学科的创新途径

一门学科想要有所创新发展，就必须借鉴其他学科的理论成果，与不同学科之间交叉渗透，以获得新的理论生长点。不同学科交叉学科的交叉融合，是学科发展成熟到一定程度后的必然要求和表现，只有以不同学科的视角来审视本学科的发展，本学科才能不断获得新的生长点，这是学科发展的客观规律。而且，学科的交叉融合、不同思想理论之间的相互借鉴与相互渗透，也是促进学科发展、推进理论创新的必由之路。

作为一门明确指向"人"的学科，德育教育本身就是哲学、教育学、心理学、伦理学、政治学、逻辑学、美学等多门学科交叉渗透的产物。德育教育要有所创新发展，就必须继续加强与其他学科的交叉渗透研究。作为一门综合性、实践性都很强的应用型学科，德育教育的根本任务是解决人的思想问题。

在我国，德育教育学科经过三十多年的建设发展，取得了巨大成就，为我国的社会主义建设事业做出了巨大贡献。然而，随着时代的发展，在当前经济全球化与信息爆炸化的背景之下，多元文化不断冲击着人们的头脑，人们的思想观念、认知水平，以及价值取向等，都发生了重大变化，不再受制于传统被动的德育教育理论灌输与说教模式，更加注重个体的自由发展。这些变化都使德育教育工作增加了新的难度，对德育教育工作者和德育教育学科自身的发展提出了新的要求和新的挑战。中国传统文化正是由于其自身对道德教育的推崇与重视，及其教育内容的丰富性、教育方法的渗透性等原因，而重新回到德育教育工作者的研究视野。因此，中国传统文化与德育教育互相交叉渗透融合，拓展了德育教育研究的新视角，也成为德育教育创新的途径之一。

第三章 中国传统文化在德育教育中的科学利用

第一节 中国优秀传统文化对大学生德育的价值

大学生是国家未来建设的主力军和接班人，他们综合素质的高低，尤其是道德素质、政治素质的高低，在很大程度上决定了国家未来的发展命运，因此如何加强大学生德育教育成为一个热点问题，同时也是一个难点问题。历经几千年洗礼的中国传统文化是我们中华民族的瑰宝，它所主张的道德自律、修身养性、慎独等个人道德修养的养成方法和思想，对于充实大学生的精神世界、强化大学生的道德素养、开阔大学生的视野，都有极大的帮助。充分认识和掌握中国传统文化的内涵和价值，充分挖掘和科学利用中国传统文化的精华和价值，对改造大学生的精神世界作用不可估量，同样为我们进行大学生德育教育提供了许多行之有效的内容和方法，具有极大的现实价值和意义。

一、中国传统文化的优秀思想内容

我们党和国家历来高度重视大学生德育教育，通过一系列得力的措施和政策，成功地为中国特色社会主义现代化建设事业培养了数以亿计的合格建设者和可靠接班人。

但也不得不承认，在大力提倡改革开放和市场经济的今天，对人的精神世界的培养有所忽视。当代大学生出现的信仰危机、诚信缺失、错误的价值观念、基本道德素质欠缺等问题，固然有客观的原因，但最主要的，还是大学生德育教育存在误区，其中一个很重要的方面就是，忽视了对大学生的中国传统文化教育。

那么中国传统文化包含了哪些丰富的人生哲理、德育思想，以及德育教育方法呢？

（一）爱国主义思想

中国传统文化中的爱国主义思想，对于激发人民的爱国情怀起着重要的载体和枢纽作用。爱国主义思想集中体现在为祖国、为人民利益而赴汤蹈火也在所不辞的高尚情操，在日常生活中，表现为对国家各方面事业关心的朴素感情。回首几千年的历史，在爱国主义旗帜的召唤下，我们出现了一批又一批前赴后继、为国捐躯的民族英雄，一代又一代的中国人民在爱国主义旗帜的指引下奋起抗争，使中华民族在几千年的历史中饱经忧患而不气馁，终于有了现在新中国的强大。

中国历史上不乏仁人志士和爱国主义者。西汉时期司马迁的"常思奋不顾身，以殉国家之急"；北宋范仲淹的"先天下之忧而忧，后天下之乐而乐"；南宋岳飞的"精忠报国"，以及文天祥的"人生自古谁无死，留取丹心照汗青"；明末时期顾炎武的"天下兴亡，匹夫有责"。

古代爱国主义者的这些箴言警句处处表达了他们心系祖国和人民的由衷之情。随着鸦片战争的爆发，中国逐渐沦为半殖民地半封建社会，这个时期，爱国主义情怀更加鲜明和突出。清代林则徐的"苟利国家生死以，岂因祸福避趋之"；抗战时期四万万同胞唱起的"用我们的血肉筑起我们新的长城"，都是当时爱国主义思想的时代最强音。

在中国传统文化几千年的历史进程中，爱国主义始终是中华民族精神的核心，是中华民族团结进取的精神支撑，是促进中国发展进步的强大动力。爱国主义思想寄托着人们对民族命运、国家兴旺的殷切希望，期盼祖国统一、繁荣昌盛，人民幸福安康是爱国主义最直接和朴素的要求，也是无数爱国主义者为之奋斗的目标。

大学生德育教育中必须强化中国传统文化中的爱国主义教育，培养大学生爱祖国、爱人民的情感，进一步增强大学生的民族自尊心和自信心，只有这样才能使我们培养出来的大学生具有坚定的政治信念，才能在多元文化的复杂环境下保持民族本色，才能团结各民族奋勇前进。

（二）知行合一的思想

中国传统文化推崇"知行合一"的思想观点。"知"是指对道德认识的掌握；"行"是指将道德认识落实到实践中的行为。中国传统文化强调"知"

与"行"必须统一起来，将能否做到知行统一作为衡量一个人的道德标准，并视作为终身追求的目标。在古人看来，一个人如果知行不一，那他根本谈不上有道德。

知行合一的理论思想与我们今天所倡导的"理论与实践相统一"的观点是一致的。古人行事一向将自己的道德认识与道德实践统一起来，尤其强调重视"行"在道德素质培养中的关键作用；同时，中国传统文化在德育教育方法上，也注重将理论教育与实践教育相结合。"诵《诗》三百，授之以政，不达；使于四方，不能专对；虽多，亦奚以为？"告诉我们，读书再多，若不能用于实处，也是无益的。"君子耻其言而过其行"，孔子将知与行是否统一作为划分"君子"与"小人"的主要标准之一。《中庸》中提倡为人处事要将学、问、思、辨和行五个方面相互统一起来，也是将"行"作为其中最关键的环节。由此可见，中国传统文化历来将道德视作人的内在品质，并重视道德的实践精神。强调个人在道德修养过程中要重视道德的内化，使道德认识在个人的内心中扎根。同时，中国传统文化中非常注重道德的实践精神，强调个人在社会实践中解决"知"与"行"的脱节问题，使德育取得事半功倍的效果。

"知行合一"的思想理论告诉我们，在大学生德育教育中不要仅仅局限于理论知识的传授，而更应该注重学生行为习惯的养成，关心学生道德知识的内化，这样做，才能使德育教育实现高效性。因此，在当前大学生德育教育中正确借鉴中国传统文化中"知行合一"的理论思想，对于改正现在德育教育中的知行脱节问题，具有极大的参考价值和现实意义。

二、中国传统文化中的优秀教育方法

中国传统文化不仅蕴含了丰富的、优秀的德育教育内容，它所包含的优秀教育方法更是中华文明的瑰宝。科学地、合理地利用中国传统文化中的优秀教育方法，为我们进行大学生德育教育提供了宝贵的资源和支持，有利于增强大学生德育教育的针对性和实效性。中国传统文化中的优秀教育方法丰富多样。下面就以下几个方面做一阐述。

（一）有教无类并因材施教

我们承认，人与人之间存在聪明与愚钝、富贵与贫穷、内向与外向等方方面面的差异，但是，我们更应该懂得这些差异完全可以通过正确得当的教育方式予以消除。中国传统文化中包含的"有教无类，因材施教"的教育思想和方法，在我国教育思想史上占据了重要的地位。两千多年前的孔子在当时只有少数贵族子弟才有权利和机会接受教育的背景下，首先提出了人人都应该受到良好教育的思想主张，并通过开办私学的方式身体力行，这是世界教育思想史上的一次改革和创新。南宋时儒学集大成者朱熹发展了孔子"有教无类，因材施教"的思想，并做出了新的解释。朱熹认为，人的不同性格和处境（如，善恶、穷富等）并不是天生的，而最主要的原因是，后期教育和社会环境风气的影响。因此，教师在教育学生的时候，不应该掺杂个人的主观感情因素在里面，不应将学生分成善恶、智愚、穷富等不同的群体而区别对待。

而当前的教育现状却恰巧相反，从幼儿园到大学各个阶段的教师忘记了我们提倡的"德、智、体"全面发展的教育思想，往往在工作中只突出"智"的地位而忽略了德育和体育。通常在教育过程中，无论是教师还是学生，都在面临以考分为重的思想指导下，自觉或不自觉地以学习成绩作为衡量一个学生是否优秀的唯一标准。整个社会的人们都形成了学习好的学生就是好学生，学习不好的学生就不是好学生的思维定式，无形之中给学生的心理上蒙上一层阴影，对于学生的全面发展也是非常有害的。作为一个优秀的教师，应继承和坚持中国传统文化中"有教无类"的教育原则，面对各种类型的学生，首先应该善于发现每个学生的优点和潜力，而不是简单粗暴地、过早地给某个学生妄下定论，使每一个学生能够感受到老师没有对他们另眼相待，使他们"亲其师，信其道"，自觉、愉快地接受老师的教诲。

孔子在长期的教育实践中还提出了"因材施教"的教育原则。也就是说，在承认人与人之间存在差异性的基础上，按照每个学生不同的特点，并结合学生实际情况给予有针对性的教育，以充分适应学生要求，发挥学生学习的主动性和积极性，改变学生存在的弱点。

孔子在教育过程中，经常通过与学生谈话的方式，观察和了解每个学生的思想和行为特点。据《论语》中记载：仲由为人冲动，遇事时多冒失行事，孔子抓住他的特点教育他，遇事要多加考虑，多向父母长辈或其他人请教，不要冒冒失失的，以免把事情做错；冉求为人胆小怕事，做事情缩手缩脚，孔子就教导他遇事要敢于前进，抓住时机，不要前怕狼后怕虎。可见，根据学生各自不同的个性特点，发挥学生的个性优势，因材施教，是非常重要的。

（二）寓教于乐

寓教于乐是指教师在教育过程中，将多种不同的文化形态融入教育内容中。比如，在教育过程中融入美术、音乐、体育活动，等等，创造一种愉快的学习氛围，使学生能够在轻松的环境中积极参与到学习中来。同时，积极地配合教师的教育工作，愉快地接受教育。寓教于乐的教育方法关键在培养学生兴趣，烘托一种快乐的氛围只是一种手段，让学生乐于接受才是目的。这种方法能够让枯燥无味的课堂变得生动有趣，消除学生审美疲劳，充分发挥了教师的主导作用和学生的主体地位，符合教育与自我教育相结合的教育原则，运用得当的话，将大大提高学生学习的兴趣。

"学而时习之，不亦乐乎"，告诉我们学习是一件快乐的事情。在教育过程中，孔子总能通过各种各样的教学方法，巧妙地将学生引入到忘我的境界，使学生感到学习过程其乐无穷。比如，他在教学过程中不摆教师的架子，与学生平等地一起讨论问题，并能放下架子向学生请教和学习，这种民主、谦虚、友好的教学氛围使学生乐于学习；他还喜欢通过正面表扬激励的方式使学生乐学，即使在批评学生时候，也是和蔼可亲，充满了善意，从不说伤害学生自尊心的言语。正因为如此，孔子的学生对待学习的主动性和积极性很高，并且乐此不疲。

（三）内省与慎独的修身思想

马克思主义哲学中强调，事物是由内因所决定的。所以，在大学生德育教育工作中，我们应该更加重视学生自身的主观能动性。孔子说："吾日三省吾身，为人谋而不忠乎？与朋友交而不信乎？传不习乎？"可见，孔子在日常生活中是极为重视个人自我反省、自我检查的，中国传统文化中，将这种修身的方式称之为内省。孔子在与人交往中，也倡导如果一个人有好品行，就应该向他看齐，虚心向他学习；如果身边的人品行不端，就要时刻注意对照检查自己的行为是否符合道德规范，要引以为戒，防止出现别人存在的类似的错误行为。孔子认为，一个人要做到自省并不需要复杂的条件，随时都可以进行，关键在于一个人的自觉。孔子在为人处世、言谈举止、衣食住行等方方面面都极度重视自省的修身方式。面对复杂的社会环境和人生百态，能够通过反复的内心洗礼，杜绝率性而为的行为，能够明辨是非、认清善恶，从而完成自我超越。这种通过自省的修身方式和过程，体现了以人为本的内涵，重视个人在德育教育中的主体作用，有利于升华个人思想道德境界，直至达到理想主义者的理想境界。

中国传统文化中关于修身的内省思想主张，影响了中国几千年的历史。后人在总结归纳传统内省思想的基础上，又推出了一个修身方式的更高境界——慎独。《中庸》中指出："君子戒慎乎其所不睹，恐惧乎其所不闻。莫见乎隐，莫显乎微，故君子慎其独也。"告诫人们，一个人如果是君子，那么即使在别人看不见的时候，他也会非常注意自己的言行；在别人听不到的时候，也会对个人的行为品质保持高度的谨慎。世界上不存在不能被察觉到的东西，即使最微小的东西，也有显现的时候。所以，君子在没有人监督的情况下，其言行举止也总是非常小心谨慎，不做任何违反道德规范的事情。

大学生德育教育必须坚持以人为本的思想，所有的道德理论知识必须首先通过学生个人的内化转变成个人的道德信念，然后再形成个人自觉的道德行为，形成符合社会道德规范的道德品质。中国传统文化始终强调"修身为本"，这是中国传统文化中最具特色的内容。中国传统文化中所包含的内省、慎独等修身思想，是留给我们的宝贵精神财富，也是对人类德育教育思想理论体系的重要贡献，对于指导目前我们的大学生德育教育工作，也是必不可少的。在大学生德育教育中提倡自省、慎独的修身方式，强调了大学生作为教育主体而充分发挥自我修养的主观能动性。同时，通过外部因素的适当影响和引导，将大学生的这种主观能动性转变成一种自觉的行为习惯。有利于促使大学生在道德认识和道德实践方面，能够自觉按照社会道德规范要求进行自我约束、自我提升，推动大学生去获取更高的道德认识，达到更高的道德境界。

（四）启发式教育

中国传统文化对教师的工作态度和学术素养提出了很高的要求。其中尤以我们耳熟能详的"学而不厌，诲人不倦"的教育思想为历代教师所推崇和追求。一名教师要给学生一杯水，那么，教师必须要有一桶水，形象地告诉我们，一名教师必须具有渊博的知识才能更好地教育学生。那么，教师怎样才能做到这一点？那就是教师必须坚持在日常工作和生活中做到"学而不厌"。只有这样，才能够使自己掌握的理论知识能够不断更新、与时俱进，不断丰富自己的学识，提高自己的教学能力和水平，满足学生的需求。同时，教师所表现出的"学而不厌"的精神也必然会影响到学生，学生必然会学习教师勤于学习的习惯。反之，如果教师不注意学习，学生又怎么会喜欢学习。

"诲人不倦"是教师所具备的更高层次的精神境界，孔子讲，"教不倦，仁也"，更是将"诲人不倦"提升到"仁"的高度，每一个教师都应该以"仁者爱人"的精神去教育学生。怎样才能做到诲人不倦呢？只有坚持上面我们讲到的"学而不厌"精神，积累丰富的知识和经验，才能做到诲人不倦。学而不厌与诲人不倦是相互统一的，学而不厌是诲人不倦的基础。如果头脑中没有丰富的知识积累，是做不到诲人不倦的；同时，如果不将理论知识通过诲人不倦的教育方式传授给学生，学而不厌也不会坚持长久。如果一名教师自身理论知识匮乏，那么，他也只能是生搬硬套、照本宣科，仅仅把学生当成接受知识的机器，自然也就不会关心学生的兴趣和爱好，也不能培养热爱自己事业的兴趣，不能专心地投身到教育事业中去。

中国传统文化中还强调教师在教育过程中要讲究教学方法。孔子在教育过程中喜欢采取通过循循善诱的方式来开启学生的心智。正如孔子的学生颜渊所赞叹的那样："夫子循循然善诱人，博我以文，约我以礼，欲罢不能。"如果教师可以像孔子那样，能够有步骤、有计划地引导学生，教育效果将会像一块磁铁那样具有吸引力，散发出诱人的魅力；那样，即使学生想停止学习，也都不可能了。

三、中国传统文化对大学生德育教育的意义

中国传统文化蕴含着深厚的德育教育资源，不论是教育理念、教育原则、教育内容还是教育方法。加强中国传统文化在大学生德育教育中的利用，不仅能够丰富大学生德育教育的理论资源，更对新时期开展大学生德育教育在价值观和方法论等多方面，具有重要的指导和启示意义。

（一）培养大学生爱国主义精神

爱国主义被人们形象地称之为中华民族的民族之根、民族之母、民族之魂，历经几千年而不朽，始终是我们中华民族的主题思想和精神支撑。爱国主义是一种道德规范和行为准则，表现在个人对国家的忠诚与热爱。但是，随着改革开放的深入，市场经济的发展和外来腐朽文化的侵蚀，当代大学生的爱国主义思想观念和行为发生了巨大的变化。比如，当代大学生的社会责

任感、国家主人翁意识、集体观念逐渐淡化，取而代之的则是个人利己主义、拜金主义充斥着大学生的头脑，严重影响了当代大学生树立正确的爱国主义观念。

中国传统文化中"天下为公"的爱国主义思想，一直为历代爱国主义仁人志士所推崇。在爱国主义旗帜的召唤下，我们中华民族形成了不屈不挠、勇于进取的民族气节，形成了"国家兴亡，匹夫有责"的爱国主义意识，对推动中华民族的历史起到了至关重要的推动作用。当前，国际国内形势复杂多变，在这样的复杂环境下，我们更应该重视培养大学生的爱国主义思想。当代大学生深受悠久的中国传统文化熏陶，更应该继承爱国主义传统，勇敢地担当起自己的历史使命和责任，将赤子之心全部无私地奉献给祖国和人民。通过中国传统文化中所蕴含的爱国主义思想来教育当代大学生，能够使他们清醒地认识到个人利益与国家的整体利益是息息相关的，培养大学生形成自觉地以义统利的高尚情操，能够正确地处理个人与国家之间的利益关系。促使大学生能够培养对国家的忠诚，毫无保留地将自己的知识才能奉献给国家和人民，做到无愧于国家和人民，努力成为有理想、有志气、有气节、有尊严的好青年。

（二）帮助大学生树立正确的人生观和价值观

大学生在思想行为、道德认知和心理等方面有了一定的发展，但是，因为社会阅历较浅，因此，总的来说，他们的思想还不够成熟。这个时期也正是大学生形成人生观和价值观的关键时期。大学生德育教育要面对大学生自身的缺陷，比如，他们有着先进的创新意识，但在处理问题的时候，却缺乏艰苦奋斗和持之以恒的决心。同时，我们更应该注意到外界因素的影响，当前我国正处于新旧体制的交换时期，市场经济运行下的新型思想道德体系标准还未完全建立，加上各种不良社会思潮和现象的冲击，使部分大学生的人生观和价值观出现了功利化、金钱化的扭曲，对他们的人生观和价值观的形成产生了极大的副作用。目前大学生思想行为上出现的重个人利益轻国家集体利益、重物质利益轻人文素质、重金钱而轻理想等现象，不能不引起广大德育教育工作者的重视，加强对大学生的人生观和价值观的教育已经是箭在弦上，不得不发了。

如何培养大学生树立正确的人生观和价值观呢？我们不妨从中国传统

文化中去汲取养分。中国传统文化中将追求高尚的道德人格作为主要思想。比如，前面我们提到一些好的道德思想和教育方法，对于塑造大学生良好的道德人格有着良好的借鉴作用。中国传统文化有助于培养大学生形成传统的、朴实的思想品格，使大学生在处理个人与他人、个人与国家、个人与自然时，能够保持正确的思想观念。比如，自省慎独的修身思想对培养大学生个人的人生观和价值观有着不可估量的作用。它那种自尊、自重、自律、自强的精神，对我们今天的大学生德育教育也很有启发和教育意义。当代大学生应继承与发扬中国传统文化中关于人生观、价值观的优秀思想，树立正确的人生观、价值观，造就理想人格，为推动中国传统文化的发展和中华文明的进步做出自己应尽的贡献。

（三）丰富高校德育资源

目前，我们的高校德育教育不是向大学生传授他们所需要的关于个人品行养成的内容，更多的则是片面强调政治教育。这种片面的德育教育模式歪曲了德育的本意，导致了当代大学生重说教、轻实践，重外律、轻内修，使高校德育教育严重背离了大学生的成长成才。同时，德育教育效果还得不到充分的体现，德育教育的社会价值就更是无从谈起。

良好道德素质的养成不是一蹴而就的。众所周知，德育教育是一个由道德认识的掌握、道德认识的内化和道德行为的实践三个阶段组成的，道德素质的养成是需要经历不断的道德认识的内化和外延的长期的复杂过程。每一个阶段的发展变化都是和受教育者的主观能动性息息相关的，这与中国传统文化中所提倡的"自省""慎独"的自我修身思想是相统一的。自我修身的思想观点突出了学生主体内在的道德自觉性，为我们在德育教育过程中，充分发挥学生主体的主观能动性指明了方向。

同时，德育教育工作者应该改变以前那种灌输和强制的传授知识的方法，转而树立学生自我修养才是进行德育教育实现高效性的思想观念，帮助学生进行自我品行的培养，使学生自觉地遵守道德规范，从而实现德育目的。在教育目标上，中国传统文化中有教无类、因材施教的思想告诫教育者，应该力求遵循学生的个体性差异，施以不同的教育内容或方式，使每个不同的学生都形成独立的思想和人格，这才是德育教育的目标，也是保证德育教育取得实效的前提。在教育方法上，中国传统文化中倡导运用启发诱导的方法来激发学生追求道德理想的兴趣，使学生不再沉溺在枯燥无味的课堂教学内容中，养成好学、善学、乐学的习惯，实现学生的道德自立。

中国传统文化的诸多优秀思想内容和教育方法，对于引导学生自我认识、自我反思、自我实现、自我超越，最终完成自我教育，提高自身修养，意义重大。如果高校德育教育中能够科学合理地利用中国传统文化中的这些思想和方法，终有一天，我们高校的德育教育会实现真正的"不教之教"。

第二节 中国传统文化在大学生中的缺失及成因

中国是历史悠久的文明古国，中国传统文化有着几千年的悠久历史，对它的继承和创新将有利于大学生个人素养的提高和社会进步。但是，我们却看到现实生活中人们对中国传统文化知识的缺乏，对中国传统文化中道德要求的无知。即使在充满文化气息的大学校园中，许多大学生也是对中国传统文化模棱两可、漠然处之。加上大学生所处社会环境的剧烈改变，各种社会丑恶现象和腐朽文化改变着大学生的思想观念、价值取向和行为方式。一方面我们承认，当前大学生的主流思想是好的；另一方面，我们也应该看到，部分大学生在各种消极因素的综合影响和冲击下，他们的思想已经发生了错位和倾斜，甚至是方向性的问题。

一、缺乏对中国传统文化的热情

近年来，国内兴起了一股国学热的春风。比如，中央电视台的《百家讲坛》栏目成为全国观众所喜爱的节目。在改革开放逐渐深入、社会变化日新月异的今天，实用性成为检验一种事物的标准。因此，中国传统文化是否实用，是否适应当今社会和大学生德育教育的需要成为大家关注的焦点。那么，在高校中大学生对中国传统文化又是如何看待的呢？

多数大学生承认中国传统文化对个人的思想、行为、价值观等有非常大的意义和作用，也对一些基本的中国传统文化知识有所了解和掌握。比如，中国传统文化中的"见义勇为""尊老爱幼"等，这是我们看到的比较让人高兴的一面。但同时，我们要看到，一些学生表示对中国传统文化没有兴趣，或者说是缺乏热情，这部分学生认为，中国传统文化已经过时，不再适应当代大学生的时代需要了。

二、缺乏对中国传统文化价值的认识

中国传统文化经过几千年的历史积累，难免夹杂着消极的东西在里面。比如，中国传统文化中因循守旧的价值观点会阻碍大学生的创新和进取精神；封建等级思想阻碍了大学生民主意识的养成等。而我们在对待这个问题的时候走向了两个极端。一种是遮遮掩掩、避而不谈；另一种则是极度的扩大化，甚至因一方面的消极思想而否定整个中国传统文化体系。如此的全面否定中国传统文化，结果造成部分大学生消极地看待中国传统文化所包含的价值，造成目前中国传统文化在大学生群体中难以为继的尴尬局面。

大学生群体中出现了轻视中国传统文化价值的现象，人为地割裂了个人与中国传统文化的联系，使大学生的中国传统价值观呈现出边缘化的危险。持否定中国传统文化价值的大学生忘记了我们前面提到的中国传统文化的两面性，只看到了它的负面效应，却忽视了中国传统文化的价值。中国社会现实和世界浪潮的冲击，使国人丧失了对中国传统文化的兴趣，只有少数专家学者还在探求中国传统文化的希望和真谛。我们应该引导大学生关注、了解、掌握中国传统文化的价值，以便能够在世界发展的进程中保持自己民族的特色。

三、缺乏中国传统道德观念

当代大学生因为种种因素的影响，存在一些与中国传统文化中道德观念不相符的现象。比如，大学生普遍信仰缺乏、个人主义思想严重、集体主义思想弱化、社会公德意识淡薄。在处理物质与精神的关系上，只注重眼前的物质利益，忽视了个人的精神追求；在奉献与索取的关系上，只知道一味地索取，不思回报社会，人为地淡化自己的社会责任感，陷入了极端的个人主义泥潭中。甚至部分大学生连基本的文明礼貌都欠缺。

（一）理想信仰缺乏

信仰是一个人对人生观、价值观的态度和选择，是一个人价值观念体系的核心。中国封建社会时期，大部分人信仰传统学说，一句话来讲，就是中国人在古代是不缺乏信仰的。中国传统文化中有着关于做人的信仰，有着对待生死、命运的信仰，有着国与家的信仰，等等，内容丰富。但是，近代尤其是改革开放以来，中国人的传统信仰纷纷被打破，使国人感到迷茫和无奈，进而丧失了自己的信仰，富有朝气和创新精神而又喜欢接受新鲜事物的大学生，更是深受影响。

　　大学生的信仰问题，不仅对自身的成长至关重要，而且对国家和民族的发展进步有着重要的影响。出生于 20 世纪八九十年代的当代大学生在应试教育机制下，在社会以考试成绩高低判断一个学生好与坏的环境下，在考上大学作为唯一目标的强制下，失去了人生的正确方向，迷失了自我。看看目前大学生的生活现状，他们中不少人高调宣扬追求生活享受、崇尚个人利益、玩物丧志。相当一部分大学生本身毫无理想信仰，面对多种价值观的冲击，大学生群体处于无所适从、迷茫和困惑的状态。绚丽多彩的大学梦一度成为大学生的人生理想和追求，但是，当大学生迈过高考这个门槛后却认为，从此可以过上天堂般的生活，从此他们便失去了理想目标以致丧失了学习的兴趣和动力，感到生活空虚，精神无处寄托。人生需要信仰或者说理想，没有理想信仰的人，不能称之为严格意义上的人，只是一具行尸走肉，难以在今后的发展中有所作为。

　　（二）缺乏社会责任感

　　在社会环境的影响下，中国各个方面发生了急剧的改变，使中国传统文化失去了往日的地位和权威，新的道德标准又五花八门，没有一个统一的判断标准，这样的情形下人们的思想观念必然处于矛盾状态。大学生表现出强烈的个人主义和功利主义思想，忽视了对自己道德的修养和人文素质的培养，严重缺乏社会责任感和主人翁意识。社会生存压力的不断增大，使大学生在学习方面功利思想尤其明显。学生关心的是自己拿到了多少个技能考试证书，或者是大学期间荣获了多少荣誉证书，以及入党、评优评先等，以使自己在未来的工作和发展中增添砝码。相反，大学生却很少关注自己在道德修养方面的进步，这与大学生德育教育的初衷是有距离的。

　　当代大学生过分重视个人利益和前途，始终将自己的目标局限在个人理想的梦幻里，却忘记了自己是这个社会的一分子，忘记了个人目标的实现应该是与社会紧密结合的，造成当代大学生缺少主人翁意识，缺乏社会责任感。越来越多的大学生，在利益关系上表现为以"我"为中心，凡事坚持以满足个人利益为出发点，崇尚"自我实现、自我价值"。当国家、集体利益与个人利益发生矛盾的时候，片面强调个人利益而缺乏为国家和集体的牺牲精神。

（三）道德认识与道德实践脱节

道德认识是道德实践的基础，道德实践是道德认识的目的。中国被世人称为礼仪之邦，中国传统文化历来重视对人们的道德教化。大学生群体应该是具有较高道德认识和自觉履行道德实践的群体。但是，目前的大学生中，却充斥着道德行为失范的现象，道德认识和实践，与中国传统文化理念存在严重的背离现象，应该引起我们的深思和考虑。大学生道德认识和道德实践的脱节问题，不是今天新出现的，而是几十年来，我们在德育教育工作中只重视道德理论知识的传授而弱化了道德实践而造成的。

德育教育的基本特色是知行合一，只有知行合一才可能将道德认识内化为自觉行为。当代大学生道德认识和道德实践相脱节的主要表现：爱国主义思想强烈，但缺少社会责任感；有成才的意愿，但缺少刻苦努力；崇尚诚信，但却经常考试作弊、弄虚作假；具有整体意识，但是，将个人利益放在了首位；反感他人违反社会公德，但漠视自己违反社会公德的行为；等等。所以，当代大学生应该清醒地认识到自身的问题，努力做到道德认识与道德实践的统一，做无愧于祖国和人民的优秀大学生。

四、中国传统文化在大学生中缺失的原因

当今社会正处于经济等各方面的转型时期，各种错误的价值观念影响着大学生的成长，使传统道德体系标准趋向崩溃，整个社会都充满了价值错乱和道德失范的现象。同时，在长期的应试教育体制下，无论是社会还是学校和家庭，都对学生的成长施加了片面的影响，导致学生片面追求分数高低，缺少对中国传统文化的认识，使中国传统文化在大学生德育教育中失去了依托和基础。

（一）社会环境的影响

1，市场经济的消极影响

当代大学生思想单纯，社会经验尚浅，缺乏对市场经济导致的部分丑恶现象的正确理解，使中国传统文化价值观受到了冲击。尤其20世纪90年代以来随着市场经济的快速发展和改革开放的深化，个人主义、实用主义、享乐主义、金钱主义对中国传统文化和道德规范的冲击，使当代大学生对中国传统文化观念产生了怀疑。因而导致部分大学生对中国传统文化产生了抵触情绪，认为它是腐朽没落的。同时，因为传统道德体系的崩溃，新的道德体系不完善，导致社会对道德规范的监督力度不够。这一切，都导致当代大学生对中国传统文化产生抵触情绪，在道德认识方面存在偏差，不能很好地遵守传统道德规范，产生大学生道德失衡的现象。

2. 信息化和网络化的影响

随着新闻媒体、电视电影，以及网络化的普及，信息化社会已经渗透到我们生活的方方面面，视觉感官的刺激对学生具有更强的导向作用。本来应当起到社会正面引导作用的新闻媒体、网络媒体等，在物质利益的驱使下，夹杂欧美腐朽价值观念和虚构篡改历史事件的影视作品屡禁不止，严重误导了观众，影响了观众对中国传统文化的正确认识，对大学生的价值观等的形成危害极大。

另外，自从人类进入网络社会以来，网络在带给人们方便的同时，也引起了中国传统文化的剧烈震荡。网络上多种文化观念使大学生处于难以选择的境地，对学生的人格和思想造成强烈的扭曲。同时，部分大学生精神空虚，将大量时间浪费在网络上，不但荒废了学业，更使他们出现了冷漠、孤僻的性格，并深刻影响着他们的政治态度、道德品质和价值取向，进而可能引发一系列的社会问题。

3. 文化多元化的冲击

改革开放后，尤其是我国加入 WTO 以后，多种文化纷纷涌入，使中国传统文化地位遭到严重的削弱和冷落。多元文化给社会的各个领域同时树立了多种价值标准，大学生面对的价值选择机会大大增加，使大学生们失去了一个明确的文化权威和价值评判标准。中国传统文化、欧美文化、网络文化相互交织在一起，严重扰乱了大学生的思想观念、道德认识、生活方式和价值追求，使大学生失去了明确的价值判断，让大学生德育教育面临严峻挑战。

（二）大学生自身因素的影响

中国传统文化在大学生群体中缺失有着多方面的原因，但是，处于主体地位的大学生自身因素仍然是根本性的内因。

1. 大学生学习动机错位

由于应试教育机制的影响，大学生的德育学习只是一场有"预谋"的程序而已。大学生的学习动机仅仅是为了考试及格而学习，为了获取某种荣誉而学习，使道德认识始终是在"纸上谈兵"，而不是通过学习来满足和提升自身的道德需要。大学生的这种学习动机造成了学习与需要之间的脱节，难以将道德认识落实到道德实践之中。

2.大学生缺乏自控力

大学生必须具备学习、吸收和内化道德认识能力和将道德认识落实到道德实践的自控力。当代大学生虽然接收信息的渠道不断拓宽，自我控制力也在随着年龄的增长而提高，但是，毕竟受社会经验和阅历的影响，导致部分大学生缺少主见和辨别是非的能力，使他们还没有定型的价值观念发生扭曲和改变。大学生自控力的不足，使大学生丧失了道德意志力，导致大学生在道德认识和道德实践中缺乏自主性，缺乏学习和研究中国传统文化的主动意识。

3.大学生心理不成熟

大学生心理素质的健全和成熟是接受中国传统文化的基础和前提。大学生正处于心理发育的黄金时期，他们有着丰富的理论知识，眼界比较开阔，喜欢接受新奇的事物，但是，又普遍存在着心理方面的不成熟。大学生的心理特点使他们在市场经济的浪潮和多元文化的冲击下，极易受到一些消极和腐朽思想的影响，从而对中国传统文化价值观念产生怀疑和抵触心理。

（三）学校缺少中国传统文化教育

1.学校德育内容缺少中国传统文化元素

学校教育的主体应该是受教育者。表面上看，我们的教育过程是一个学生全程参与的过程。实际上，学生始终是在被动的地位上，因为要教给学生什么，学生应该怎么学，都已经被老师事先安排好了。德育内容很少能够与学生的日常生活结合起来，引发不了学生的兴趣。教师在教学过程中也片面追求成绩，而对学生日常生活中出现的不讲信用、不守纪律等基本中国传统文化基本素质的欠缺却视而不见。我们现在的德育教育造成了对中小学生高谈马克思主义理论、共产主义思想和集体主义教育，而大学生却连基本的中国传统文化素质都欠缺的局面。

2.教育者缺乏中国传统文化知识

人与人之间是互相影响的，教师和学生也是一样。大学生各个方面都处于成长期，思想行为不够成熟，明辨是非的能力不强，容易受到外界的影响。如果一个教师具有丰富的中国传统文化知识，那么，他在教育过程中就能够充分发挥中国传统文化的价值，对学生进行教育。学生长期处于这样一个浓厚的传统文化氛围中，必然会自觉或者不自觉地形成个人正确的中国传统文化观念。而目前多数高校尤其是理工类学校，缺少拥有中国传统文化素质的教师队伍，有的学校虽然设置了人文学科，但是，也大都没有开设中国传统文化教育课程，更不要说，建立一支具有较高中国传统文化素养的教师队伍了。

（四）家庭教育的影响

魏书生在《家教漫谈》中讲："民风、世风皆起于家风。关键在于所有家庭都要正确地引导孩子，不但养，还要教，更要育。"一个人最先接受的是家庭教育的影响和熏陶，良好的家庭教育是孩子早日形成中国传统文化观念的基础。然而，由于现实环境的影响，使家庭教育在对孩子进行传统文化教育的时候，出现了新问题。

首先，父母在教育理念上过分注重孩子的成才培养，却恰恰忽略了对孩子进行人文素质的培养，对孩子在中国传统文化尤其是传统美德教育上极为漠视，在一定程度上切断了通过家庭教育使孩子接受中国传统文化的途径。其次，有的父母将教育孩子的责任一股脑儿地推给了学校和社会。尤其是当孩子考入大学以后，多数父母便认为孩子大了，不需要再像以前一样管教了，进而放松了对孩子的要求和教育，使大学生处在了一种家庭教育的真空状态。两种家庭教育方式都处在了极端的位置，不得不引起各位家长的关注和重视。

第三节 中国传统文化在大学生德育教育中的实现策略

改革开放以来，不同的思想文化发生了前所未有的激烈碰撞。在这种复杂环境下成长起来的大学生，对很多文化观念的理解都是似是而非的，感到彷徨和迷茫，甚至导致错误观念的形成和行为发生。中国传统文化源远流长，它所包含的内容和思想博大精深，对造就适应 21 世纪我国现代化事业的建设者和接班人具有极其重要的意义。面对当前复杂多变的社会环境，如何充分、合理、科学地利用中国传统文化，来强化大学生德育教育，使培养出的大学生不仅具有先进的科学理论知识，还要具备较高的人文素质和高尚的道德观念,是我们整个社会和大学生德育教育中不得不面对的问题。因此,作为一名德育教育工作者,应树立起进一步"解放思想,勇于实践,勇于创新"的工作思路,善于并积极地挖掘中国传统文化的优秀内容、优秀思想和优秀方法,作为大学生德育教育的宝贵材料,有针对性地对当代大学生进行中国传统文化方面的教育、熏陶和引导,努力寻找传统和现实的结合点,继承和发扬中国传统文化。只有这样,才能使中国传统文化在大学生德育教育中实现它的价值。

一、营造具有浓厚中国传统文化氛围的环境

一个人不可能独立于社会之外而生存,只有在社会环境的影响下,才能形成一定的价值观念和道德品质。随着高等教育教学改革的深化,学校已经改变了以往封闭式的管理,逐步走向开放。这种变化的出现使大学生接触社会的机会越来越多,同时受到社会上各种社会思潮、价值标准的强烈冲击,影响了大学生的人生价值取向。社会环境是一种更广泛、更重要的教育,学校教育只是个人成长阶段的一段插曲,而不是教育的全部。学生在学校接受教育时,不可避免地还要同时接受社会教育。为了在大学生群体中很好地继承和发扬中国传统文化,必须通过切实可行的措施,营造富有中国传统文化气息社会环境,营造一个全社会尊重和倡导中国传统文化的良好社会环境。

（一）社会环境的营造

首先,教育、文化等相关政府部门要切实加强政府的主导地位,从制度上对中国传统文化进行普及和保护,促进中国传统文化的发扬光大。比如,制定相关的目标责任和体制机制建设,将中国传统文化教育纳入公民道德体系建设的总体规划中来,将中国传统文化教育放到优先发展的战略地位,做到思想上高度重视,财力和人力上大力支持,使中国传统文化的传承有据可依、有章可循,真正落实到大学生生活的方方面面中去。同时,注意激发、培养大学生学习中国传统文化的热情和兴趣。比如,各地应多开展各种有益的中国传统文化教育活动,诸如中国传统文化知识讲座、传统文化宣传月等活动,以大学生所喜闻乐见的形式,对中国传统文化进行推广。其次,政府要在大力营造良好社会环境的同时,采取有力措施加大惩治社会不良风气和丑恶现象的力度,根除丑恶的不良风气,净化社会环境。比如,社会上存在的不健康的娱乐方式、腐败问题、信用问题等,严重不符合中国传统文化价值观的现象和行为。最后，我们应重视民间中国传统文化的保护，积极发展民间保护组织。由于中国传统文化历史悠久、种类繁多，导致许多文化遗产未能得到政府部门的重视和有效保护，使其处于自生自灭的境地。而民间保护组织因为缺乏资金、人力等原因，又难以承担中国传统文化保护和传承的主要职能，造成许多优秀的中国民间传统文化面临消失的危险。为此政府有责任整合资源，调动一切社会力量，加大对民间组织的扶持力度，形成全民参与到中国传统文化保护的局面，依靠人民自发地保护来传承和发扬中国传统文化。另外，我们还需要大力树立典型，如，开展的"感动中国十大人物"评选、十大孝星评选等。针对社会上出现的好人好事，典型事迹要大张旗鼓地予以宣传、报道，使广大群众坚信感动就在自己身边，自觉形成中国传统文化价值观。

（二）舆论环境的营造

随着社会的进步和发展，传媒技术的不断革新和高速发展，加快了文化的传播速度、广度和深度，应该对中国传统文化知识的传播发挥日益重要的作用。但是，目前我们对中国传统文化的传播力度严重不足。这样有可能导致大学生对中国传统文化的认识不清甚至是误解，使中国传统文化的传播严重受到干扰。只有通过媒体的宣传和舆论导向，才能使中国传统文化走进我们的生活，才能让中国传统文化重新深入人心。因此，我们要充分发挥大众媒体的积极作用，不要仅仅为了追求经济利益而忽视了社会效益。大众媒体要切实担负起中国传统文化传承的纽带和桥梁作用，努力创作一些能够符合时代特征的，符合民族特色的，能够陶冶情操的优秀文化作品，努力做中国传统文化的生产传播者，引导大学生树立正确的中国传统文化观念，提升审美水平和道德修养。

（三）校园文化环境的营造

校园文化是学校的生命所在，是学校全体师生在长期的教育教学实践过程中积累的精神财富，一所历史悠久的学校必然有着深厚的校园文化底蕴。校园文化环境对大学生的影响是无形和巨大的。形象地说明了校园文化环境潜移默化的教育作用。"近朱者赤，近墨者黑。"我们应该努力营造具有深厚中国传统文化底蕴的校园文化环境，使每一个学生都处于这种氛围的熏陶中。

我们应该在学校宣传栏和走廊墙壁上多布置一些中国传统文化中的名言警句，多悬挂一些民族英雄和历史名人的肖像，使中国传统文化与校园环境建设有机地结合起来，巧妙地打造一个精致而富有中国传统文化气息的环境，潜移默化地引导学生热爱中国传统文化。另外，采取学生喜闻乐见的方式，将中国传统文化融入丰富多彩的校园文化活动中。例如，邀请在中国传统文化方面有较深造诣的专家学者来进行专题讲座，举办中国传统文化经典朗诵、传统文明礼仪培养等。通过开展各种有关中国传统文化的活动，使学生在学习中国传统文化知识的基础上，不断提升自己的思想境界；再者，应该充分发挥学生社团的作用，多成立一些与中国传统文化有关的学生组织。在教师的指导下，通过学生自我管理、自发组织各类活动，既为自己营造一个良好的中国传统文化氛围，又丰富了校园文化环境的内涵，最关键的是，可以自己亲身领悟到中国传统文化的精华，这更有利于学生对中国传统文化知识的内化和升华。

（四）家庭环境的营造

父母是学生的第一任老师，家庭是学生接触的第一个环境，父母的一言一行和家庭环境的熏陶，对学生的一生都将产生永不磨灭的影响。努力消除家庭环境中影响学生成长的负面因素，营造一个富有中国传统文化气息的家庭环境，将有利于学生对中国传统文化的认可和接受。但是，在现实环境中许多父母没有对孩子进行中国传统文化的引导和教育，甚至部分家长认为，中国传统文化等各方面比发达国家要差得远，认为孩子用来学习语文、历史的时间还不如用来学习英语，在思想上存在一定的崇洋媚外心理。同时，因为各种原因，有的父母缺少时间来和孩子进行交流，更没有时间去引导孩子学习中国传统文化；有的父母则违背孩子的意愿，整天强制学生学习与中考、高考有关的知识，而忽视了对孩子进行正确的中国传统文化教育，尤其是传统德育观念。父母应该意识到，这种错误行为和思想对孩子的影响，应该培养自己拥有良好的传统文化素质，能够对子女出现的困惑和迷茫进行疏导，能够做子女的良师益友；再者，父母不能因为子女处于大学阶段，就放松对他们的管理和要求，因为这个阶段的孩子正是价值观形成的主要时期，父母应该更加重视对子女的品德教育，健全子女的人格和道德素质；对于离开父母开始独立生活的大学生来说，父母应该充分信任和理解，尊重子女的思想和自由，同时，又要多关心他们，多了解他们的想法；最后，父母要加强与教师的沟通，配合学校做好孩子的教育管理工作。

二、改变中国传统文化在高校的弱化现象

高校作为培养国家高素质人才的主阵地，必须有效地开展对大学生的德育教育，培养合格的社会主义建设者。高校德育工作中引入中国传统文化，就为学生寻找到一种品德修养的传统渊源，夯实了学生品德发展的文化基础。因此，高校必须加强对学生的德育教育，通过课程体系和内容改革等，努力发掘和利用中国传统文化，营造高品位、高层次的传统文化氛围，以培养学生的高尚品质。

（一）加强组织领导和制度建设

目前，我国多数高校对自然科学研究成果比较重视，对人文学科的发展关注却比较弱化，对中国传统文化知识的普及，更是缺少相应的倡导和鼓励措施，严重削弱了人文学科教师的工作积极性。为此，学校有必要成立相关的领导组织机构和完善规章制度建设，为顺利推进中国传统文化教育的开展提供制度保障。为此我们应该做好以下几项工作：

首先，要成立和健全领导负责制。成立中国传统文化教育领导小组，由分管学生工作的校领导主管该项工作，有关部门、学院（系）领导应各负其责的领导管理机制。其次，要健全规章制度，制定关于中国传统文化的教学任务目标，在教师的日常管理中和学生综合测评及日常考核中增加中国传统文化素质考核，直接与教师职称和学生的评奖评优挂钩，以便保证中国传统文化教学任务的完成和教育质量的提高。最后，不要一味地追求专业设置的增加和高楼大厦的建设，学校要设立中国传统文化教育专项基金，并切实保证专项基金的投入，鼓励创新与普及中国传统文化，同时将中国传统文化的研究成果与其他科研成果放在同等地位上，提高人文学科教师地位，激发他们的工作积极性。通过以上领导管理体制和规章制度的建设，希望能够保证传统文化教育在高校能够落实到实处，确保该项工作能够扎实推进。

（二）调整课程设置

高校目前的课程设置中重理轻文，忽视了自然学科与人文学科的统一。其中，人文学科的教学内容中还严重缺乏中国传统文化的相关理论知识。高校对大学生进行德育教育，过多地集中在政治教育，缺少中国传统文化中关

于人格和道德的培养，使得德育工作缺乏力度和实效，现阶段的大学生德育教育需要一场革新。

首先，要通过对学科、专业设置的调整，来改良德育教育机制，废除各个学科原来互相独立、互不统一的单向关系，逐渐实现各个学科向你中有我、我中有你的相互融合的方向发展，构筑起合理的学科知识体系。尤其是要在各个人文学科中积极地渗入中国传统文化元素，使各学科的大学生都能沉浸在中国传统文化的知识海洋中，最终实现传统与现代的统一，树立正确的价值观、道德观。其次，如果剔除中国传统文化中的糟粕思想，如，等级观念、迷信思想等，中国传统文化的基本内容和思想对大学生的培养是有正面教导作用的。因此，在德育教育内容上，应该在对大学生进行以"两课"为主的思想教育过程中，适时地将中国传统文化中的优秀思想融入其中，充分利用中国传统文化的感化功能对大学生进行教育，提高"两课"教育效果。

（三）调整教育方式并提高德育教育实效性

现阶段我国的大学生德育教育多采取课堂说教的形式，方法单一、陈旧而且僵化，难以触动学生的内心深处。而中国传统文化中倡导实践的思想，能够帮助我们德育教育工作者走出误区。我们不应该让课堂教育成为德育教育的唯一阵地，应该带领学生走出课堂，走出校园，到社会中去感受，让德育教育更贴近学生的生活，让本来枯燥无味的德育教育更有人情味，更能震撼学生的心灵，更容易为学生所接受。

除了充分发挥中国传统文化中提倡的实践教学方法外，我们还要充分发挥现代技术的作用，创新教学方法。比如，多媒体技术、网络资源等，将中国传统文化及其他优秀思想通过比较直观的视觉反映直接刻画在学生的印象中。课堂教学中也易采取互动式的教学方式，为学生之间提供更多的学习和交流机会，充分发挥学生想象力，既发挥了学生的主体地位作用，又拓宽了教学内容和学生视野，还活跃了课堂气氛，使学生能够产生学习的乐趣。

（四）提高教师的中国传统文化素质

教师首先要按照中国传统文化中对教师的要求，注重师德。目前，我国正处于社会转型时期，各色各样的价值观念和道德现象充斥在社会乱象中，使人们的价值观念和道德观念发生扭曲变形。在这种形势下，教师更应该发扬"捧着一颗心来，不带半根草去"的高尚师德情怀，自觉加强中国传统文化的学习，发扬以身作则的工作作风，真正做到为人师表。随着知识时代的快速发展，知识更新速度的不断加快，作为一名教师不应该满足于原有的知识。教师应该树立终身学习的思想，不断提高自己的专业知识，不断丰富自己的中国传统文化知识，掌握中国传统文化中关于学生教育的先进思想和方法。只有这样，才能在教学过程中能够贯通中西，才能充分调动学生学习兴趣和求知的欲望。同时，学校应该培养一批中国传统文化教育方面的骨干教师，组织或帮助广大教师接受中国传统文化知识方面的培训，使教师能够走出相对比较封闭的校园环境，开阔视野，进而提高自身的传统文化素质。只有这样，才能把大学生培养成出色的建设者和接班人。

三、充分发挥大学生的主体地位

大多数的大学生认为，中国传统文化对自己是有帮助的，并对学习中国传统文化有着浓厚的兴趣，这就为我们在大学生群体中有效地开展中国传统文化教育奠定了基础。问题的关键是，我们应该如何发挥大学生自身的主观能动性，充分将他们对中国传统文化的兴趣转变成学习的动力，能够主动和自主学习。

（一）大学生要认识自我

目前，我国处于政治、经济、文化等各方面转型的关键时期。这一过程是长期的、复杂的、痛苦的，必然引起大学生传统的思想道德观念、行为规范和价值观念的颠覆，导致大学生"主体性"的迷失。例如，部分大学生追求物质享受、功利化的同时，产生了基本道德规范失衡、责任感缺失等不良行为。目前社会发展要求的不仅仅是需要纯技术型、知识型的人才，更多的是，需要具备综合素质的综合型应用人才，尤其看重道德品质。这就要求大学生不仅要具备某项知识技能，还要具备良好的文化素养和道德品质。如果大学生连基本的中国传统文化常识都缺乏，又怎么能够建立起与社会发展要求相适应的道德素质呢？

大学生如果清醒地认识到自己的处境，认识到自己在中国传统文化素质和道德观念的缺失现状，相信他们会改变自己原来的初衷，在努力学好专业知识的同时，自觉地努力学习中国传统文化知识，不断提高个人道德修养和传统文化素质，把自己培养成德才兼备的、社会需要的优秀人才。

（二）大学生要认识中国传统文化的价值

中国传统文化素质的培养是一个长久的过程。但是，目前部分大学生却存在急功近利的思想，难以坚持学习中国传统文化，也难以看到中国传统文化为他们带来的长远益处。而在全球化的冲击下，各种思潮和多元文化使大学生难以抉择和把握。大学生有必要对中国传统文化的价值有一个正确的了解。中国传统文化博大精深，尤其是它包含着丰富的德育思想和个人修身的方式、方法，在历史传承下来的古典经史子集、诗词歌赋中都有所体现，其内容丰富，思想深奥，形式多样，富有感染力，是我们现代人所望尘莫及的。大学生要深深地去品味和理解中国传统文化中的独特价值和魅力，认识到中国传统文化在中国几千年的历史中发挥的重要作用，认识到中国传统文化对个人发展所具有的重要价值。

（三）大学生要重视实践

中国传统文化中强调道德认识与道德实践的统一，即要做到"知行合一"。大学生的道德认识与道德实践是否相互统一，是衡量其价值观念成熟的主要标志，是决定大学生将来成人成才的主要内因。但是，目前大学生的道德认识和道德实践却存在严重的脱节现象。大学生不仅要认识中国传统文化价值，树立正确的价值取向，提高学习的兴趣和热情，更要积极地参与和落实到社会实践中去。在为祖国和人民服务，为社会做贡献的实践基础上，不断感受、内化、固化已经形成的中国传统文化价值观。从生活中的点滴小事做起，并从中获取道德认识，成为一个有着深厚中国传统文化理论知识的、品质高尚的人。

四、批判地继承和创新中国传统文化

中国传统文化是一把"双刃剑"，精华与糟粕并存，具有明显的两面性。用得好，能够帮助大学生人生观、道德观和价值观的形成；用得不好，可能使学生走向反面。同时，中国传统文化历经几千年，富有创造性和创新性，只有不断地创新和丰富它，才能让它永葆青春，发挥它应有的作用和价值。

（一）批判地继承中国传统文化

中国传统文化历史时间长，空间跨度大，每个发展阶段和每个历史朝代都增加了不同的内容，构成的成分比较复杂。可以说，积极与消极并存，精华与糟粕同在。因此，大学生必须保持清醒的头脑，坚持批判继承的原则，取之精华，弃之糟粕。首先要继承，大学生德育教育呼唤中国传统文化的加盟，中国传统文化中许多有价值的东西，客观公正地反映了事物的本质和规律，反映了中国人民几千年来积淀形成的价值观念和道德观念，是应当继承和发扬光大的。例如，爱国主义、集体主义、诚实守信、勤劳勇敢、与人为善等思想精华。

同时，中国传统文化必定有其时代的局限性，我们在利用时，也要反对夸大其词，不能什么都采取"拿来主义"的观点。中国传统文化中的消极思想足以使大学生迷失心智、人心涣散，这已经有前车之鉴。因此，我们在利用中国传统文化时候，必须保持清醒的头脑，分清好与坏的成分，做出正确的选择和取舍。首先，大学生应树立正确的判断标准，那就是凡是有利于国家发展、有利于人民幸福的都要继承和发扬；凡是阻碍社会进步的都要加以批判或消除。只有确立了判断标准，才能使自己认清形势，对中国传统文化做出正确的判断，才能树立正确的道德观念，推进中国传统文化的发展和延续。对待中国传统文化的糟粕，如，封建社会中的封建迷信思想等，我们要严厉批判，狠狠打击，不仅要在形式上清除这些东西，更是要消除其所产生的无形的消极影响。只有做到对中国传统文化精华的继承和宣传，对消极落后的内容旗帜鲜明地进行批判消除，才能使中国传统文化在大学生群体中得到良好地发展。

（二）创新中国传统文化

中国传统文化有着辉煌的历史，在社会主义现代化建设的伟大实践中，我们一定会创造出更加绚丽多彩富有中国特色社会主义的文化，对人类文明做出新的贡献。目前，中国传统文化传承和发展的物质基础，所处的社会环境，以及传播方式都发生了天翻地覆的变化。因此，对待中国传统文化，我们应该发扬与时俱进的精神，勇于推陈出新，使其符合时代要求，使中国传统文化在新时期仍然是全国各族人民奋勇前进的精神动力。由于中国传统文化富有创新性和包容性，才使它不断超越旧传统，得以在几千年的历史发展中不断地完善和发展延续。

历史的经验告诉我们，任何一种优秀的传统文化，只有符合时代节奏，不断地改造和创新，才能保持永不枯竭，保持旺盛的生命力。我们在保持中国传统文化主体性的同时，必须敢于突破旧的传统模式，敢于采用新的观念来代替旧的观念，积极地面向未来。只有这样，才能真正保证中国传统文化永远保持与时俱进的先进性，才能被大学生和广大人民所接受，才能使中华民族的优良传统得以继承和发扬光大。

五、处理好与其他文化的关系

在全球化的今天，大学生面临着多种文化潮流的影响。例如，中国传统文化和现代文化、本土文化与外来文化等。部分大学生没有很好地将不同的文化观念统一起来，而是人为地将其对立起来，这都是错误的。

（一）正确处理中国传统文化与现代文化的关系

现代文化是传统文化的延续，是为了适应时代潮流而对传统文化的继承、发展和创新。部分大学生在对待中国传统文化与现代文化的时候，没有清楚地认识到历史与现在、历史与未来的关系问题，将中国传统文化简单粗暴地划归到"历史糟粕"的行列中去，将中国传统文化与现代文化严重对立起来。其实，任何现代文化都是通过实践总结，从传统文化发展而来的，否则，现代文化也将成为无源之水、无根之木，缺乏适应性和生命力。因此，对待中国传统文化，万万不可采取全面否定的态度，而是要坚持实事求是的原则，在社会实践中对其进行检验，具体问题具体分析，清除过时的内容，继承和发展有价值的东西。

（二）正确处理中国传统文化与外来文化的关系

随着全球化的深入，科学技术手段的不断进步，世界各国不同的文化相互交流、渗透、融合的步伐不断加快。不管是哪一种文化，都有其优点和缺点，有其相通之处。因此，对待其他外来文化，我们不应该谈虎色变，而应该积极利用其先进思想理念，为我所用。中国传统文化在几千年的发展历史中，不断融合其他文化，使内容更加丰富，生命力更加旺盛。因此，在对待外来文化问题上，我们既要顺应时代潮流，积极地吸收借鉴外来文化的优秀思想和有益成果，又要保持清醒的民族意识，保持自己民族的特色，这才是中国传统文化发展的必由之路。

1. 取其所长并为我所用

面对外来文化的影响和冲击，我们不必惊慌失措。与其否定或是排斥，还不如进行有益的引导，使其沿着我们的方向发展，符合我们的利益。我们必须从我国的基本国情出发，对外来文化的取舍做出正确的判断，而不是犯教条主义的错误，盲目地进行照搬、照抄。坚持一切有利于加强我国社会主义文化建设，有利于提高广大人民群众精神文明建设的成果、经验和管理方式，我们都要积极地研究、吸收和借鉴原则。只有积极吸收外来文化中的一切优秀成果，坚决批判和抵制外来文化中腐朽落后的文化观念，将中国传统文化与外来文化融合起来，相互借鉴和吸收，才能更好地继承和发扬中国传统文化。

2. 保持中国传统文化的独立性

世界各国文化体系都面临多元文化的冲击，如何保持和发展本民族文化的主体地位，已经成为当今世界范围内各个国家和民族所关注的一件事情。我们在吸收、借鉴外来文化的时候，切不可放弃中国传统文化的主体地位，不然的话，中华民族所特有的传统、历史、思想、文化、行为习惯等，都会在外来文化的强势冲击和影响下，慢慢衰败，直至走向消亡。一个国家和民族一旦失去了本民族的传统文化，那么，这个国家和民族的独立性也就随之消失了。因此，我们在对待外来文化这个问题上，一定要坚持中国传统文化的主体地位，努力提高中国传统文化的质量和竞争力，保持中国传统文化的独立性，增强中国传统文化自身发展的活力，使中国传统文化更好地为大学生德育教育服务，沿着健康的方向和道路走向未来。

第四章 高校德育主体诉求

第一节 大学生主体意识增强的诉求

随着社会主义市场经济和政治文明的发展，大学生的主体意识不断增强，高校传统的他育方式不能充分发挥大学生的主体意识，客观上要求高校德育思维方式向前发展，从他育为主的方式向自育为主的方式发展。

一、主体意识

（一）主体

近代西方哲学认识论首先要将主体和客体区分开来，主体是在和客体的相互作用和相互比较中得到规定的，从人的角度来理解主体，也就是说，只有人才能成为主体。意识是在与存在的相互作用和相互比较中得到规定的。存在有两种形式，即对象存在和自我存在。因此，主体意识就是人的对象意识与自我意识的统一，就是说人既要做外物的主人，也要做自己的主人，拥有掌握自己命运的意识。虽然学界对主体意识的界定有所不同，但是都包含这样的意思：有主体意识的人能够意识到自己作为主体而存在、活动，能够以主体的方式对待自己的存在和活动，力求自由自觉地表现和发挥自己的内在本质力量。

（二）主体意识的特性

主体意识内涵丰富，其特性主要表现为自主性、能动性和创造性。

1.自主性

自主性是对依赖性的扬弃，是主体意识实现的源头和原动力。自主性是主体按自己意愿行事的动机、能力或特性，包括自由表达意志、独立做出决定、自行推进行动进程等。人的活动有两种基本状态：自主活动状态和非自主活动状态，自主性是自身特性与社会特性的统一。自身特性方面有主体性、主动性、上进心、判断力、独创性、自信心等；社会特性方面有自我控制、自律性、责任感等。这些特性融会在自主性态度和自主性行为之中，构成一个人的统一的品格特点。人在实践活动中，有时处于自主状态，有时处于非自主状态。在自主状态下，人能够将主观目的与客观实际统一起来。在非自主状态下，人或者完全受外力控制，或者受自然、社会、自身的种种限制，无法按照自己的意志活动，不能实现自己的目的。缺乏自主性，人将无权决定自己的价值，无法展望自己的未来，无法拒绝处于"非我"的存在状态，无法对自我和社会负责。自主性的前提条件是独立，没有独立性就没有自主性可言。

2. 能动性

自觉性是相对于自发性而言的，自觉性是能动性的前提。自觉性是指主体认识到客体的本质和规律并遵循规律而进行实践活动的特性。人的生命活动是有意识的，自觉性使人与动物区别开来，有了自觉性，人才能通过实践活动改造客体以满足主体的需要。有了能动性，人才能根据客观事物的特性和人类发展的需要来制定实践活动的目标，在从事具体的实践活动之前，就预定实践活动的方案，预测实践活动的结果，人就获得真正的自主和自由。

3. 创造性

创造性是主体意识的最充分体现，是人作为主体的一种特有存在形式。创造性是指个体产生新奇独特的、有社会价值的思想或产品的能力。新奇独特意味着能别出心裁地做出前人未曾做过的事，有社会价值意味着创造的思想或产品具有道德价值、审美价值或实用价值。从根本上说，人类是创造性的存在物，每一个人都有创造性潜能。创造性充分展示了人的本质力量，人类依靠自己的创造性活动，使自己从动物界中分离出来，谱写着人类的历史。创造性是推动人类文明和社会进步的强劲力量，可以说，人类文明史就是一步创造史。从类人猿到现代人，人类不仅仅是在适应环境，更是在创造环境。现有的一切美好事物都是创造性所结的果实，离开创造性，就没有今天所拥有的一切。

二、大学生主体意识增强的表现

大学生主体意识是指大学生在认识和实践活动中对于自身的主体地位、

主体能力和主体价值的自觉意识，是大学生自主性、能动性和创造性的观念表现。社会主义市场经济和民主政治的发展和完善，为大学生主体意识的发展创造了条件。

（一）自主意识凸显

自主意识是指主体能够自主地行使自己的权利，在思想上表现为自我意识，在行为上表现为自尊、自信，具有自我控制、独立判断的能力。"05后"大学生是在社会主义市场经济确立和完善的过程中成长起来的，大部分都是独生子女，物质生活优裕，享受到父辈们无微不至的照顾。

大学生没有经历过大规模的政治运动，不再惧怕权威，不循规蹈矩，崇尚自我和独立。他们的生活目标主要是个体的自由与发展，其行为总是表现得很"酷"，不是简单的追随与模仿，而是挑战、勇气、能力等特性，代表了个性的张扬。他们努力展现绚烂多姿的自我，从发型设计、服装款式到自我形象和文化品位都在求新、求异，这充分体现了他们对个性的重视和自我价值实现的渴求。没有自主性，个性就会成为一个空壳。

（二）能动意识觉醒

能动意识是指主体自觉对客观环境发出的信息进行分析、选择、判断、整合，在思想上表现为较高的竞争意识、参与意识、成就意识；在行为上表现为兴趣广泛、爱好多样，以及较强的适应能力。

在日趋激烈的社会竞争中，大学生的竞争意识日益增强。许多大学生认为，在社会中生存和发展主要依靠的是个人能力和自我奋斗，而不是家庭背景和社会关系。在以就业为导向的成长路径下，大学生一进入大学校门，就开始进行职业生涯规划，完善知识结构，提高科学文化素质，明确奋斗目标，从而实现自我价值和人生目标。

进入大学以后，大学生最关注的就是自身的成长成才，他们积极参与到有利于自身成长成才的各种活动和工作中。参与社团活动是学生获取知识、提高能力、适应社会发展需要的有效途径。社团活动是大学生活中不可缺少的一部分，高校学生社团可谓五花八门，种类繁多，如，学生会、团委、戏剧社、民乐社、手工社、诗社、书画协会、吉他协会、舞蹈团、爱拍电影、电子爱好者协会、计算机协会、羽毛球协会、足球协会、定向越野协会、青年志愿者协会等。大学生根据自己的兴趣选择自己喜欢的社团，在参加社团活动的过程中提高自身的综合素质。通过学生社团活动，充分调动了大学生的主动性和参与意识。另外，大学生为维护自身权益，积极监督学校的教学管理服务工作，针对学校教学管理服务工作中的问题提出建设性的意见。

（三）创新意识强烈

创新意识是指主体根据社会进步和个体发展的需要，在实践活动中表现出创造新事物或新思想的动机、意向和愿望。创新意识是人类意识中积极的、富有成果性的表现形式，是创造性活动的出发点和内在动力。创新意识是一种现代意识，是衡量社会进步和民族文明程度的一个重要标志。

创新意识是当代大学生应具备的基本素质，是大学生实现自我价值的客观要求。"05后"大学生敢于质疑权威、挑战权威，在学习中，不再盲目相信书本和教师，开始摆脱教条主义，独立思考所学知识的合理性。大学生思维活跃，具有较强的探索激情，在探索过程中遇到疑难问题敢于标新立异，另辟蹊径。大学生具有较强的创新热情，创新实践意识强烈，很想把自己的思想付诸实践。创新实践活动是大学生将基本理论内化为创新意识，将书本知识转化为创新品质的必要途径。大学生积极参加各种创新实验项目，独立完成整个研究项目，如，选题设计、组织实施、分析处理信息、完成总结报告等。创新计划项目的实施，调动了学生学习的主动性、积极性和创造性，激发了学生的创新思维和创新意识，提高了学生的创新实践能力。大学生参加创新实践活动取得一定成就后，可以增强自信，反过来又激发大学生的创新意识。

三、大学生主体意识增强对高校德育的诉求

大学生主体意识的增强要求高校德育转变思维方式，由他育为主的方式转向自育为主的方式，使大学生由被动的受教育者转变为主动的自我教育者，满足大学生自主自觉学习的要求。

（一）高校德育中自我教育的含义

自我教育是教育的最高境界，是教育实现培养人的有效手段。自我教育是个体完善知识、提高能力、塑造个性的重要途径。

教育学中对自我教育研究的学术成果非常丰硕，但对自我教育的理解可谓仁者见仁智者见智。但都认为，在自我教育中，教育主体与教育客体都是自我，即主体我与客体我，主体我与客体我是对立统一的。自我教育是主

体我对客体我实施的教育，是主体客体化从不自觉到自觉，从他律到自律的
过程。

近年来，思想政治教育学中也开始对自我教育进行理论和实践探索，
主要有如下观点：自我教育是通过反省、反思、自我思想改造等自我修养途
径，提高思想道德水平、理性思考水平；通过自我约束、自我控制和自我管
理途径，增强自身把握正确方向的能力。自我教育是教育者按照思想政治教
育的目标和要求，引导受教育者自觉学习、接受先进的思想理论，自觉联系
自己的思想实际，并努力通过自身的思想矛盾运动来实现自身的思想转化和
提高的方法。高校德育的自我教育是具有自主性的教育，即大学生能够根据
社会发展需求和自身发展需要，通过独立思考和理性反思提出思想道德学习
的任务，取舍和筛选教育内容，不断认识自我和调节自我，以提高和完善自
身思想道德素质而进行的一种教育活动。

（二）大学生主体意识增强对高校德育的诉求：自我教育

学生主体性发展的落脚点是自我教育。自我教育与大学生主体意识的
觉醒密切相关，主体意识的觉醒表明他们能自觉地将自身置于外部世界的主
导和主动地位，表明他们意识到自己是自身的主人，从而在教育过程中发挥
自身的主动性和能动性，使自身素质获得质的飞跃。

1. 大学生主体意识增强要求成为主动的自我教育者

受主客二分思维方式的影响，传统高校德育强调教育者的主体地位和
能动作用，把大学生看成消极被动的"受教育者"，这种纯机械论的教育主
客体观把教育者的能动性无限拔高，把"受教育者"的被动性无限放大，将
教育者与"受教育者"对立起来，教育者不考虑"受教育者"的身心发展规
律而进行教育活动，看不到"受教育者"的活动对教育者的制约和影响，压
制和阻碍了"受教育者"学习的积极性和主动性。

随着大学生主体意识的增强，他们不再满足于作为被动的"受教育者"
而存在，他们要求成为主动的自我教育者。任何一个教育过程都必须充分发
挥教育者的主导性和学生的主体性，任何一个完整的德育过程都包括"教"
与"学"两个方面。在高校德育中，"教"的主体是教育者，他面对的客体
是教育目标、教育内容、教育方法等；"学"的主体是大学生，他面对的客
体是教育目标、教育者传授的教育内容、教育者采用的教育方法等。作为"学"

的主体，大学生接收的信息是多源多向多样的，有教育者传递的教育信息，有家庭、同辈群体、传统媒体、社团组织等传递的信息，有从网络、手机等新兴媒体中看到的信息，有从现实生活中直接体验得到的信息，有催人奋进的信息，有消极处世的信息，各种信息连环传播、交互感染、交互强化。大学生对教育信息的选择获取不再是简单的直线性方式，不再是被动地接受教育者传授的知识和传递的信息，而是主动地整合来自四面八方的多种信息，根据自己已有的认知图式对教育者传授的内容进行分析、反思、批判后，有选择地接受，重新建构自己的认知图式。大学生在"学"的过程中会通过各种方式，例如，质疑、反驳、讨论、探究、辩论，甚至面部表情、情绪情感暗示等方式，与教育者交流沟通，如果教育者能对此做出积极回应，大学生就会积极配合，如果教育者对此置之不理，大学生就会产生抵触情绪和逆反心理。因此，高校德育不能再把大学生当作消极被动的"受教育者"，而应当把他们还原为具有自主性、能动性、创造性的自我教育者。

2. 大学生主体意识增强要求自主自觉学习

传统高校德育把大学生看成消极被动的"受教育者"，把外在的社会要求和社会规范灌输给学生。因此，学生把德育看作一种外在的要求和他律。大学生接受教育的动机来自外部，他们没有明确的学习目的，处于被动的"要我学"状态中，学习动力不足，学习兴趣不浓，学习自主性和主动性不够，高校德育难以实现提升大学生思想道德素质的目标。

一般来说，个体思想道德素质的提升是一个由认识内化到行动外化的交替过程，他首先将社会的思想道德规范内化为自身的思想道德意识，然后在自己的行为中表现出来。自身的内驱力越大，主体意识越强，自主自觉性越高，内化的强度就越大，外化的效果就越好。高校德育目的和内容能否被大学生认同，既受教育者的影响，也取决于大学生的认知程度与知行转化程度。任何理性教育，形象的感染，都是外部的客体，都只有通过主体的心理过程才能起到这样或那样的作用。如果没有主体内心的心理过程的发生，任何教育都等于零。大学生内心心理过程的发生，就是自主自觉学习的过程。他们总是高扬主体性，崇尚个性，强调独立性，具有强烈的叛逆意识和反叛精神，他们抵触灌输式教育，不愿意接受教育者单方面的灌输，希望拥有独立思考的自由，希望自我建构内在的精神世界。他们已不满足于被动消极地学习，而要求自主自觉学习，他们不会无条件地接受教育者传递的思想观念，而是要通过自己的内心体验，经过自己的独立思考、分析、比较后，有选择地接受。大学生在选择自己认同的教育内容后，将这些教育内容转化为自身的思想观念，指导自己的行为，使自己的言行符合社会规范和要求并促使社会发展。

3.大学生主体意识增强要求发展和完善自我

传统高校德育把社会需求作为教育的唯一出发点，德育的目的就是规范大学生的思想行为，使之遵守社会准则。传统高校德育忽视了促进大学生全面发展的价值，他们把德育看作一项政治任务来敷衍，不会产生接受德育的需要。

近年来，在激烈的就业竞争中，大学生逐渐意识到用人单位普遍欢迎思想道德素质好、品德高尚的毕业生，欢迎事业心强、眼光远大、心胸开阔、具有强烈使命感和社会责任感的毕业生，欢迎具有团队协作精神的毕业生，不欢迎那些集体观念淡漠、自以为是、很难与他人合作的毕业生。大学生逐渐认识到思想道德素质是一个人的素质的灵魂，认识到自身的全面发展也包括思想道德素质的发展，而且认识到自身思想道德素质与社会要求之间存在着差距，产生了不断发展自我和完善自我的动力，自主地检查自己、反省自己，自觉地纠正自己的缺点，自觉自愿地认同伦理道德规范和政治法律规范。一方面，大学生综合主体方面的信息，正确地认识自我、客观地评价自我、积极地提升自我；另一方面，大学生综合客体方面的信息，在观念中创造性地建构起对客体的认知图式，全面认识和自觉协调人与自然、人与社会、人与人之间的关系，自觉掌握与调控自身心理状态，转变思想，改变行为，使自身的思想行为符合社会发展的要求，提升自我素质。大学生作为"主我"与"客我"的统一体，通过"主我"对"客我"的认识和改造，不断建构新的自我，自由、自为地发展。这客观上产生了自我教育的需求，并为自我教育提供了动力。自我教育是主体自我按照社会要求对客体自我自觉实施的教育过程，其目的不仅仅是自我控制，而是在自我控制的基础上设计自我、发展自我、完善自我。自我教育能够满足大学生认识自我、发展自我、完善自我、实现自我价值的心理需要，符合大学生身心发展的内在规律。

第二节 大学生全面发展的诉求

马克思主义关于人的全面发展理论是大学生全面发展的理论依据。在社会主义和谐社会，大学生全面发展就是要做到知识、能力与素质的和谐发展，身心素质、科学文化素质与思想道德素质的和谐发展，物质需要与精神需要的和谐发展等。高校传统的应试德育无法满足大学生全面发展的需求，大学生全面发展要求高校德育由应试德育走向素质德育。

一、马克思主义关于人的全面发展的思想

马克思没有集中论述人的全面发展，没有明确界定"什么是人的全面发展"，关于人的全面发展的思想散见于他的著作中，在不同的著作中有不同的提法，如，"每个人的全面自由发展""每一社会成员的全部才能和力量的全部发展""个人生产力的全面、普遍发展""个性的自由发展"等，因此，不能抓住某一句话来阐释马克思人的全面发展思想，而要将其有机地联系起来从整体上理解，把握其基本观点。马克思主义关于人的全面发展思想包括以下基本观点。

（一）全面发展是人的需求的全面发展

在马克思看来，人的发展就是人的需要的发展，人的发展过程就是在社会实践中不断产生又不断满足人的需要的过程。马克思批判以往的哲学家"习惯于用他们的思维而不是用他们的需要来解释他们的行为"[1]，马克思以人的需要为基础解释现实的人及其行为、解释人的发展过程。马克思指出，"人类生存的第一个前提，也就是一切历史的第一个前提，这个前提是：人们为了能够'创造历史'，必须能够生活。但是为了生活，首先就需要吃喝住穿以及其他一些东西。因此第一个历史活动就是生产满足这些需要的资料，即生产物质生活本身""已经得到满足的第一个需要本身、满足需要的活动和已经获得的为满足需要而用的工具又引起新的需要。"[2]人的需要是人的内在的本质的规定性，如马克思所说"他们的需要即他们的本性"[3]，

---

[1] 中共中央马克思恩格斯列宁斯大林著作编译局：《马克思恩格斯选集》第4卷。
[2] 中共中央马克思恩格斯列宁斯大林著作编译局：《马克思恩格斯选集》第1卷。
[3] 中共中央马克思恩格斯列宁斯大林著作编译局：《马克思恩格斯全集》第3卷。

因此，人类的一切活动首先要满足人的需要。人作为能动的存在物，人的全面发展是由人自身内在需求推动的，是人的内在本性使然。人与动物不同，人满足需要不仅是为了生存，更是为了发展，随着人的需要的不断丰富和发展，人的本质力量也不断得到拓展，人的发展也越来越全面。人的全面发展就是人的需求的全面和谐发展。但是，在私有制社会，私有制造成人的本质的异化，只有扬弃异化，人才能"以一种全面的方式，也就是说，作为一个完整的人，占有自己的全面的本质"①。人的需要是个人健康发展所需要的一切合理的物质、精神以及人的价值实现的需求等。人的需要也是随着实践活动和人的能力提升而不断得到满足的。人的本质在其现实性上是一切社会关系的总和，因此人的需要不能随心所欲，必须体现社会的要求，在社会不断完善和发展的过程中，人的需要才能不断得到发展。

（二）全面发展是人的个性的全面发展

"个性"一词最初来源于拉丁语 Personal，开始是指演员所戴的面具，后来指演员（一个具有特殊性格的人）。简单来说，个性就是个别性，是人与人之间相区别的特质。个性是人的生理、心理、性格、情感、意志、思维、行为等各种特质的综合，主要包括个人倾向性特征、个人心理特征和个人的社会人格特征。个人倾向性特征"包括人的需要、动机、兴趣、理想、信仰、价值观等。它是个性中的动力因素，规定着个人的生活方向和生活目的，规定着个人行为的社会定向，决定着个人行动的倾向性和积极性"②。个人心理特征"包括气质、性格和能力等"③。个人的社会人格特征是指"个人的道德风貌、习惯、社会形象、社会角色及其他精神状态，反映了个体的社会认可和评价水平，是不同个人之间互相区别的重要标志"④。

真正的"全面发展"不是面面俱到和无所不能，真正的"全面发展"所追求的恰恰是个性和卓越，是个性和个人能力的充分发展。马克思说："'特殊的人格'的本质不是人的胡子、血液、抽象的肉体本性，而是人的社会特质。"⑤个性的本质特征是社会性，因此，社会发展得越充分，个性发展得就越充分。马克思在《政治经济学批判手稿》中指出，在物的统治占主导地

① 中共中央马克思恩格斯列宁斯大林著作编译局：《马克思恩格斯全集》第42卷。
② 袁贵仁、韩庆祥：《论人的全面发展》。
③ 袁贵仁、韩庆祥：《论人的全面发展》。
④ 袁贵仁、韩庆祥：《论人的全面发展》。
⑤ 中共中央马克思恩格斯列宁斯大林著作编译局：《马克思恩格斯全集》第1卷。

位的资本主义社会，资本具有独立性和个性，人的真实的自我被机器、资本异化，活着的人没有独立性和个性，只有取代资本主义"物的统治"的新社会形态才能实现人的自由个性的发展。①只有扬弃私有财产，人的一切感觉和特性才能彻底解放，人的个性才能得到充分发挥。

（三）全面发展是人的社会关系的全面发展

"个人的全面性不是想象的或设想的全面性，而是他的现实关系和观念关系的全面性。"②马克思认为，在人的依赖关系为基础的社会，人的社会关系非常狭隘，在物的依赖关系为基础的社会，形成普遍的社会物质变换关系。社会关系越丰富、越全面，人的需求、能力和个性就发展得越全面，社会关系的普遍性是个人全面发展可能性的基础。要不断地消除社会关系的狭隘性，为人的全面发展提供广阔的自由空间。

随着生产力的不断发展，整个世界的物质交换和精神交流越来越普遍，物质交换和精神交流的手段、内容、对象等越来越复杂、丰富、广泛、多样，人的社会关系越来越丰富，内心世界越来越丰富，生命表现得越来越多样和精彩。社会关系的丰富意味着"人们摆脱了以往个体、分工、地域和民族的狭隘局限性，形成了各方面、领域和层次的社会联系；人们的经济关系、政治关系、法律关系、伦理关系、宗教关系、文化关系等全面生成，由贫乏变得丰富、由封闭变得开放、由片面变得全面，并且得以协调和谐发展"③。

二、大学生全面发展的科学内涵

人的全面发展是一个历史范畴，就是说，随着社会的发展，人的全面发展的内涵也相应发生变化。目前，我国正处于构建社会主义和谐社会的发展阶段，"和谐"被纳入我国社会主义现代化建设的国家战略中，社会和谐发展是中国特色社会主义的基本要求。培养和谐发展的个人既是建设和谐社会的前提，也是建设和谐社会的目的。因此，在现阶段，大学生的全面发展内在地包含和谐发展，主要包括知识、能力与素质的和谐发展，各种素质的和谐发展，物质需要与精神需要的和谐发展等。

（一）大学生全面发展：知识、能力与素质的和谐发展

知识、能力、素质是个体实现社会化和可持续发展的三个基本要素。

---

① 中共中央马克思恩格斯列宁斯大林著作编译局：《马克思恩格斯全集》第 46 卷（上）。
② 中共中央马克思恩格斯列宁斯大林著作编译局：《马克思恩格斯全集》第 46 卷（下）。
③ 袁贵仁、韩庆祥：《论人的全面发展》。

合理的知识结构、完善的能力结构、优化的素质结构是大学生健康成长、成才、成人与可持续发展的三个基本要素。

1. 知识与素质的关系

知识与素质的联系表现：首先，二者互为条件。生理遗传素质是人学习和获得知识的条件。知识是素质形成的必要条件，一个人只有在掌握了一定的知识后，其素质才可能有所提高。其次，二者相对稳定又发展变化。每一代人都是在新的社会实践中对已有知识进行继承与批判，使知识得以传承并扩展。每个人素质的形成总是遵循一定的规律，以内在的生理心理结构为基础，在环境、教育等外部因素的作用下，经过复杂的内化过程，形成新的生理心理结构，使自身素质不断扩展、深化、提升。

知识与素质的区别表现：首先，二者的表现形式不同。知识可以用语言、文字、图像、音频、视频等符号性工具来表现，知识可以脱离活的人而存在；素质不能用符号性工具来表现，素质同人的生活实践联系在一起，不能脱离活的人而存在。其次，二者发挥作用的范围不同。知识发挥作用的范围有限，特定的知识只能在特定的领域发挥作用。素质发挥作用的范围广泛，素质作为稳定的身心特征，对人的全部活动发挥作用。最后，二者的生成发展机制不同。知识可以通过学习、传授直接获得，素质不能通过学习、传授直接获得，素质的生成发展是内化与外化双向统一的复杂过程。

2. 知识与能力的关系

知识与能力的联系表现：一方面，知识是能力的前提，能力是在学习知识的过程中形成的，无知则无能。另一方面，能力使知识学习事半功倍，能力是掌握知识的内在条件，能力强则掌握知识的速度快。"个体的核心能力即综合智能的强弱，不仅与个体掌握知识的数量有关，也与其知识的结构有关。综合智能是个体在获得知识的过程中发展的。个体综合智能强，不但表明其获得了多层面（感性、理性）、多学科（自然、社会、思维）的较系统的知识，还表明其知识的获得过程是科学的，结构是合理的，因而更有利于个体高效率地获得更多的知识。"[1]

知识与能力的区别表现：知识不等于能力，知识多并不代表能力强。要使知识转化为相应的能力，需要合理的知识结构，也需要将知识综合化，

---

[1]　徐涌金：《大学生素质教育教程》。

重视知识的实用性与整体性，并且必须运用知识解决实际问题。

3.能力与素质的关系

能力与素质的联系表现：首先，二者的生成发展机制相似，其生成发展都是在认识活动与实践活动中完成的。其次，能力是素质的表现，素质是能力的基础。能力大小是由素质的高低决定的，一般来说，素质高的人在认识活动与实践活动中就会表现出较强的适应力和创造力。素质虽然提供了一个人能力发展的可能性，但必须通过社会实践才能使这种可能性转化为现实性。最后，二者不是一一对应的，在同样的素质基础上可以形成不同的能力，同样的能力也可以在不同的素质基础上形成。

能力与素质的区别表现：素质是潜隐的，是人在其活动过程中非对象化的结晶。能力是外显的，是人在其活动过程中对象化的呈现，能力更容易操作与评价。

综上所述，知识、能力、素质是辩证统一的，知识是能力、素质形成的基础，能力与素质影响掌握知识的速度、深度、广度。知识与能力是构成素质的要素，能力是素质的表现形式，素质是能力的内在依据。素质为个体获取知识和提高能力发挥着持续、有效、核心的主导作用；同时，知识结构、综合能力对增强个体综合素质发挥着积极、有效、协同的促进作用。[1]因此，大学生全面发展就要做到知识、能力与素质的和谐发展。

（二）大学生全面发展：各种素质的和谐发展

一个人的素质不是单一的，而是综合的。学者对素质的类型进行了分析探讨，其中"三类六型"划分法最为典型。"三类六型"划分法将素质分为身体素质、心理素质、养成素质三大类，以及身体素质、心理素质、政治素质、道德素质、科学素质、文化素质六型。

1.身心素质的和谐发展

身体素质是人体完成某个动作过程中表现出来的固有能力，主要包括力量、速度、耐力、灵敏及柔韧等机能。身体素质是其他各种素质的载体。没有较好的身体素质，从事学习、工作和活动就没有了依托和保证。没有较好的身体素质，人的活动能力就会受到很大限制。良好的身体素质是指人的各项生理机能都处于良好的状态，即有健全的体魄。现在的大学生承担的学

---

[1] 徐涌金：《大学生素质教育教程》。

习任务更繁重，面临的就业压力也更加沉重，面对的社会环境更复杂，大学生要生存和发展，要肩负起建设中国特色社会主义现代化的重任，就必须有良好的身体素质。但是，当前大学生的身体素质令人担忧。

心理素质是在实践活动中通过主体与客体的相互作用，而逐步发展和形成的心理潜能、能量、特点、品质与行为的综合，主要包括认识能力、情绪和情感品质、意志品质、气质和性格等个性品质。"对大学生心理素质的标准要求，应当以保持良好的心理状态，具有较强的自我心理调控能力和较好的心理适应能力为目标。"[1]当社会和外界环境发生变化，尤其遇到不利环境时，具有良好心理素质的人，心理承受能力较强，能正确地调节自我，使自己的思想和行为适应客观环境的变化。具有良好心理素质的人，在遇到挫折时，能够采取有效的调控手段，使自身不受到损害，或不沉浸在悲观失望的情绪中，充满信心地迎接挑战。大学生的诸多心理问题都是不能正确面对挫折造成的，有些学生不能面对在参与社团活动和班级管理工作中遇到的挫折，有些学生不能面对恋爱失败的挫折，有些学生不能适应大学的学习方式，有些学生不能适应学校饮食，有些学生不能面对没能考上理想大学或专业的挫折，还有些学生不能面对家境艰难付不出学费、身体不好、比赛失利、身材不理想等挫折。

身体素质是心理素质的基础。身体是灵魂、心智的载体。没有良好身体素质的人就如同一只被剥夺了飞翔能力的鸟儿一样。健全的体魄可以排除浊气，放松精神，消除疲劳，摆脱紧张、抑郁、焦虑、愤怒等不良情绪，使自己内心宁静。

心理素质可以调节身体素质。《庄子·在宥》中说："抱神以静，形将自正。"《黄帝内经·素问》第一篇《上古天真论》在讨论养生长寿的方法时写道："精神内守，病安从来。"这两句话从心理稳定和平衡角度分别论述了精神与健康、精神与疾病的关系。良好的心理素质可以增强机体的免疫力，使人精神放松、心胸豁达、情绪乐观，防病强身。

在充满风险和不确定因素的现代社会，大学生必须有良好的心理素质，才能将挑战转化为机遇，将困难转化为坦途，才能对生活充满信心，为实现自己的人生目标而不懈努力。在激烈竞争的现代社会，大学生必须具有良好

---

① 李明：《大学生学习学》。

的身体素质，因为人生目标的实现往往不是一帆风顺的，而是要进行长期的奋斗，这需要体力与耐力，如果体力不支、耐力不够就很容易放弃目标。因此，大学生要将养身养心并举，养身先养心，养心重于养身，通过优化心理素质来增强身体素质。

2. 科学素质、人文素质与思想道德素质的和谐发展

科学素质是大学生成才的重要基础。科学素质可以理解为科学理性在人格上的内化，即包括掌握必要的科学知识，具备科学精神和科学世界观，以及用科学态度和科学方法判断及处理各种事物的能力。大学生掌握了人类在长期实践和科学研究中创造和积累的科学思维方法，才能分析和解决学习、生活、工作中的各种具体问题。大学生具备了科学精神才能有进行科学探索的不竭动力，正如爱因斯坦说："一切方法的背后如果没有一种生气勃勃的精神，它们到头来都不过是笨拙的工具。"①科学素质中最根本的是科学精神。现代社会，科学技术已渗透到职业生活和社会生活的各个方面，各种实践问题的解决只依靠一门科学是不行的，而是要综合运用多种知识。因此，大学生只有掌握多种科学基础知识和科学思维方法才能解决各种实践问题。在建设创新型国家的宏观背景下，大学生必须提高自身的创新能力，而这需要养成科学怀疑、理性批判、勇于探索的精神。

人文素质是大学生成才成人的重要保证。人文素质是一种具有时代特征的综合素质，包括人文精神、人文意识、人文品质、道德水准和文化心理等。人文素质以人内心的精神世界为基础，思考和关注个体和人类的命运。正如爱因斯坦所说，对于一个纯粹的科学家来说，对人类自身命运的关注，从来都必须成为一切基础工作的目的。大学生通过学习文学、历史、哲学、艺术等人文知识，开阔视野，陶冶情操，关爱他人，敬畏自然，关注社会，提高为人处世的能力。人文素质高的大学生会自觉地将服务民族进步、国家发展、人类幸福作为提升自我的出发点和归宿，从而将自我融入国家、社会中。文化品位和人文素质制约着大学生综合素质的发展。

思想道德素质是大学生成才成人的精神动力。在大学生的综合素质中，思想道德素质发挥着根本性的导向作用，为大学生科学素质和文化素质的培养提供精神动力。大学生只有坚持正确的政治方向，提高政治觉悟，才能认

---

① ［美］爱因斯坦：《爱因斯坦文集》第1卷。

清时代赋予自己的历史使命，自觉自愿地为建设中国特色社会主义而刻苦学习科学技术和文化知识。只有具备良好的思想道德素质，大学生才会把个人发展与祖国命运联系起来，才能树立坚定的中国特色社会主义理想信念，并内化为一种持久的精神追求和强大的精神动力，精力充沛地投身到中国特色社会主义建设事业中，自觉自愿地奉献社会，提升自身的综合素质。

（三）大学生全面发展：物质需要与精神需要的和谐发展

"需要"这个范畴在马克思主义理论中的地位极其重要，是考察分析人类历史活动的根本出发点。需要既是形成人的利益要求、价值取向和理想追求的内在根据，也是人的活动的内在动力。人的需要多种多样，物质需要和精神需要是人的两种基本需要。"人处在有限的物与无限的神之间——这就是人性结构的奥妙所在。"[1]人是介于动物与神之间的存在物，是有限与无限的统一。因此，人既需要追求有限的物质，又需要追求无限的精神。

物质需要是精神需要的基础。人的生存需要是一个人生存下去的基础性需要，生存需要应该是最优先被考虑的。一般而言，物质需要满足了，才会产生精神发展的需求。"只要物质条件不容许人有从事其他活动的可能，人的更高级的需要就不可能产生和得到发展。"[2]精神需要始终受到物质需要的制约与纠缠，物质需要制约与纠缠得越厉害，精神需要发展得就越艰难。人们在追求物质需要满足的过程中会出现一些消极现象，但我们不能因噎废食，全盘否定人的物质需要，要用精神需要引导物质需要。对于大学生来说，如果基本的生存需要无法解决，就根本谈不上静心学习，更高层次的精神追求就会受到制约。

精神需要引导物质需要。"在人们的现实生活中，很多人有需要也不断在满足着需要，他们只是盲目地被本能的需要牵着走，没有认真审视过他们的需要，也不了解人的真正需要究竟是什么。"[3]人的真正需要是精神需要，精神需要是人的本性的确证，是人与动物的根本区别。没有精神需要，人的本性就不完满，人就不能获得真正的幸福。古希腊哲学家德谟克利特说："幸福不在于占有畜群，也不在于占有黄金，它的居处是在我们的灵魂之中。""人们通过享乐上的有节制和生活的宁静淡泊，才得到愉快。"[4]人的物质需要

---

① 戴茂堂：《人性的结构与伦理学的诞生》。
② 王天思：《超越"人性"裂谷》。
③ 高清海等：《社会发展哲学——中国现代化的理性思考》。
④ 北京师大等七所师范院校：《欧洲哲学史教程》。

是无限扩张的，当人的精神需要发展起来，就会引导物质需要，使其更加合理。"人的需要的发展水平决定了人的价值观，决定了人的精神境界、品位高低和行为准则。"①没有精神需要，不建构精神生命，人就退化为动物，人的价值就无从体现。没有精神需要，大学生不可能实现发展自我、完善自我的目的。

大学生是具有个性和能动性的主体，不同的大学生因其家庭背景、地域环境、性别、年级、所学专业、面临问题、知识结构等差异形成个性化的需求，这些个性化的需求都可以归到物质需要与精神需要两大类中。大学生全面发展内在地包含物质需要与精神需要的和谐发展。

三、大学生全面发展对高校德育的诉求

目前，大学生仍然存在许多片面发展的现象，造成大学生片面发展的原因很多，应试教育与应试德育也负有不可推卸的责任。现代社会需要各种素质全面发展的复合型人才。因此，必须扬弃应试德育方式，对大学生实施素质德育，为大学生全面发展开辟出一片广阔的自由空间。

（一）大学生片面发展的原因：应试教育与应试德育

目前，大学生的发展状况与全面发展的要求仍有一定差距，大学生处于片面发展状态，主要表现在以下四个方面：①重知识和能力，轻素质。由于受到市场经济和社会重视实用技术等因素的影响，大学生普遍重视实用技术知识。例如，不论文科学生还是理科学生，都十分重视计算机知识的学习和计算机水平考试。大学生对实用技术知识的重视，并不能说明他们就具有很高的科学素质，一些学生对科技常识一知半解，对科技发展趋势一无所知，缺乏迎难而上的勇气、实事求是的精神、独立探索的进取意识。②科学素质与人文素质的不平衡。目前，大学生的科学素质与人文素质发展不平衡的状况仍然存在，令人担忧。理工科学生重理工、轻人文，文科学生重人文、轻科学的偏颇现象普遍存在。许多理工科学生对历史知识、文学知识知之甚少，缺乏艺术修养、审美能力，文化品位不高。许多文科学生对自然科学的基本知识知之甚少，不了解现代科技发展趋势，对诸如"转基因工程""芯片""克隆""黑洞""纳米"和"遗传工程"等现代高科技知识十分陌生，缺乏理性的科学精神。③重科学文化素质，轻思想道德素质。大学生普遍重视科学

① 王天思：《和谐社会的制度条件和人性根据》。

文化素质，因为科学文化素质就是人的智力业务素质，容易在业务中凸显出来，而思想道德素质是为智力业务素质提供精神动力的无形的潜隐的素质，难以在业务中体现出来。④重物质需要，轻精神需要。市场经济对功利与效益的追求，推动了物质财富的增长，人们将经济领域中的价值原则无限制地推广到社会生活中，以金钱衡量人生价值。一些大学生将赚钱视作人生的目的，片面地追求物质需要的满足，精神需要处于萎缩状态。

造成大学生片面发展的原因很多，但应试教育与应试德育负有不可推卸的责任。

应试教育是一种"外在化"教育，以考试为目的，围绕考试开展教育活动，它不是以学生的内在发展为衡量标准，而是以外在的知识和考试成绩等作为衡量标准。考试一般只能考查学生对知识的掌握情况，难以考查学生的能力和素质。因此，应试教育培养的学生仅仅重视对知识的"占有"，忽略对知识的综合运用。知识是素质的基础，知识水平的提高有利于素质的提高，但不等于说知识的增加必然导致素质的提高。素质的形成是一个内化过程，在内化过程中起关键作用的因素不是智力因素，而是非智力因素。应试教育过分强调"以课堂为中心、以教材为中心、以教师为中心"，过分强调对知识的识记而忽略对非智力因素的开发，会难以将知识内化为素质，外化为能力。"一方面，教育内容不能得到有效内化，大学生只是外在化、形式化地占有等待被复制的符号，却难以占有教育内容的内在意义和价值；另一方面，大学生的思想没有得到触动，思想矛盾斗争不可能展开，造成'说归说，做归做'的知行脱节。"①

应试德育是应试教育的一种表现形式。传统的高校德育模式是应试德育，教育的目的就是应对考试，教育者教给学生的只是一些概念化的知识，学生只需要将这些概念知识塞进记忆里，于是，学生成为记忆思想道德概念知识的人，而不是成为有思想道德素质的人。思想道德素质是构成民族凝聚力的精神支柱，是一个国家和民族的灵魂，也是一个人的核心素质。思想道德素质在人才成长过程中处于首要地位，既是提升科学文化素质的重要驱动力量，也是科学文化素质发挥正功能的保障力量。应试德育不以提高大学生思想道德素质为目的，结果造成大学生思想道德素质不高，不能保障科学文

---

① 教育部思想政治工作司组编：《大学生思想政治教育理论与实践》。

化素质按照"德"的要求去发挥，不能保障精神需要对物质需要的引导，大学生片面地追求"何以为生"的科学文化知识，放弃了"为何而生"的价值追求。现在的大学不是远离现实社会的"象牙塔"，大学生非常注重学以致"用"，"用"有精神之用与物质之用、直接之用与间接之用、即时之用与长远之用，但大学生往往对"用"做简单化、庸俗化的理解，用功利、实用的眼光来挑选物质之用、直接之用与即时之用的知识。

（二）大学生全面发展对高校德育的诉求：素质德育

当代大学生肩负着中国特色社会主义现代化建设的历史重任，中国特色社会主义现代化建设需要大批基础知识广博、宽口径、智能型、具有创新潜质的全方位、立体型的高素质复合人才。高等院校要培养高素质复合人才，培养德智体等诸方面全面发展的社会主义新型人才，就必须实施全面发展的素质教育。全面发展的素质教育就是通过德育、智育、体育和美育等几个部分全面协调地发展来培养和造就全面发展的人，它是实现人的全面发展的根本途径。

实施全面发展的素质教育，必然要求高校德育实施素质德育，素质德育追求的是为发展而教、为发展而学，素质德育提倡自主学习、自我建构和探究式的学习，素质德育鼓励个性和创造性，素质德育注重知识和学科的关联与整合，素质德育重视解决实际问题能力的培养，素质德育更多关注人的智慧、能力和创造性等深层次素质的开发与激活。① 素质德育以全体学生的全面发展为宗旨，为学生学会做人、学会求知、学会劳动、学会生活、学会健体、学会审美奠定基础，使学生的身体素质、心理素质、科学素质、人文素质、思想道德素质等得到全面协调发展，使大学生的理性、情感、意志与行为和谐发展，达到真、善、美的统一。

大学生全面发展的基石是包括思想道德素质、科学文化素质、身心素质等在内的综合素质，素质德育正是要由以书为本的学历教育转向培养大学生综合素质为本的创新能力教育。素质德育强调在理论培养和实践能力培养的基础上拓展素质。理论素养是实践能力的基础，大学生只有掌握了科学的理论才能在实践中大显身手，他们对科学理论知识的掌握是否牢靠要看其发现问题、解决问题的实践能力。大学生的素质在丰富多彩的各级各类科学文

---

① 参见杨维、刘苍劲等：《素质德育论：大学生的现代适应与综合素质培养研究》。

化活动中可以得到横向和纵向的拓展，在理论学习和社会实践中得到提升。

素质德育可以保证大学生综合素质的可持续发展。知识只是能力和素质的基础，素质是一个人全面发展的基础，有创新和作为的人，都是综合素质高且综合素质得到可持续发展的人。大学生的综合素质如何，不仅要看其在校的表现，更要看其走向社会后的可持续发展能力。现代社会，新技术、新知识层出不穷，高等教育不能仅停留于传授知识层面，更要重视培养学生获取知识的能力，提高学生的学习能力，使学生"学会学习"。学习素质是确保大学生可持续发展的关键，大学生只有养成良好的学习习惯，掌握了求知的方法和途径，才能根据自身的职业目标和人生目标广泛涉猎相关学科的知识，根据社会发展趋势拓宽自身的知识面、优化自身的知识结构，使自身的综合素质与时俱进。

第三节　大学生思想道德素质发展的诉求

大学生思想道德素质的发展是思想道德认知、思想道德情感、思想道德意志、思想道德行为等要素均衡发展和循环往复、螺旋式上升的矛盾运动过程。缺少任何一个要素或各要素发展不协调都无法形成良好的思想道德素质。高校传统的知性德育只能促进学生思想道德认知的发展，忽略了思想道德情感、思想道德意志、思想道德行为的发展，高校德育应该从知性德育向实践德育发展。

一、大学生思想道德素质的构成要素

大学生思想道德素质的形式结构包括思想道德认知、思想道德情感、思想道德意志和思想道德行为四个基本要素。这四个基本要素在大学生思想道德素质的形成和发展中发挥各自独特的作用。

（一）认知是大学生思想道德素质形成和发展的基础

早在古希腊时期，苏格拉底就提出"美德即知识"的思想，由此出发，他又提出"没有人故意作恶"的著名道德命题，人们之所以会作恶，是由于其"无知"造成的。虽然苏格拉底将德行的形成与对知识的掌握之间的关系演绎为必然性关系失之偏颇，但是他认识到了"德行"必须有一定的知识前提。科尔伯格也提出，认知发展是道德发展的必要条件，他从研究儿童的道

德认知入手建构道德教育理论。在他看来，道德认知是道德发展的核心要素，道德认知是道德行为的基础，道德教育的基础在于激发儿童对道德问题的理性思考。他将道德发展划分为六个阶段，道德发展处于较高阶段的个人能更好地推理，更适当地回应道德困境，而且能根据判断做出行动。虽然，科尔伯格将道德教育简化为道德认知教育失之偏颇，但是重视道德教育中的认知因素有其合理性。

思想道德素质的形成一般是从认知开始的，人的认知过程是螺旋式上升的，从量的积累到质的飞跃，不断得以深化。没有正确的认知，就难以形成积极的思想道德情感和良好的思想道德行为。认知能力和认知结构与人的思想道德素质的形成是紧密相连的，个体的知识水平制约着个体思想道德素质的发展。大学生在接受思想道德教育信息时，会根据已有认知结构、接受目的、接受标准来选择信息和解释信息。选择信息和解释信息的差异源自主体认知结构的差异。大学生对接收的信息进行推理、判断，如果这些信息能与其原有的思想道德知识吻合就接受，如果不能吻合要么放弃这些信息，要么改变原有的认知，建构新的认知。正如海德格尔所说的，理解者对任何文本的理解都与理解者的"前结构"（认知结构）有关，"前结构"由"前有""前识""前设"三者组成。"前有"指理解者预先有的文化习惯；"前识"指理解者预先有的概念系统；"前设"指理解者对被理解者预先有的假定。

知识是人类思想智慧的结晶，高校德育途径之一就是通过思想政治理论课教学传授知识。大学生掌握思想道德知识，是大学生坚信教育内容并照此践行的基础所在，是形成教育者所期望的思想道德素质的基础所在。抛弃掌握系统知识的渠道，而仅仅依赖日常生活中的养成教育方式形成相应的德行固然有效，但难免流于师傅带徒弟式的小作坊生产，局限于经验学习，难以提升、深化。抛弃掌握系统知识的渠道，而仅仅慕求从具体事件中获得与提升推理判断的能力以实现相应的德行固然有效，但难免面临"皮之不存，毛将焉附"的诘难。"有效的思想政治教育要求必须经过教育对象主体性的思维运作并从而达到其对教育内容的知识掌握这样一环。"①虽然大学生对高校德育教育内容的知识型掌握至关重要，但它绝不是高校德育的全部。

---

① 沈壮海：《思想政治教育有效性研究》。

（二）情感是大学生思想道德素质形成和发展的动力

1. 情感对认知和行为的影响

第一，情感对认知的影响。传统认识论（包括旧唯物主义反映论和唯心主义先验论）把人的认知活动视为不受情感影响的纯理性、纯智力的行为过程，忽视了人的情感等非智力因素的能动作用。实际上，人的一切活动都是在一定的情绪情感状态下进行的，不同的情绪情感状态会选择不同的认知角度和认知层次，进而对同一事物或现象产生认知差异。埃德加·莫兰在《复杂性理论与教育问题》一书中讲道，人性是冲动、情感和理性三者的整合，三者之间不遵从理性—感情—冲动的等级制关系，而是一种不稳定的、可对调位置的、转动的非线性关系。理性在三者之中并不居于统治地位，不拥有最高权力，"它只是不可分离的三联整体中与其他两项竞争和对抗的一项，它是脆弱的——它可能被情感或冲动所控制、完全占有甚至奴役"①。现代心理学研究表明，情感在人的认知活动中不起主要作用，但能调节人的认知活动，快乐、兴趣、喜悦等正情感能促进认知活动，愤怒、悲哀、恐惧等负情感会抑制认知活动。

第二，情感对行为的意义。情感对行为活动具有增力或减力的效能。心理学研究表明，任何一种行为的发生和发展都与一定的需要相联系，需要是促使行为发生和发展的原动力。需要动机成为推动一个人行为的基本动力系统，情感与这种动力系统有着密切的关系，情感起着"放大"或"缩小"内驱力（即需要）的作用。当情感需要与客观事物的关系一致时，情感起着积极的推波助澜的作用；反之，起消极的离心作用。例如，一个学生出于自身兴趣而学习，在情感上是愉悦的，学习效果就很好；而一个学生出于教师压力而学习，在情感上是抵触的，难以产生良好的学习效果。

2. 情感是大学生思想道德素质形成的动力

一定的思想道德认知并不能确保相应的行为，思想道德认知与行为之间有一些中间变量，情感是认知与行为之间的一个调节变量。儒家思想就特别强调感情在道德行为中的作用，所谓"格物致知"的"知"不同于通常所说的知识或认知，不但是对客观事物和道德原则的认识和理解，主要是指对他人喜怒哀乐等情感的体会与感知。孟子的"四端说"（恻隐之心，仁之端也；

① 　［法］埃德加·莫兰：《复杂性理论与教育问题》，陈一壮译。

羞恶之心，义之端也；辞让之心，礼之端也；是非之心，智之端也）就说明人有了情感体验才能真正行善。休谟也否认了抽象的理性原则在道德行为中的决定作用，他认为，"理性和判断由于推动或指导一种情感，确是能够成为一种行为的间接原因"①。

大学生思想道德素质的形成与发展虽然以认知发展为基础，但也与情感活动密不可分。思想道德情感是指"人们对思想道德现象和行为规范的爱憎、好恶的内心评价和态度。思想道德情感是人们根据一定的需要，在感知、理解、评价客观事物时所产生的一种情绪体验"②。积极的思想道德情感，会使大学生接近、尊重、信任教育者，使他们积极思考，认同、接纳教育内容，并付诸实践。消极的思想道德情感，会使大学生排斥对教育内容的认知，对不良思想道德现象视而不见、听而不闻，对思想观念不愿做深刻的思考，对政治观点不愿做深入的分析，对道德规范不愿践行。

（三）意志是大学生思想道德素质形成和发展的保障

1.意志对认知和情感的影响

心理学上把人的心理活动分为认识过程、情感过程和意志过程。意志是指人为达到某种目的，有意识地调整自己的行动，并克服种种困难的心理活动。

意志主导认知。意志可以支配、调节个体的认知活动。认知活动总是有目的、有计划的，是一种复杂而艰巨的脑力劳动，因此要求人们具有坚强的意志品质。在认知活动中常常会遇到各种困难，诸如细致观察、有意记忆、创造想象、问题解决等，如果没有坚强的意志，认知活动无法顺利进行。在认知活动中，由于意志的参与，才能不断深入研究，深化对事物的认识。

意志调控情感。良好的意志品质可以控制不良情绪的影响（如，失败时的恼怒、沮丧，胜利时的骄傲、狂喜等），将行动进行到底。所谓"理智战胜情感"，是指在理智认识的基础上靠意志的力量去克服和抑制不合理智的情感。意志薄弱的人常常受不良情感左右，或者一次失败就情绪低落，一蹶不振，或者难以控制不良情绪，做出背离理智的冲动行为。

2.意志是大学生思想道德素质形成的重要保障

思想道德意志是指人在实现思想道德目的的行为实践中，自觉奋进或

---

① ［英］休谟：《人性论》，关文运译。
② 张满军：《德育哲学引论》。

克服阻碍的意识能力和心理趋向，换言之，是指人为实现有意义的思想道德目的（这个目的此时并不吸引他）而克服那些富有新引力的动机、需要或愿望的心理特征。中国古代教育家非常重视道德意志的作用。孔子就要求大家"志于道"，树立远大、高尚的志向，才能"据于德，依于仁，游于艺"（《论语·述而》）。一个人只有"志于道"，不断积累顽强的道德意志，才能不断完善道德品格，使之日趋广大精微而臻于"全德"境界。张载说，"志久则气久、德性久"（《正蒙·至当篇》），意思是道德意志保持的时间越长久，德性保持的时间也越长久。

思想道德意志是思想道德习惯和行为养成的重要环节，完整的思想道德教育过程不能脱离锻炼意志这一环节。思想道德意志是一种强大的精神力量，它在大学生思想道德品德形成和发展中发挥着保证力、控制力等作用。如果大学生意志薄弱，尽管对思想道德目标有深刻的认识和积极的情感，一旦遇到困难便可能放弃。如果大学生有坚强的意志，就能按照思想道德要求约束自己，克服各种困难，排除各种障碍，实现思想道德目标。坚强的意志力能够促使大学生克服种种困难，始终朝着理想目标迈进，不断完善自己。大学生要有良好的思想道德素质，就必须借助意志进行自我克制、自我主宰，并用理性来引导自己的行为。

（四）行为是大学生思想道德素质形成和发展的标志

思想道德素质的内在心理要素（思想道德认知、思想道德情感、思想道德信念）属于精神的范畴，它在客观化、外在化之前，还不能构成完整意义的思想道德素质。大学生思想道德素质的形成发展是内化与外化的统一，内化是在知情意等心理机制的作用下，将社会的思想道德规定转化为自身的思想道德认知、情感、意志等精神力量。外化是将精神力量转化为思想道德行为实践，经常、反复进行，养成良好的习惯，形成相对稳定的思想道德行为。大学生思想道德素质的形成过程是其各构成要素由低级到高级、由简单到复杂、由量变到质变，从而形成相对稳定的思想道德品质的动态过程。

大学生思想道德行为是知情意等内在心理因素的外在表现，是衡量大学生思想道德素质的重要标志。评价大学生的思想道德水平高低，不能根据他说什么、表面上喜恶什么，而是要看他做什么。思想道德行为作为思想道德素质形成的一个子过程，它直观地、感性地体现出大学生认知活动、情感活动和意志信念的实际效应，体现出教育活动的实际效果。

二、大学生思想道德素质构成要素之间的矛盾关系

思想道德认知、情感、意志与行为等构成要素之间不是简单线性关系，而是复杂的非线性关系。这些构成要素之间错综复杂的矛盾决定了大学生思想道德素质提升异常复杂，只重视任何一个要素都不行。本章主要探讨大学生思想道德素质结构中的三对主要矛盾，即思想道德认知与思想道德情感、思想道德认知与思想道德意志、思想道德认知与思想道德行为的对立统一。

（一）思想道德认知与思想道德情感的矛盾

1，思想道德认知与思想道德情感的统一性

思想道德认知与思想道德情感是相互作用、相互影响的。思想道德情感活动一般建立在思想道德认知活动基础之上，二者具有统一性。首先，思想道德认知影响着思想道德情感的强度。大学生只有对思想观念、道德规范和政治观点有一定的认知，才可能引起他们的情感认同。一般对教育内容的认知越深刻，思想道德情感越丰富。其次，思想道德认知影响着思想道德情感的性质和方向。思想道德情感有不同的性质和方向，决定其性质和方向的是思想道德认知。错误的认知会把大学生的情感引向错误的方向，正确的认知会把大学生的情感引向正确的方向。最后，积极的思想道德情感促进思想道德认知的发展。大学生思维敏捷，在积极情感的影响下，可以快速认知教育内容，更透彻、更牢固地理解和掌握教育内容。积极的情感活动是大学生对教育内容及其所表达的教育目的的认同与接纳的推动力量，是大学生践行教育内容的推动力量。因此，高校德育要利用各种手段将大学生的消极情绪情感转化为积极情绪情感，促使大学生做到知行合一。

2.思想道德认知与思想道德情感的对立性

思想道德认知与情感不是完全同时同步同性的简单线性关系。一方面，思想道德情感的深厚与否并不完全取决于思想道德认知水平的高低；另一方面，思想道德认知水平的高低也并非自然而然地随着思想道德情感水平的变化而变化。大学生思想道德认知与思想道德情感之间的差异主要表现为：一是思想道德认知水平高，但思想道德情感水平较低。有些大学生对伦理道德规范非常熟悉，但缺乏应有的道德信仰；他们对政治理论了如指掌，但缺乏应有的政治信仰。这都是因为大学生对其认知的东西并不认同，缺乏感情的

倾注。二是思想道德情感的性质与思想道德教育目标相符,思想道德情感水平很高,但有关的思想道德知识较少。三是思想道德情感的性质是消极的,阻碍思想道德认知的形成和发展。消极的思想道德情感会使人排斥对思想道德教育内容的认知,对政治观念、道德规范、思想观点不愿做深刻的思考。

（二）思想道德认知与思想道德意志的矛盾

1.思想道德认知与思想道德意志具有统一性

首先,思想道德认知是磨炼思想道德意志的基础和前提。思想道德认知或涉及事物的表面现象（感性认识）或深入到事物的本质（理性认识）,在对思想道德内容进行理性认识的基础上,才能坚定思想道德意志。一个坚定地追求马克思主义信仰的人需要坚定的意志,他的意志从何而来?建立在对马克思主义思想体系深刻认识的基础之上。一个对马克思主义思想体系没有深刻认识的人,不可能有坚强的毅力去追求社会主义和共产主义的实现。大学生的思想道德意志基于对思想道德教育内容的认知之上,对思想道德教育内容没有任何认知的大学生不可能形成践行思想道德教育内容的意志品质。其次,思想道德认知决定思想道德意志作用的性质和方向。只有在对德育内容正确认知的基础上,大学生才会自觉磨炼意志,并使其意志形成强大的保障力,保障他们践行思想道德教育内容,对社会产生积极的进步的作用。正确的认知和由此外化的行为能够获得社会的积极评价,积极的社会评价反过来又强化大学生思想道德意志,从而形成良性循环;反之,其社会作用则是消极的甚至是反动的。

2.思想道德认知与思想道德意志的对立性

首先,思想道德认知与思想道德意志的表现形式不同。思想道德认知表现为对思想、政治、道德知识的获得、理解和领悟。思想道德意志表现为人对思想观点、政治观念和道德规范的一种选择、控制、延续或中止的心理状态。思想道德意志是控制情感并不使其放任自流的保证力。其次,思想道德认知水平与思想道德意志力的强弱不是成正比的关系。有些大学生思想道德认识水平高,但意志力薄弱;有些大学生思想道德认知水平低,但意志力坚强。最后,思想道德认知与思想道德意志的形成过程不同。思想道德认知的形成是在教育者的引导下通过概念、判断、推理等逻辑思维完成的。思想道德意志的形成既受理性因素的影响,更受非理性因素的影响,其形成过程较为复杂，既可以与思想道德认知环节相联系，也可以不与思想道德认知环节相联系。

（三）思想道德认知与思想道德行为的矛盾

1.思想道德认知与思想道德行为的统一性

不同的人由于认知不同，在对待同一件事情、同一个问题上就会有不同的行为方式。思想道德认知为思想道德行为提供准绳，帮助大学生从多种行为方式中选择符合个人发展和社会发展的行为方式。一般而言，思想道德认知正确则思想道德行为正确；反之，则为错误。思想道德行为对思想道德认知具有反作用，可以巩固和深化思想道德认知。大学生对思想道德规范认识不深，往往就是因为他们没有参加社会实践缺乏亲身体验造成的，实践是大学生将教育内容转换为"为我之物"的重要一环。

2.思想道德认知与思想道德行为的差异性

思想道德认知与思想道德行为不是一种简单的一一对应关系，有正确的思想道德认知不等于在实践中就一定具有正确的思想道德行为。大学生对教育内容已经达到知识型掌握的程度，教育内容已经由"外我态"转化为"为我态"和"属我态"。但是这种"'为我态''属我态'尚需由知识型掌握的层面上升到信念、信仰型掌握的层面。而对教育内容的信念、信仰型掌握，只有通过思想政治教育对象具体的实践才能实现"①。大学生对教育内容的认知，属于观念性、精神性活动，大学生是否真正认同教育内容还要体现在思想道德行为中。在现实生活中，从思想道德认知到思想道德行为往往会受各种因素的干扰，思想道德认知与思想道德行为不完全是同性同向的，二者的关系是错综复杂的，如知善行善、知善不行善、不知善行善、不知善不行善等。

三、大学生思想道德素质形成的复杂性对高校德育的诉求

传统德育将大学生思想道德素质简单理解为理性认知，高校德育因此简化为知性德育，结果培养出缺乏丰富情感体验、缺乏坚强毅力、缺乏思想道德践行能力的片面发展的"人才"。大学生思想道德素质构成要素的复杂性以及各要素之间的复杂关系决定了高校德育思维方式应该从简单的线性思维向复杂的非线性思维发展，也就是说，从简单传授知识的知性德育走向

① 沈壮海：《思想政治教育有效性研究》。

知情意行综合发展的实践德育。

（一）知性德育：对大学生思想道德素质的简单化理解

过去，人们对思想道德素质做了简单化的理解，认为思想道德素质只有一个维度，即知性或理性。理性确实在思想道德素质结构中发挥着举足轻重的作用，它是实施思想道德行为的前提条件，它解决"如何行为"的问题，理性的发展能够增进人们的思想道德认知能力。"理性的发展程度越高，我们就越能够正确地评价其他生命的需要，就越能意识到我们自己的动机与冲动的真正性质，就越能够协调产生于我们自己生命的冲动与产生于社会的冲动之间的相互冲突，就越能够选择有效的方法去实现我们所赞许的目的。"①理性能够使人按照社会的整体需要来评判和调整自己的行为，使人抑制自己的自私冲动，承认他人的合理冲动，将人类的各种冲动整合到社会秩序中。由于对理性的过分强调，传统德育实质上被简化为知性教育，主要传授普遍化、客观化的知识，忽视对大学生的情感、意志、行为等要素的培育，导致思想道德教育与大学生生活的疏离，培养出缺乏丰富情感体验、缺乏承受挫折的坚强毅力、知行脱离的伪君子。知性德育不能确保大学生做出正确的政治行为和道德行为，同时也妨碍了大学生追求有意义的生命活动。

（二）实践德育：大学生思想道德素质综合发展的有效方式

思想道德素质是人的一种内在的精神品格或人格，具体整体性特征。"从人的存在这一维度看，德行并不仅仅表现为互不相关的品格或德目，它所表征的，同时是整个的人。德行的具体表现形式可以是多样的，但作为存在的具体形态，德行又展现为同一道德主体的相关规定。德行的这种统一性往往以人格为其存在形态。"②大学生思想道德素质的不断提升是一个复杂的人格完善过程，这个过程既需要理论教育，也需要情感体验、锻炼意志和深入实践，在社会实践中才能将知情意统一起来。因此，思想道德素质的表征与提升都离不开社会实践。

一方面，思想道德素质要通过实践表征自身。思想道德素质与人的存在是一体的，而人的存在就是他们的实际生活过程，从这个意义上说，思想道德素质融于社会生活中。社会生活在本质上是实践的，因此，思想道德素质就产生于人们的物质交往活动中。在原始社会，人们通过祭祀、节庆、歌

① ［美］R.尼布尔：《道德的人与不道德的社会》，蒋庆、阮炜、黄世瑞、王守昌、牛振辉译。
② 杨国荣：《伦理与存在——德哲学研究》。

舞等形式接受部落首领的教育，教育、道德与生活融为一体、无法分离。"道德同存在的事实性密切相关，而不是同脱离实际的理想、目的和责任相关。作为道德基础的事实，来源于人们相互之间的密切合作，来源于人们在愿望、信仰、满足和不满的生活中相互关联的活动结果。"①因此，道德具有社会性和实践性。大学生的思想道德素质是在具体的政治生活和道德生活中展现的，空谈思想道德素质是毫无意义的。离开实践，各种道德规则和政治观念就成了僵死的条文和抽象的原则。

另一方面，思想道德素质在实践中得以提升。思想道德素质是一种实践精神，它要转化为一定的目的和在这目的支配下的行动，它的意义才能呈现出来。因此，理论上讲，思想道德素质不可或缺的构成要素是实践或行为。大学生思想道德素质高低的根本标志是其行为表现，高校德育的最终目标是使大学生形成良好的思想道德行为。大学生良好的思想道德行为，不是单独口授的结果，不是记诵道德规范和政治规则就可以学会的，只有通过实践才能真正理解思想道德内容、深化情感体验、磨炼意志品质，真正学会如何去做。杜威明确提出"教育即生活"的命题，指出道德教育过程与道德生活过程是一致的，只有在道德生活中才能开展真正的道德教育。陶行知也指出："没有生活作中心的教育是死教育，没有生活作中心的学校是死学校，没有生活作中心的书本是死书本。"②传统德育带有明显的理性化、形式化、知性化特征，忽视了大学生的生活实践基础，导致大学生思想道德认知与思想道德行为相分离。实践是大学生思想道德素质生长的土壤，离开实践，思想道德素质的提升就成为"口号"而已。高校德育只有发展实践育人方式，在实践中锻炼大学生，才能使他们的思想道德认知、情感、意志以及行为统一起来。

---

① ［美］约翰·杜威：《新旧个人主义——杜威文选》，孙有中、蓝克林、裴雯译。
② 陶行知：《陶行知全集》（第四卷）。

第五章 高校德育机制与理念的创新

第一节 高校德育机制的创新

目前，高校德育出现了边缘化和功能弱化的趋势，其深层原因在于德育动力及其机制的弱化和偏失。但目前关于这一问题的研究相对薄弱，且其系统性不强，深度不够。因此，德育动力及其机制研究不但是德育研究的应有之义，而且迫在眉睫。实践表明，只有把握了德育的各种动力构造要素及其互动机理，才能明确德育动力机制的全部内涵，真正把握德育动力系统的基本矛盾、基本规律及其发展趋势，从而更好地促进德育发展。

一、基于三个面向的高校德育运行机制创新研究

随着时代的发展，人类社会进入了 21 世纪。新的世纪有新的环境、新的规则、新的理念、新的发展。在构建和谐社会的大背景下，在建设社会主义现代化强国的过程中，我国高等教育事业也取得了长足的进步。高等院校大规模扩招，高校在校生结构日趋复杂，这对高校德育工作也提出了新的挑战。在国家的高度重视下，在广大德育工作者的辛勤劳动、刻苦钻研下，我国高校德育工作取得了巨大的进步。但是新的时代新的环境以及不时发生的事件，要求高校德育必须进行创新改革。

（一）"三个面向"和高校德育及其运行机制的关系分析

从国内来看，我国正如火如荼地搞社会主义市场经济，进行现代化建设；从世界范围来看，经济全球化愈演愈烈；从未来发展来看，知识经济将会成为人类社会的主要经济形态，初见端倪的知识经济预示着人类经济社会生活将发生新的巨大变化。在新的历史条件下，如何认识和解决新出现的问题，实现高校德育的创新及发展，培养出"四有"新人兼有"现代人""国际

人"和"未来人"的素质，是摆在人们面前的重大课题。虽然"三个面向"战略方针的提出已经过去几十年了，但它是关于教育发展总趋势、总方向的战略思想，今天仍对我国整个教育包括高校德育的创新及发展具有宏观指导意义。

1. 高校德育创新坚持"三个面向"的必要性

新时期高校只有围绕现代化建设来进行，才具有针对性，才能推动新时期德育的创新及发展，才会富有成效。只有彻底放弃以往德育单纯地为阶级斗争服务的思想，只有树立为改革开放和现代化建设服务的新理念，才能使德育在培养适应改革开放和现代化建设需要的优秀人才方面发挥重要的作用，才能使高校人才适应当今经济的发展和世界的变化，跟上时代发展的潮流。

以"面向现代化"为高校德育创新发展的立足点，从改革开放的伟大精神出发，培养德育素质过关的适应现代化建设的合格的接班人，大力倡导他们的自立意识、竞争意识、创新意识等，培育符合现代要求的健全人格；激励他们坚持以经济建设为中心，牢固树立机遇意识和开放意识，立足自身发展，着眼世界潮流，在经济全球化进程中发展壮大自己，实现中华民族的伟大复兴。

2. "面向世界"是高校德育创新及发展的必然趋势

由于经济全球化加强，网络文化的发展以及培养国际素质人才的需要，德育出现了"面向世界"的趋势。"面向世界"就是要突破地域和民族的界限，向世界各国学习，吸取人类共同创造的知识财富，教育包括德育，要主动适应新形势，为培养大批能活跃于国际社会的中国优秀人才服务。

（二）基于"三个面向"高校德育运行机制的优化创新

以"三个面向"为基础，对高校德育运行机制进行优化创新，是建立在对高校德育工作各构成要素研究基础之上的，是建立在对高校德育运行现状深入分析的基础之上的。高校德育运行机制建设，力求从整体上和运动中来把握高校德育工作的机能和特性，这是解决当前高校德育运行机制中存在问题的重要途径。

1. 基于"三个面向"高校德育运行机制的要素优化

机制构成要素是参与机制一定活动的相互发生作用的变量。高校德育运行机制要素的特点、各要素之间的关系和结合方式、规范性的制度章程与运行方式决定了高校德育运行机制具体特性，这些结合方式把有序性与目的性联系起来，是高校德育运行机制的一种内在表现形式。因此，使构成要素在相互作用过程中保持一种合理的结构与良好的运行状态，是提高机制整体效用的有效途径。否则，就可能造成要素残缺、目标模糊、结构失调、机制紊乱、时序倒置和功能低下，甚至使整个机制分崩离析、运转凝滞。研究高校德育运行机制，必须对构成高校德育运行机制的诸种要素进行细致分析。

第一，以"三个面向"为指导方针，与时俱进，确立科学合理的德育运行目标。就高校德育运行目标而言，高校德育运行机制的运行目标是高校德育运行机制运行所期望达到的成就和结果。它规定着高校德育运行机制系统的内容及其发展方向，是高校德育运行机制的出发点和归宿，制约着整个高校德育运行机制的运行过程。高校德育运行机制有效运转的一个必要前提就是必须要有一个科学的目标。

以"三个面向"为指引，适应社会发展需要，不断创新高校德育运行目标内容。首先，适应经济全球化的要求，把培养大学生的现代化意识、世界意识和未来意识作为高校德育目标内容之一。经济全球化要求大学生要学会放眼世界，要有全球意识，做一个世界人。勇于挖掘和借鉴世界上一切的优秀文化和文明成果为我所用，同时包容时代精神和一切先进的理念。所以，做个全球人应该成为高校德育目标的内容之一。其次，适应信息化社会的要求，把"学会选择"作为高校德育目标的内容之一。大学生是具有一定人文素质的社会特殊群体，他们思维活跃，易于接受新的文化信息和道德观念，在道德教育中具有极强的可塑性。由此，高校的道德目标体系在重新构建时必须高度重视德育过程，注重教育过程中教育"主体"的道德思维训练，坚决摒弃传统的"教会顺从"的道德教育弊端，在社会逐渐走向价值多元化的网络时代教学生"学会选择"。"学会选择"的德育目标是一种新型的道德教育观，它要求大学生在接受教育过程中要学会选择道德取向，以"主体"的形式参与道德教育过程，在选择中既保持自己原有的合理道德观念，又同时确立新的更为合理的道德取向。"学会选择"的道德教育要求高等学校在德育过程中要重视教会学生选择的方式，突出教育的全过程，强调学生的自主选择，这是真正牢固的、充满活力的道德品质形成的关键，也是网络时代对大学生步入社会的一种根本期待和需求。

第二，坚持以学生为本，发挥教育者主导作用，全面提高德育运行主体素质。以学生为本，切实树立学生在德育中的主体地位。现代高校德育的目的并不是要求受教育者简单地认同和接受教育的内容，而是要求受教育者能够在现实生活中创造性地运用相关内容。在"三个面向"的指引下，以受教育者发展为本，着力培养受教育者的创造力、意志力、亲和力、道德判断能力、道德选择能力和独立人格，构筑精神支柱，发掘创造潜能。德育的出发点不是禁锢人、束缚人、约束人，而是"一切为了学生，为了一切学生，为了学生一切"。应坚持一切从受教育者实际情况出发，把尊重人、理解人、关心人、帮助人、提升人作为德育工作的准则。德育工作者应以极大的热情和高度的责任感对待受教育者，从思想上、学习上、工作上、成长与发展等方面全面关心他们，将德育同解决他们的实际问题结合起来，使德育落到实处，收到实效。

第三，全程跟踪德育运行，实时反馈调节，优化德育运行控制。高校德育运行的控制是指从高校德育目的出发给予高校德育运行的限制，它是达成高校德育运行目的不可缺少的保证。依据高校德育运行的规律，要控制出成效，必须着眼于运行的全过程，随时根据反馈的情况，进行相应的调节。首先，在机构和人员设置上，设置以思想动态的调查研究为专职的调研机构和调研人员，确保结构完整、人员齐备，能够及时反馈信息。其次，在反馈系统方面，建立好双向前提下的全方位的反馈系统，确保反馈信息的准确性。这里不仅包括德育系统内部不同级别、不同层次德育机构之间的相互反馈的纵向子系统和同一层次担任不同职能的德育机构之间的相互反馈横向子系统，还要包括德育系统内部和外部德育环境之间的相互反馈系统。在高校德育运行系统中，除了班级、院党团组与团委、学生处及校党委之间的反馈环节，以及团委、学生处与学生德育的相关部门教务处、总务处、保卫处等的反馈环节外，还应包括学生家庭、社区、社会、网络和学校之间的反馈环节。这样纵横交错，互通信息，相互配合，取长补短，从而使各职能部门充分发挥各自的特点和优势，形成教育合力。

2.基于"三个面向"高校德育运行子机制创新优化

（1）完善高校德育工作激励机制

针对目前高校德育运行机制存在的问题及高校德育主体多层次、多结构的需要，在基于"三个面向"高校德育运行目标的指引下，综合运用各种激励手段和措施，进一步完善激励机制，激起高校德育运行主体无限的热情，共同把高校德育工作向前推进。

正确把握激励原则，引导建立合理的激励机制。具体地说，就是一要坚持认真贯彻执行党的教育方针、政策的原则。高校德育激励机制的建立必须认真贯彻执行党的教育方针、政策，紧紧围绕学校的中心工作，否则，就不可能充分调动德育运行主体的积极性。二要坚持兼顾国家、集体和个人利益的原则。三者的利益在根本上是一致的，但在具体利益上有时会有一定的矛盾，当国家利益、集体利益和个人利益发生冲突的时候，绝不能只顾一头，应该同时兼顾三方的利益。三要坚持满足德育运行主体正当需要的原则。要激发人的积极性，就必须满足他的需要。而人的需要是多种多样的，对于那些正当的、合理的需要，高校应该尽可能地给予满足。只有坚持上述原则，才能真正起到调动人们的积极性的作用。

正确使用激励方法，创新激励机制。能够激励人的因素很多，激励的方法也很多。一般可以从环境和个体两个方面来考虑。从环境因素上讲，要经常制造一些有益的冲突，来引起人们适度的心理紧张，从而产生驱动力，激励人们采取行动。比如，可以通过制定工作目标、公开布置任务、规定工作标准、鼓励良性竞争等方式来营造良好的激励环境。从个体因素上讲，在精神上和物质上对德育运行主体进行激励，发挥德育工作的自我激励作用，引导由外部激励进而逐步达到自我激励的境界。努力激发个体的主人翁意识，充分尊重其主人翁地位。如，广开言路，鼓励德育运行主体对自己所从事的工作及学校的其他事务多提改进意见和建议；对取得的成绩及时给予肯定和表扬；主动关心他们的学习、生活、工作等，切实为他们排忧解难等。只有因势利导，因人而异，合理使用激励方法，才能充分调动人们的积极性。

（2）优化高校德育工作保障机制

实践证明，过去那种"一支笔，一个本，一张嘴"的工作方式已不适应新的形势发展的需要。开展德育工作要有必要的人力、物力、财力和必要的物质实施，这是德育工作有效开展的前提和保证。

①队伍保障

高校德育必须有一支政治强、业务精、作风正的队伍作保证。首先，要加强政工队伍的培养，使他们的知识能力、心理素质能全面适应新时代、新形势的要求。同时要按照提高素质、优化结构、相对稳定的要求，选拔一批德才兼备的中青年干部，充实德育工作队伍。培养一批专家化、职业化的专职政工干部。其次，切实关注政工队伍的利益。利益是思想政治工作的起点和归宿。最后，是领导开展组织调查，各级领导要经常深入师生，听取情况反映，及时准确地掌握教职工的思想动态，针对本单位突出的、深层次的思想问题和热点问题，理顺情绪，化解矛盾，协调关系，做好引导工作。

②资金保障

德育的经费开支必须纳入大学生培养成本的核算体系之中，否则，经费保障就是一句空话，各项工作就达不到预期的工作目的。国家财政拨款预算，必须考虑适当的系数。拨款时必须加上德育经费这一块。针对目前大学规模膨胀，大学生不断扩招的实际情况，中央财政和省级财政拨款应该及时到位，确保正常的德育工作顺利进行。就高校本身来讲，在每年的年度预算中必须加大对德育工作经费的投入，切实保障德育工作必要的资金，用现代化的技术来支持学科建设、教材建设。鼓励教学方法创新，装备政工部门及各种宣传工具的配备；学习室、资料室、图书室、广播室、基层党校、团校、干校等阵地实施建设需要有资金投入增加，学生社会实践同样需要经费，改进校园网络建设、投资校园文化等也需要经费。可以不细算，但必须保证分期、分批，逐步、逐年到位。

（3）改进高校德育工作评估机制

我国高校德育评估历史可以追溯很远，这当中也经历了不少阶段，发展到现阶段已逐步形成重点放在着眼于在德育过程中不断发现问题，改进问题，帮助高校在原有基础上获得发展，重视激励以及形成性评估的运用，促进高校德育的发展与提高的德育运行评估机制。但目前我国高校德育运行评估机制在很多方面还存在着不足，制约了评估机制自身的发展，也影响到了高校德育正常健康运行。在分析了相关机制要素的基础上，依据高校德育运行的特点对高校德育运行评估机制进行必要的完善。

充实评估主体，调整评估方式。德育质量由谁来判断是德育评价的逻辑起点问题。已有的德育评估活动往往强调专家的作用和权威性，评估一开始首先就是成立专家组。由专家组成评估主体有其自身的优势和客观依据，但专家并非德育活动的直接参与者、德育的直接消费者和当事人，他们并不能替代其他与德育相关者的意见和要求。因此，应积极倡导各种社会力量，不同的利益主体参与德育评估活动，建立一支在高校德育决策机构领导下的，以评估专家为主体，教师、学生及家长为辅的，广泛吸纳社会中介机构、用人单位等各种社会力量参与的多向评估队伍，逐步形成一个"教师自评、同行互评、专家评估、学生评估"相结合的多向动态的评估方式。这样可以使施教者在德育过程中全面了解教学中存在的差距，及时调整；能全面反馈德育内容以及德育实践的运作情况，为教育者和德育机构进行德育决策提供一手资料；有利于提高德育工作者工作热情和激发受教育者的内在学习动机。

二、高校德育动力与德育动力机制创新研究

在研究德育动力机制之前，必须对德与道德，德育与道德教育、思想教育的概念进行辨析，把动力、动力机制与德育动力机制的内涵进行界定，然后对德育动力机制的动力结构，德育动力系统中可能存在的子系统，各子系统的组成元素，系统的功能与功能结构进行探讨，最后进一步研究德育动力机制的基本结构、基本类型以及运作过程与手段。

（一）德育动力机制的动力结构

对系统进行结构分析是系统研究的基础。一个复杂系统是由元素和子系统组成的。系统的结构，是指系统各组成元素和子系统之间关联方式的总和。元素是系统和子系统的组成部分，但具有基元性特征，相对于给定的系统，它是不能也无须再分的最小的组成部分，元素不具有系统性，不讨论其结构问题。德育是个极为复杂的系统，对德育动力机制系统进行结构分析，既是研究复杂德育动力系统的前提，也对研究者研究的路向有决定性作用。

1.德育动力系统的子系统

划分子系统是结构分析的重要内容。一般而言，可以从不同的视角对子系统进行划分。如，德育的主体动力系统结构，可以包括教育主体动力结构、受教育主体动力结构、社会主体动力结构、政治主体动力结构等；德育

的组织动力系统结构，可以包括政治组织动力结构、经济组织动力结构、文化组织动力结构和社会组织动力结构等；德育的方法动力系统，包括德育研究的方法论系统和德育实践的方法论系统；德育的技术动力系统，包括德育的各种技术手段的使用。当然，德育动力系统是一个极其复杂的系统，根据研究需要，可以从不同方面把德育动力系统划分为不同的子系统，每个子系统又可分为不同的层次。虽然无论从哪个方面划分子系统，在复杂德育系统内部的联系还是交织一起的，但每一个子系统相对于母系统又具有一定的相对独立性。

德育动力系统依据不同的划分标准，可以划分为不同的动力系统类型，在不同的动力系统类型之中，其思想内涵可能有重叠性或交叉性。然而，德育动力系统是一个完整的整体，为了更加全面地认识德育动力系统，可以依据动力系统的结构性特征划分为内在动力构造要素、外在动力构造要素和整合动力构造要素所形成的动力系统类型。一是内生动力系统，是指德育内在过程的动力构成要素的结构与功能及其发生作用的动力系统。二是外生动力系统，指的是德育的各种外在动力构造要素的结构与功能及其发生作用的动力系统。三是联动动力系统，指的是德育发展各个过程、各个环节实现良性互动的各种有效协调和整合要素的结构与功能及其发生作用的动力系统。

2. 德育动力子系统的组成元素

每个子系统都是由一定的元素组成的。有些子系统有多个元素组成，有些子系统只有一个元素组成。系统是一个整体，但系统之间、各子系统内部组成元素之间不是孤立的，相反，它们是相互联系、相互作用的有机整体。不同系统之间、各子系统内部组成元素之间的相互作用，在何种规则的控制下发生作用，如何作用，有何规律，这是德育动力机制结构演化的关键，也是探讨德育动力机制的基础。内生动力系统、外生动力系统和联动动力系统，都有各自的组成元素。

内生动力系统由教育主体的动力结构要素、受教育主体的动力结构要素、社会主体的动力结构要素和政治主体的动力结构要素等元素组成。外生动力系统主要是由理论创新的动力结构要素和实践创新的动力结构要素等元素组成。联动动力系统主要是由动力加速机制及其结构要素、动力缓冲机制及其结构要素等元素组成。

各子系统在一定的德育环境条件下彼此之间相互制约、密切联系，共同构成一个不断矛盾运动的德育动力系统，任何一个子系统的变化，都不可避免地对其他子系统产生影响，从而对整个动力系统的效能发挥产生影响。因此，系统、全面地研究德育动力系统中的子系统及其构成要素，明确各子系统及其构成要素是如何作用于德育的，并且揭示其作用规律，对进一步优化德育动力系统结构，促进德育发展具有重要意义。

（二）德育动力机制的运作机理

德育动力机制是指在德育动力产生和发展过程中，德育内部要素、外部要素与整合要素之间相互作用的机理与方式，是促进德育良性运行与协调发展的各种构造、功能和条件的总和。

1.德育动力机制的基本结构

根据动力机制的一般定义，德育动力机制由外围结构与内核结构两个部分组成。外围结构又包括动力主体、动力传导媒介以及动力受体。

根据需要主体的三个层次，动力主体可以分为个体（微观层次）、群体和集团（中观层次）、国家和社会（宏观层次）。在整个德育活动中，德育主体是贯穿整个德育过程的组织者、参加者，既是德育的出发点，也是德育的目的和归属。具体到德育动力机制中的德育动力主体，还应该进行进一步的细分。根据主体在德育过程的角色与功能的不同，可以把德育主体分为教育主体、受教育主体、社会主体和政治主体。这四种主体之间的主体性与主体间性的融合，在特定的德育关系与德育实践中存在一种相互理解、相互融通的互动与作用关系，并且各主体之间所发出的动力可以通过一定的媒介互相传递。

动力传导媒介是德育动力从一个动力主体传到另一个动力主体的渠道，也是德育动力积累和递增的主要凭借之一。它能把教育主体、受教育主体、社会主体和政治主体的德育动力整合为一体，成为德育的整体动力。首先，利益是最重要的动力传导媒介。政治主体最经常的是通过利益这一传导媒介，将自身的德育动力化解，传递到教育主体、受教育主体和社会主体等动力主体身上。社会主体、教育主体和受教育主体在政治主体整体规划的德育目标所规定的利益导向下，开展创造性的德育活动，培养道德行为，形成道德习惯，以此满足利益需求。这样，政治主体就把自己的德育动力传导到了其他德育动力主体身上。反过来，其他德育主体形成道德习惯，实践道德行为又使德育计划、目标得以实现，从而使政治主体的利益得到了保证。实际上，所有德育主体的动力通过利益这一传导媒介相互传递而凝聚成为实现德育整体利益的动力集合。其次，文化也是重要的动力传导媒介。因为文化价值观和文化模式通过社会化和内化过程，可以融入主体的人格系统里，必然对动力主体的需求结构、价值观等产生影响并可能发生改变，从而使他们的动力发生变化。最后，信息也是重要的动力传导媒介。因为某一动力主体可以将动力以信息的形式传给另一个动力主体，使之知晓，或认同执行，或反对抵制，或置之不理。如，政治主体可以通过广播、电视、网络、报纸、教科书等媒体进行德育的宣传，将德育政策、德育目标、德育规范等告知其他德育主体，使之认同执行。教育主体往往也通过丰富多彩的渠道和多种多样的形式，如，利用 PPT、视频、动漫等多媒体，将德育内容（道德信息）融入其中，把枯燥的道德说教变成潜移默化的道德体验。当然，德育动力通过信息这一传导媒介可以在德育主体间进行相互传递。

动力受体是指德育主体获得需求满足的对象、工具、资源等。需求满足的对象称之为满足物，最简单的划分是物质满足物与精神满足物。任何以物质形式存在的满足物都被称为物质满足物；反之，以非物质形式存在的满足物，如，爱、权力、地位、荣誉等称之为精神满足物。工具则是德育主体在满足需求的过程中设计和创造出来的，是动力作用于满足物或为了获得满足物的桥梁。社会资源作为动力受体，在于它可以被改造为某种满足物，或作为工具去获得某种需求的满足物。

德育动力机制的内核结构包括动力源、动力方向、动力储存体和道德行动四个要素：动力源是指德育主体的内在需求，它产生的动力是原生性动力。动力方向指动力与德育目标一致或相悖，直接关系到动力主体的动力性质和动力机制的性质。不同动力主体的动力储存体的形式是不同的。教育主体的储存体就是其教育能力，受教育主体的储存体就是其接受教育和道德行为的能力，社会主体的储存体就是团体、集体或群体的凝聚力，政治主体的储存体就是其政治、经济、文化实力，包括现实生产力、科技水平以及建立在经济基础之上的权力体系和执政能力。道德行动是德育动力的直接表达。各德育主体将自身的动力转化为道德行为，各主体恪尽职守，教育主体、受教育主体践行社会公德、家庭美德和职业道德，社会主体和政治主体遵循政治文明依法执政，促进物质文明、精神文明与政治文明协调发展。

2.德育动力机制的基本类型

根据动力机制的结构性特征和构造要素，可以将德育动力机制划分为德育内生动力机制、德育外生动力机制以及德育联动动力机制。

德育内在过程，简言之，就是德育主体运用德育理论进行德育实践的过程。德育内生动力机制，是指德育内在过程的动力构成要素之间相互作用的机理与方式。它涉及的是德育的内因，是决定德育能否有实效的关键性要素，主要涉及主体形态及其需要的结构要素。德育内生动力机制是德育形成和发展的内在依据，旨在确保德育的正确方向，增进德育的承继性。

德育外生动力机制是德育的各种外在动力构造要素之间相互作用的机理与方式。它涉及的是德育的外因，是促进理论形态与实践形态双向互动的各种外部要素，包括理论创新机制的动力结构要素和实践创新机制的结构要素。德育外生动力机制是德育形成和发展的外在关系机制，其功能是增添德育改革与创新的活力，促进德育的内化与外化双向互动。

德育联动动力机制是促进德育动力系统实现良性互动的各种整合要素之间相互作用的机理与方式。它涉及的是有效促进德育发展的各种整合要素，包括利益激励机制和适度竞争机制组成的德育动力加速机制，动力协调机制、动力保障机制和政策导向机制组成的德育动力缓冲机制。德育联动动力机制是德育形成和发展的整合要素，实质上是一种整合性、衔接性的动力机制，其功能是实现工具理性与价值理性辩证统一，保证动力机制为德育提供适度动力。

三、高校德育内生动力机制研究

古今中外德育的发展，最根本的原因在于存在一系列有效驱动德育发展的动力构造要素，这些动力构造要素的有机结合事实上构成了德育发展的动力机制。然而在德育发展的过程中存在着的各种动力机制类型之中，有一种动力机制更具有根本性和决定性，可以说它是德育的原动力机制，那就是德育内生动力机制。内生要素是德育动力机制构成要素中起决定性作用的基础要素。因此，要进行德育动力机制研究，首先必须全面而系统地探讨德育内生动力机制的内涵、结构要素及其功能。德育旨在主体的不断自我完善、自我超越、自我升华，在本质上是主体的一种自我选择的德性建构和发展的过程。因而，德育实质上就是现实的人之所以为人的一种自我证实活动。

（一）德育内生动力机制的结构要素

德育内生动力机制呈现一定的结构性，是一系列结构性构成要素按照一定的层次有机组成的。总的来说，德育内生动力机制的结构要素可以分为四个层次：教育主体及其动力结构要素、受教育主体及其动力结构要素、社会主体及其动力结构要素和政治主体及其动力结构要素。主体的内在需求是德育动力的源泉，因此主体形态的结构要素是产生德育动力的决定性要素。德育内生动力机制是德育各主体及其动力结构要素的有机统一。

1.教育主体动力结构要素

一般而言，专门从事德育的教育主体包括日常思想教育管理人员（辅导员、班主任、党团组织管理人员等）和思想政治品德课教学人员（理论课教师）等。如果从全员育人的角度，学校里从事教育、管理和服务的所有人员都有德育的功能。教育主体不是道德律令的传声筒，而是具体主体性的教育主体。对教育主体而言，德育不但是一种利益驱动，更为重要的是它内含教育主体的一种发展需要、道德理想和事业追求。

首先，德育是一种利益驱动。这种利益驱动表现在两个方面，一方面德育是教育主体的职业，做好德育工作，是教育主体的职责。做得好，可以获得职业的发展；做不好，有可能丢饭碗。另一方面，德育工作也是教育主体获得职业尊严的追求。因为社会上很多人对德育教育主体有很多质疑的眼光，既包括对教育主体德性的质疑，也包括对教育主体能力的质疑，更包括对德育本身的质疑。教育主体面对这种质疑时只有在实际工作中来证明自己能行，这就是德育功能属性的发挥，即德育能够以自己的有效活动，使德育对象接受社会对德的要求，从而确证德育的价值。

其次，德育是教育主体的一种发展需要。德育不但是为了满足社会需要和受教育主体的需要，还是为了满足教育主体自身的内在需要。教育主体本身也是人，也需要不断地发展。教育的本质是育人先育己。在德育过程中，教育主体不但教育了学生，同时也教育了自己，通过德育张扬了自己"人类灵魂工程师"的神圣职责、神圣使命以及高尚人格，促进自我生命的"新的精神能量的生成"。

再次，德育还包含教育主体自己的道德理想。教育主体是一个独立的"人"，实际上，整个德育活动过程都是在教育主体的道德理想和追求主导下进行的。可见，教育主体不只是社会或某个政治集团的道德代言人和灌输者，德育还包含教育主体自己的道德理想。从这个意义上，"德育主体在整个德育活动中，融入了充分体现自我意志的道德理想和道德信念，从而使学校德育成为道德主体自愿为之，并倾注了满腔热情的教育与自我教育活动"。

最后，德育还内含教育主体的一种事业追求。德育尤为如此也本应如此。所以，德育是最具有生命性的教育，也是最体现生命关怀的一种事业，是教育主体对"提升人的生命价值和创造人的精神生命的意义"的一种事业追求。

2. 受教育主体动力结构要素

受教育主体是指接受德育的人。从受教育主体的基本要素构成来看，主要包括受教育主体四个方面的需要，即物质利益、社会化、精神成人和追求高尚。这四项基本要素，既在横向上存在着相互作用、相互促进的张力关系，又在纵向上存在着一条由表及里、层次递进的结构链条。

人作为一个生命体，首先是一个自然存在物，人直接的是自然存在物，而且作为有生命的自然存在物。全部人类历史的第一个前提无疑是有生命的个人存在。因此，第一个需要确认的事实就是这些个人的肉体组织以及由此产生的个人对其他自然的关系。对物质利益的追求，是受教育主体产生德育需要的原动力。物质需要是人的存在的前提和条件。人的需要分为生存需要、享受需要和发展需要三个层次，首先就需要基本的物质需求，这是一切人类生存的第一个前提，也就是一切历史的第一个前提。物质需要是人类为生存和发展而对客观物质条件的必然要求。满足了"饥有所食，渴有所饮，寒有所衣，病有所治"的生理需要，其他需要才会产生。根据马克思主义人性论和需要理论，人的基本前提是生命的有机体，人不可避免地具有自然性，而物质需要就是人的自然本性，并且是人类个体生存而必不可少的条件。作为物质需要的主体的具体生存的现实的"人"，生活在某种社会形式中必然有物质需要的诉求。

3. 社会主体动力结构要素

在德育内生性动力机制的主体结构中，社会主体也是一个重要的德育主体。从社会主体的基本动力要素构成来看，主要包括社会主体三个方面的需要，即社会秩序维护、道德传承和实现社会理想。这三项基本动力要素，社会秩序维护是基本要求，道德传承是核心，实现社会理想是目标。

教育产生于社会生活的需要。就社会的实际来看，维系秩序既需要强制，也需要教育。社会主体不能把社会秩序的规范运行完全寄托于个体的自觉性上，因为看不到人有惰性的一面，把事情的成功仅仅诉诸人的自觉性，片面夸大思想教育的作用，可能导致"精神万能"。从功能的角度和满足社会生活需要的角度说，秩序价值，是德育最基本的价值之一。德育产生于社会秩序的需要。换言之，社会秩序的维护需要德育。通过德育，社会主体可以通过行为规范、道德观念和价值判断等有效地支配和约束每一社会个体的行为，让人们理解遵守秩序的重要意义与违背秩序的严重后果，从而遵守和维护秩序。这也是德育职能的具体体现。可见，德育作为社会规则的传承载体，对"应该如何生活的暗示和潜移默化"确保了社会秩序的维护，为人的生活提供了基本条件。

（二）德育内生动力机制的功能分析

德育之所以经久不衰，关键就在于有一整套较为完善的动力机制，而在诸多的动力机制中，居于核心和关键地位的是德育内生动力机制。它内在地包含一种使人获得"人的本质"的德育价值追求的动力构造要素、一种德育文化创造的动力构造要素和一种德育需要过程的动力构造要素。德育内生动力机制，其功能作用是多向度的和多元的，从其根本性质上讲，德育内生动力机制是德育存在和发展的内在关系机制；从其基本功能上讲，德育内生动力机制确保了德育的正确方向；从其核心特征上讲，德育内生动力机制增进了德育的承继性。

1.德育内生动力机制是德育存在和发展的内在关系机制

事物的发展主要是内因（即事物内部的矛盾性）决定的。德育内生动力机制，从其根本性质上讲，它指的是在人类现实生活德育需要的动力构成要素中，一切源自德育主体的德行需要基础上的追求德育需要的内在过程的各种内在的动力构成要素所组成的有机体系。这些构造要素决定着德育的内在本质，无疑是德育存在的根本原因，是德育发展变化的内在依据，是德育发展变化的主导因素，即内因。如果说内因是事物发展变化的内在依据和根本原因，体现的是事物的内在矛盾关系，那么，德育内生动力机制实质上就是德育这一事物的内在关系机制。总的来说，这一内部关系机制体现在四个方面：对教育主体而言，德育不但是一种利益驱动，更为重要的是它内含教育主体的一种发展需要、道德理想和事业追求。受教育主体的物质利益、社会化、精神化和追求高尚这四个方面的需要是德育动力结构要素。社会主体三个方面的需要，即社会秩序维护、道德传承和实现和谐社会理想是其德育动力结构要素。政治主体的基本动力要素主要包括维护阶级利益、灌输意识形态、保障政治稳定和实现最高理想四个方面。

2. 德育内生动力机制确保德育的正确方向

长期以来，出于特殊的原因，常常单方面强调马克思关于人是社会产物的观点，而忽视了马克思主义关于把人作为社会本体，以人为本的思想。在德育理念上，在不短的时间里没有重视"以人为本"，而是过分偏重德育的社会价值，只强调德育的社会功能，而忽视德育的个体功能。这种德育价值倾向的片面性，忽视了德育对人的生命价值、成长需要的真正意义，必然歪曲了德育的本质，导致了只见"社会"不见"人"的"无人化"德育现象，造成德育与学生成长和发展的严重疏离，结果是德育效果长期低迷，德育的社会价值也不能得到真正地体现。在德育实务中，常常忽视了不同层次、不同水平学生的需求，把精力过多地投入在显性的思想政治和道德教育上，尤其注重外部灌输，却很少与人文素质、科学素质、身心素质相融合，忽视了学生个性的培养，在一定程度上抑制了学生个性和创造能力的发展，因而越来越遭到学生的抵触和质疑。再加上随着高校招生制度的调整，学生人数激增，学校硬件及软件设施跟不上变化，致使各种不良风气乘虚而入。计算机网络的普及也给传统的德育工作带来了冲击，由于缺少治理网络环境的经验和措施，严重制约了德育工作的影响力，难以形成良好的育人环境。而德育内生动力机制确保了德育的"人本"价值取向。"人本"就是"以人为本"，就是把人作为发展的本原、本体和核心，把不断满足人的全面需求、促进人的全面发展作为根本出发点和归宿。

四、高校德育动力机制的构建

动力欠缺的德育往往是一种按部就班的工作作风，在某种意义上可以说形式主义、教条主义、官僚主义的思想严重伤害着德育，德育在应试教育的整体环境压迫下苟延残喘，即使想对德育有所创造也早被应试的氛围抹杀。在这种生态环境下的德育动力是极其不足的，这也是造成今天德育实效性低下的根源。因此，要使德育获得源源不断的动力，必须要对德育的动力机制予以构建和完善，并有所创造，这是德育走出困境的必由之路。

（一）德育动力机制构建的目的

德育动力机制构建的根本目的是实现德育的终极价值——"把人实现为人"。其直接目的就是要把德育动力最大限度地激发出来，并且形成适度的合动力，使之成为推动德育的持续的、稳定的力量。但这还是比较空泛的目的，有必要从小的、具体化的方面对这一问题予以阐述。

1. 德育异化与人的异化的双向扬弃

德育异化是德育动力缺失的重要原因。因为异化的德育不再是人们所需要的德育，而变成一种约束人、限制人的异己力量。德育异化主要表现在以下几个方面：一是当前德育的异化。由于应试教育影响，一切德育活动以高考升学为转移，德育塑造人、完善人的功能被严重弱化，普遍存在重分数轻德育现象，德育畸形发展。二是大学德育的异化。在道德相对主义、欲望主义与工具理性主义的合力作用下背离了大学精神和教化本性，持守价值中立、娱乐化和工具化的立场，导致了自身的异化。其结果是，以促进大学生德性成长为目标的大学德育却导致了学生人性的迷失和堕落，这是对大学生的发展不负责，也诱发了大学德育自身的生存危机。

德育异化在本质上就是人的异化。历史唯物主义是以现实的、有生命的个人的存在为前提的。因而，现实的、有生命的人的存在本身就是最高的价值，任何人都不应该被轻易忽视、蔑视甚至践踏，相反，对任何人都应该充满同情、关怀、尊重和爱护。德育异化最根本的体现就是漠视人和生命的存在，对人和生命尊严的深层蔑视。而异化的德育培养出来的学生必然是人格有缺陷的，对人和生命本身缺乏同情、怜爱、关怀、呵护与尊敬的冷漠、无情的人。这样的人，必定是异化了的人。德育一旦异化，在某种程度上存在着忘却德育的真正对象和真正目的，就会漠视人的尊严、压抑人的自主、忽视生命的体验、曲解生命的意义，收获的是生命贫乏、缺乏活力、遗忘生命意义的学生。这是与德育的本质背道而驰的。在根本意义上，德育指向的是人的精神世界和意义世界的构建，它的任务是通过人的塑造，提升人、发展人，使人超越现实的物欲满足，超越生命自身的时空限制，获得精神的提升，从而得到人生幸福和存在的意义。因此，构建德育动力机制的首要目的和任务就是要防止、抵制、避免德育与人的双重异化。

2. 人的全面发展与德育文化的双向互促

"人的全面发展"的概念，虽然马克思没有给予一个明确的界定，但是马克思的著作里无处不在关注"人的发展"，也就是人的本质的全面发展，即"人以一种全面的方式，也就是说，作为一个完整的人，占有自己的全面本质"。有人提出要从两个层次三个方面理解马克思"人的全面发展"含义；也有人提出马克思"人的全面发展"应包括宽、窄两种含义；还有人提出马克思"人的全面发展"包括四个方面的内涵：完整发展、和谐发展、多方面发展和自由发展。尽管在不同的历史时期和不同的社会条件下人们对于"人的全面发展"的理解和追求不尽相同，但在本质的理解上却是相同的，即人应该不断地追求自身的完善。

人不仅是认识主体和实践主体，也是价值主体。德育就必须以这个现实的人为根本的出发点和归宿。而人的根本需要则是解放、自由和全面发展的需要，因此，从德育的终极意义或德育的最终本质来说，它要促进人的自由而全面发展。德育的原点和归宿应该是人的全面而自由发展。这种追求人的自由而全面的价值取向，不仅是由人之为人的内在本质决定的，也是人之存在要求的应有之义。所以，作为促进德育发展的德育动力机制也要围绕"人的自由而全面发展"这一原点和归宿展开。而且，德育动力机制促进人的自由而全面发展应该是一种对人的整体性发展和每一个人都自由而全面发展的促进，因为全面发展的人，不仅其物质力量要素要有充分的发展，而且其观念意识也应当全面完善。他将是一个能使个人诸种特性全面生成，并不断地改变自身支配客体世界的方式、手段，同时又能内化社会多种理论的整体性发展的人。并且，真正的人的发展不是一部分人发展和另一部分人不发展，而是人人都自由而全面发展。对人的自由而全面发展的追求，实际上也是德育动力机制构建的一种终极价值取向。德育和德育动力机制的各个构成要素都是围绕着"人的自由而全面发展"这一最高价值追求展开的。因此，德育动力机制构建要实现对人的自由而全面发展的促进，就要坚持以人为本，注重人文关怀，各种机制及其构造要素都要围绕解放和释放人的精神创造力，提升人的主体性和精神境界这一主旨，使人自觉人之责任，使人获得的正确政治方向奠定在理性文化的信仰基础上，通过文化自觉实现政治上的坚定。

（二）德育动力机制构建的基础

德育动力机制构建的基础，是关系到德育动力机制是否稳固、能否真正发挥它应有的功能的重要基石。

1.尊重人的存在和主体性

真正符合人的本性的哲学和伦理学应该充分尊重个人，尊重个体生命，应该教会每一个人把"人的生命作为价值的标准"，引导每一个个体"把他自我的生命当作每个个体的伦理目的"。这里的"标准"和"目的"的区分是这样的，标准是一种抽象的原则。用来衡量或矫正人们的选择，以便达到具体的、特殊的目的。将这一原则运用于具体的、特殊的目的与理性存在相适应的生命目的——属于每个个体的人，他所生活的是他自己的生命。人类必须按照适合于人类自身的标准来选择行为、价值和目标，以此来达到、保持、发现和感受终极的价值，它存在于自身之中，是其自身的生命。德育作为"把人实现为人"的一项育人活动，尊重人、提升人、发展人、丰富人、完善人应当成为德育的出发点和价值旨归。而这种人本价值旨归，应当充满对人自身的尊重、对自由和幸福的追求，蕴含深厚的人文精神和终极关怀。从这个意义上，德育必须与人的幸福联系起来，与人的自由联系起来，与人的尊严联系起来，与人的终极价值联系起来，使教育真正成为人的教育，而不是机器的教育。使教育不只是人获得生存技能的一种手段，而且还能成为提升人的需要层次、丰富人的精神世界的一种途径。

主体性已成为当今我国哲学社会科学领域的一面旗帜、一个纲领和一个口号。主体性，就是道德活动的主体所具有的完善自身、完善他人和完善社会的能动性。德育中的教育者不是传播某种理论或意识形态的"机器"，受教育者也不是一个个需要填满的"容器"。他们本身"占有自己的全面的本质"，有自己作为个体独特的能力、情感、意识、品性和价值取向等。因此，如果人们承认人本的价值旨趣，就不能仅仅把他们都作为某种"物"存在，而应该作为"人"存在。在德育活动过程中，要塑造人、完善人、发展人，但是首先要做的是尊重人，然后实现作为"人"的价值、尊严和意义。从这种意义上，德育动力机制构建的基础首先要尊重人的存在和主体性。也就是说，德育动力机制的设计理念必须以人为本，以促进人的思想解放和精神的自由为宗旨，把人当作价值目的。因此，对德育进行主体性建构，必须按照人的方式，把人实现为人。所谓"人的方式"，就是"人以一种全面的方式，也就是说，作为一个完整的人，占有自己的全面的本质"。具体来说，所谓按照"人的方式"就是按照人之为人、人成为人的经济的、政治的、思想文化的条件和根据，让人之为人的自主本性得以自我创生、自我呈现的过程。所谓按照人的方式把人实现为人，就是这个意思。而主体性理论为德育的主体性建构提供了理论指导和可能路径。

2. 导引终极关怀

终极关怀是德育的终极目标和价值。德育的最终目的是表现人的生存与发展内在要求的自由、和谐、全面发展并由此产生幸福感。终极关怀是最根本的关怀。"人本"，就是以人的幸福为本。从这个意义上说，人的终极关怀，就是使人得到幸福。也即，所有的教育主体，无论是教育者，还是受教育者，都应该通过德育获得幸福的终极关怀。因此，获得个体幸福是德育的必然追求，德育不能背离"幸福"这一价值旨趣。然而，种种德育实践行为所导致的"人"的迷失，往往使德育深陷于有悖个体幸福的重重矛盾之中。事实上，不管德育以何种形式和程度使"人"迷失，归结到一点上都是对"人"的挤压，它压制了受教育者，也扭曲了教育者本身。因此，德育应回归幸福的本真，把幸福还给人。

从这个意义上，在德育中，不但要对教育主体施以现实关怀，更要给予终极关怀。现实关怀是低层次的需求，终极关怀才是价值追求、自我实现、全面发展的高层次精神需求。

3. 德育动力机制构建的路径

德育动力机制通过制度化的运作，为德育提供适度的动力，推动德育发展，实现德育价值，满足德育主体利益需要。从德育动力机制运作机理看，其主要包括四个方面的要素：主体、利益、价值和制度。德育动力机制运作的最终指向是德育主体的需要满足。因此，主体是德育动力机制的最终目的，也是德育动力机制建构的首要内容。德育受教育主体的需要、教育主体的需要、政治主体的需要和社会主体的需要都表现为一定的利益，德育的内生动力、外生动力和联动动力都是建立在利益基础之上的，利益因素是德育动力系统有机地联系的中介。故而，利益是德育动力机制中的核心因素，探讨德育动力机制的建构，离不开对利益的考察。由于受利益最大化的驱使，在多元价值格局中建立在不同利益追求基础上的德育主体之间必然产生矛盾和冲突，因此，德育动力机制除了通过利益激发动力，还必须超越利益的视野，通过提升价值和优化价值引导德育各主体选择、确立并维系共同价值理念和基础，从而使各方利益结构趋于平衡、协调和有序，实现社会和谐。所以，价值也是德育动力机制必须建构的内容。然而，价值引领是一种柔性的利益调节方式，不带有强制性，因而必然有其自身的局限性。俗话说"无规则不成方圆"，德育动力机制也不是随意而为的，也该有一定的规则，才能更好地规范德育活动。从这种意义上，制度是构建德育动力机制必不可少的内容之一。

（1）主体维度的建构路径

从德育动力机制的性质和实现途径看，全员参与是德育理念的核心价值所在，是德育动力机制的应然取向和现实诉求。

全员参与是整体德育合力育人观，它的核心思想是人人都是德育主体。对于德育动力机制而言，人人都可以是德育动力的主体，也是德育动力机制的主体。德育工作不是德育工作者的专属领域，其他主体，包括专业课教师、学校各职能部门、后勤服务人员、学生组织、政治主体和社会主体都含有丰富的德育动力要素，对德育动力机制的建构和运作都会产生一定的影响。因为各门课程、各个部门、各种服务载体、各类组织、团体里的人都具有德育资源和德育功能，其思想、道德、品质和人格都会给学生以潜移默化的影响。所以，德育动力机制需要全员参与，把德育工作渗透到各个工作环节和各项日常管理中去，构建各部门齐抓共管、各育人环节紧密配合、全员参与的德育工作格局，形成全校上下共同推进的强大合力。从这个意义上，全员参与是德育动力机制的应然取向和现实诉求。德育动力机制的主体应该是一种由教育主体、受教育主体、社会主体和政治主体组成的多层次的、全员参与式的德育动力主体。

基于目前教育者和受教育者的主体性地位不够凸显的现状，德育动力机制的主体建构重点应放在教育主体和受教育主体的主体性建构上。

（2）利益维度的建构路径

利益是德育动力产生的原动力。构建德育动力机制，首先要考虑利益驱动。利益驱动是德育动力机制实现张力作用的手段之一。对于德育内生动力机制而言，一切主体的利益追求都可以是德育内生动力机制的内在动力构造的源泉。

对教育主体而言，德育的利益驱动表现在两个方面：一方面，德育是教育主体的职业，为了不丢饭碗，要做好德育工作；另一方面，德育也是教育主体，只有在实际工作中证明自己的价值才能获得职业尊严。

对受教育主体而言，物质利益，是受教育主体德育动力产生的物质基础，而对物质利益的追求，享受精神愉悦、实现完美自我是受教育主体产生德育需要的内在动因。在德育过程中如果能够充分肯定和彰显个体利益和个体发展，必然会提高个体内化德育内容、养成道德行为的热情，提升道德成长的动力，最终提高德育的实效性。

对政治主体来说，其利益就是巩固统治秩序和维护统治阶级的利益。政治主体有意识地利用德育（教化）的手段来灌输主流意识形态，培育政治品质，实现自己的意志和目的，巩固阶级统治秩序，维护阶级利益。

对社会主体而言，其利益就是维护社会秩序和实现集体最大利益。道德作为一种调节社会关系的规范，是一种维护社会稳定的手段。社会主体通过德育引导学生在追求自身利益满足与个性发展的同时，也应当遵循相应的道德原则和社会规范。

（3）制度维度的建构路径

德育动力机制除了有主体参与、利益驱动和价值引领外，还必须有制度予以保障。当前的德育正处于实效性低下的困境当中，而导致这一困境很大程度上有制度方面的原因。因为我们的学校德育在制度方面有欠缺，存在德育建设制度不完善、不合理、缺乏人道精神等问题。而要改变这种现状以提高学校德育的实效性，加强学校德育制度建设是一项有力的举措。加强德育制度的有效性和德性，有两点是必须做好的，一是社会制度本身要体现公平和正义，从而形成良好的社会道德风气；二是学校德育不能回避对于道德制度本身的德性考察，应该正视并弥补制度缺陷，不断去完善自身的道德规范和制度体系，通过道德的制度来教育人、鼓舞人。所以，德育动力机制的制度建设是非常重要的一环。因为各主体在利益驱动和价值引领的前提下参与德育活动，利益诉求各异，价值观念也各不相同，单靠自觉自律是不行的，还要对德育主体之间关系及其调整规则进行合理确定。这不仅有利于更好地规范个人行为、管理行为和政治行为，提高德育的质量和调整力度，也有利于贯彻以人为主体、理解与尊重主体的合法权益与合理要求的德育理念，也是完善德育动力机制，促进德育动力机制的科学化、法治化的重要环节。本文认为，德育制度是一个非常复杂的体系，制度体系的建构也是一项系统工程，而就德育动力机制的制度机制构建而言，主要可以从政府与学校的关系、教师与学生的关系构建两个维度对德育制度予以完善。

第二节 高校德育理念的创新

在竞争日趋激烈的今天，我国高等教育正处在改革与发展的关键时期。从改革的趋势看，高校办学模式将呈现一主多元结构，以国家办学为主，鼓励个人、社会参与办学；高等教育大众化进程加快，各种思想层次、知识水平层次、学习目标层次的学生集聚校园；高校后勤服务社会化改革不断推进，公寓越来越成为大学生学习、生活的重要场所；高校学分制的推行，传统的班级观念趋于淡化，以班级作为德育基本组织形式的情况正在改变；高校收费制度的改革，使大学生不仅是受教育者，也是一名拥有合法权益的消费者；高校培养方式将由以"教"为主转变为以"导"为主，重在教方法和培养人格；招生就业以市场调节为主，面向社会自主招生择业；学生的学习方式也在发生变化，自学和实践环节加强。这些发展趋势必然对德育工作提出更新、更高的要求。

一、创新理论指导下的高校德育创新

人是具有鲜明个性心理特征的活生生的人，德育的实践主体是人，最基本要素是"人"，对象是人，其出发点和归宿依然是人。但传统的德育把人沦落为工具性的对象物，使人成为片面的人，只从社会功利出发，使德育失去了它本身对人的生命活动所承载的探寻功能，从而导致德育之于人的外在状态、压迫状态及限制状态。而以实现人的自由全面发展为终极目标的高校德育，一要面向未来，为未来培养自由全面发展的社会主义新人；二要立足于当下，为转型期的中国培养具有中国特色社会主义现代化建设的接班人和建设者，切实推进社会主义和谐社会的建设。高校德育的具体对象是大学生，其出发点和归宿也是为什么要培养和怎样培养社会主义建设者和接班人。因此，"以人为本"是我们做好当前高校德育工作的核心和关键，树立"以人为本"高校德育理念，以切实推进高校德育工作，便成了必然。

（一）高校德育理念创新

德育理念创新指人们对德育认知态度、指导思想和基本思路等所进行的创新。德育理念创新的前提和基础是坚持"以人为本"的思想，承认并尊重学生在思想政治教育过程中的主体地位，重视学生作为个体的内心认同、思想接受等的主体能动反映，把塑造学生的健康人格、实现学生的全面和谐发展作为德育的根本出发点。多年来我们在德育方面所形成的理念形态，是在计划经济体制的客观实践基础上产生的，迈入 21 世纪，我国高校德育的外部环境和教育对象都在发生着很大变化，伴随社会实践的重大变化，作为意识形态领域里的高校德育，在继承优良传统基础上，必然要不断进行创新，以真正实现育人之功用。

1. 树立"以人为本"的德育理念

传统的德育往往是没有充分考虑人的独立个性和内在需求等因素，站在居高临下的位置，进行呆板的说教，过于"规范"，过于封闭，缺少应有的人文关怀、平等交流和自我教育。这种观念已远远不能适应现在高校德育实际，与学生道德心理发展现实存在很大差距。因此，德育创新，首先要树立"以人为本"的德育理念，把人作为德育的主体和根本，把人的发展作为德育的根本出发点，充分认识和把握人的本性，充分引导和满足人的正当欲望，善于理解和把握人心，最终赢得人心，取得人的信任和教育的主动权。也就是真正实现"以人为本"这一现代教育的基本价值观，解决人的精神激励、灵魂塑造和品格提升问题。

"以人为本"是德育理念的本质内容，是加强和改进高校德育的核心思想。坚持"以人为本"的德育理念，根本目的在于对人性的唤醒和尊重，最广泛地调动人的积极因素，最充分地激发人的创造活力，最大限度地发挥人的主观能动性。强调"以人为本"就是强调学生的主体地位。这里有四层含义：

一是德育工作者要充分认识到自身工作的重要性，增强使命感和责任感，在教育教学过程中使自己的道德素养不断提升。二是德育工作者要全方位关心、爱护学生，充分尊重学生，促进学生人格的完善及道德终极价值关怀的实现。传统的德育目标是纠正学生思想、行为上的偏差，起到教育、规范的作用，而"以人为本"的德育新理念强调学生具有自身的尊严和人格，重视情感因素的作用。三是德育的根本目的为了学生的成长，为了学生的成人成才。高校德育要立足于为学生的成才与发展服务，把服务学生放在首位。德育方式要由过去的被动灌输型转变为主动吸引型，要充分发挥学生的主体性、能动性和创造性。德育工作者要深入到学生中，和学生广交朋友，了解他们的所思所想，及时加以引导，针对学生思想需求和变化开展教育，甘当学生成才的服务者。四是德育工作者要把大学生德育工作做好，必须把大学生内在的积极性和主动性调动起来，努力使德育成为大学生内在的强烈要求，把德育做到大学生的心里去。

2. 树立系统规划、整体推进的德育理念

当前要做好德育工作不仅要靠思想政治教育工作队伍，还要靠全体教职工；不仅要靠课堂，还要靠课外；不仅要靠高校，还要靠社会、家庭的大力支持和参与。这里就提出了一个系统规划和整体推进的理念。

高校德育是一项系统工程，应该形成全员育人格局。所谓"全员"就是要在强调对学生加强教育的同时，注重教师的人格形象。高尚的人格形象，能起到情感沟通、形象净化、行为示范等作用。高校的教职员工在进行教书育人、服务育人、管理育人的同时，要以其高尚的思想道德、良好的行为规范、严谨的治学态度对学生起到耳濡目染、潜移默化的作用。传统的德育教育，主要靠思想政治理论课教师、班主任或辅导员、政工干部三支队伍，这是德育的骨干力量，但这是远远不够的。为此，就必须做到全员育人，并处理好全员与德育专职队伍的关系。一方面，德育专职队伍必须依靠全员的渗透作用才能使德育和其他各方面相结合，同时，依靠专职队伍的带动和指导，才能提高德育的深度和针对性；另一方面，只有提高了全员育人的认识程度，充分发挥全员育人的积极性、主动性，才能使德育变得生动具体。在全员育人的过程中，要使每一名教职工都明确自己所肩负的德育使命，形成统一的教育思想，言传身教，创造一种德育环境，用这种氛围影响学生。

高校德育是一项整体工程，首先，它需要党委统一领导，党政工团齐抓共管。德育存在相互作用和相互依存的要素，包括学校的宣传、学生工作、后勤、组织、人事、教学等部门，也包括一线教师和广大学生。其次，大学德育工作受到中小学德育工作的影响，更受到社会大环境的影响，是与中小学德育、整个社会大环境相互作用的。从横向上看，学校只是德育工作中的一个环节，家庭、社会在德育工作中具有重要作用。因此，必须努力形成学校、家庭和社会相互配合的工作格局，系统规划，整体推进，保证德育的效果。从纵向上看，青年思想道德素质的培养是一个动态的过程，德育工作也是一个动态发展的过程。在系统规划方面，高校德育还要重视与中小学德育的衔接，防止各个阶段教育的脱节。尤其是要加强研究，准确把握教育规律，了解不同教育阶段学生的身心特点、思想实际和理解接受能力，充分体现科学性、循序渐进的要求，科学地设置德育课程，从而使学校德育更具科学性和针对性。

3. 树立实践育人的德育理念

实践是人们能动地改造和探索现实世界的一切社会性的客观物质活动。只有通过实践才能"知行合一"，促进理论学习向内在品质的转化。所谓"实践出真知"表明了实践对于人们形成正确的认识有举足轻重的作用。树立德育实践观，就是要求我们在德育中高度重视实践育人的作用，切实加强德育的实践性，使学生在德育的实践中自己得出正确的结论并逐步养成正确的行为规范和优良品格。社会实践具有以下德育价值：

第一，社会实践是政治和道德知识的检验场，是强化政治和道德认识的途径。社会实践有助于学生进一步明确真、善、美与假、恶、丑的标准；有助于学生把自己与他人进行适当地比较，从而为自己找到合理的评价参照系，体悟到社会对自己的殷切期望；有助于将所学到的道德知识运用于实践。在实践中，学生面临着复杂的行为选择、评价，所掌握的知识理论可以逐步实现创造性转化，变成为高超的智慧和良好的日常习惯，形成积极的社会适应性。

第二，社会实践是高校德育所传导的积极精神的重要载体。实践教育的最直接结果是逐步培养起学生的实践观念。实践活动有利于培养学生热爱劳动、热爱劳动人民、珍惜劳动成果的思想感情；有利于培养学生的创新精神，吃苦耐劳的作风，协作观念、全局意识和奉献精神，劳动纪律意识及艰苦创业、勤俭节约的优良品质等。

第三，社会实践是学生获得道德体验的主要方式。学生可以通过社会实践体验劳动过程的复杂艰辛，体验劳动取得成果时的喜悦，体验劳动的社会意义和个体价值，体验劳动过程中人际和谐、团队合作的必要性，体验劳动过程中的科学精神、创新意识对于社会发展的重要意义。

第四，社会实践是学生通向社会的桥梁，是个体适应社会角色的途径。社会实践作为人的社会化的重要途径，在促进高等教育与未来社会发展相适应以及在有限的学校教育里使学生逐步完成社会角色的转变方面，发挥着十分重要的作用。

因此，高校要加强实践环节，通过让大学生广泛参与社会实践，增强大学生的道德体验，从而促进其道德养成和基本素质的提高。

4. 树立开放性的德育理念

当今世界是开放的世界，而德育教育则是面向世界的开放的教育。当前德育教育应从全人类的共同利益出发，强调人类的共同发展和共同进步，要注重培养人的开放意识以及竞争合作精神。跨入 21 世纪以来，国际政治经济形势比较复杂，现代科学技术突飞猛进，人们的理想和信念也面临着新的挑战，在此情况下，高校德育必须深入社会生活实际，必须适应我国社会的发展要求，以增强其实效性。

树立开放性的德育观念，必须扩大德育的视野。高校德育必须从政治的高度，从全面建成小康社会目标的高度，深入开展社会主义、爱国主义、集体主义教育。坚持"以人为本"，促进和谐社会建设。要努力克服当前高校德育中的封闭性，拓宽思路，在德育目标、内容、方法方面都要增强开放性，以促进学生个性的发展和德育教育的实效。

德育创新是高校素质教育的灵魂，德育理念的创新是高校德育创新的灵魂。通过理念创新推动内容、方法、环境、机制等其他各方面的创新，不断在实践中探索前进，这是不断推进大学生德育的长久之道。高校德育工作者只有坚持解放思想，实事求是，与时俱进，以发展的眼光审视高校德育，以扎实的工作推动高校德育，坚持树立"以人为本"的德育理念、系统规划和整体推进的德育理念、实践育人的德育理念、开放性的德育理念，并且把这些德育理念不断地落实体现到德育实践中，德育才能真正地与时俱进并不断发展。

（二）高校德育内容创新

现代德育包括政治教育、思想教育、道德教育、法纪教育和心理教育等内容。内容的创新主要体现为思想政治教育与人才成长教育的统一，思想政治教育与人文精神培育的统一，思想政治教育与学生个性发展的统一，主旋律教育与审美观教育的统一。处于心智发展高峰期的大学生兴趣广泛，精力旺盛，充满了对知识和信息的渴求，但凭借他们自身的理论水平和分析能力无法对获得的各种各样的知识和信息进行有效地梳理和整合，因而需要教师的帮助和指导。这就要求高校德育要与时俱进，要注重教育内容的科学性与伦理性、政治性与历史性、民族性与世界性的有机结合，培养学生的诚信意识、效率意识、合作意识、竞争意识和创新意识等，从而帮助学生树立正确的道德观、人生观、价值观和世界观。

1.德育内容与建设社会主义核心价值体系相适应

社会主义核心价值体系作为意识形态的精神产品，对于提高人们的思想水平、精神境界、道德情操以及人格的完善和主体性的提升都有着重大的促进意义。

（1）引导学生树立正确的世界观和方法论

当代大学生是伴随改革开放成长起来的，他们切身感受到中国特色社会主义理论体系在实践中的巨大指导作用，因而学起来有着一定的实践和感受基础，是学好用好的有利因素。其中特别强调开展中国特色社会主义理论体系的立场、观点和方法教育。中国特色社会主义理论体系充满了唯物论和辩证法，是大学生树立正确的立场、观点和方法的有力的思想武器。当代大学生认知方式偏重直观化。直观式的认知方式是认识主体在认识客观世界过程中的一种非理性因素的作用，这种非理性的认识很可能导致认识主体对事物的片面认识，陷入盲目性。另外，当代大学生个体意识也日益强烈，他们在认知、意志、情感等方面更注重自己意识的独立性，不人云亦云，随波逐流，然而个体意识的负强化会带来对事物分析判断以及实践中的偏执。大学生的思想特点充分印证了必须加强对大学生的马克思主义立场、观点、方法教育，以提高他们分析问题和解决问题的能力。

（2）培养学生的民族精神和时代精神

以爱国主义为核心的民族精神和以改革创新为核心的时代精神，是社会主义核心价值体系的精髓，也是我们开展思想政治教育的重要内容。对民族精神的教育要系统地而不是零散地、全面地而不是片面地、连续地而不是间断地开展鲜活、生动、深刻的教育，使大学生从中汲取营养，培养民族自豪感和自信心。同时，培养大学生以改革创新为核心的时代精神，不断培养创新的优秀品格。创新不仅是一种思维和能力的表征，同时也蕴含了世界观、方法论和思想品德。将创新纳入德育内容体系本身就是一个创新，鼓励大学生在坚定中国特色社会主义理想信念的基础上，主动学习、处理和运用新知识、新信息，尤其是要瞄准那些富于时代特征、代表历史发展趋势、具有强大生命力的事物，努力使思想与时代发展同步，从而在不断创新过程中历练大学生的时代精神。

（3）教育学生树立以社会主义荣辱观为主要内容的社会主义道德观

社会主义荣辱观是社会主义核心价值体系的道德基础。社会主义荣辱观作为社会主义核心价值体系的重要组成部分，体现了社会主义的价值导向，同时也规定了社会道德行为的价值标准与评价尺度。高校要切实把社会主义荣辱观教育作为学生思想道德建设的重要内容。这里要培养大学生三种意识：一是培养道德责任意识。道德责任体现社会性和个体性两个层面。道德责任的社会性即是道德主体的道德品行要对整个社会负责，以自身高尚的德行换得他人的快乐和社会的和谐；道德责任的个体性即是道德主体个人对自身负责，这是完善人性、提升人格、追求幸福的需要。二是培养道德自律意识。道德自律的特征是道德主体将外在约束转换成主体自身的意志约束，使主体为自己立法，自觉践行社会的道德要求。三是培养道德践行意识。社会主义荣辱观本身是一种道德价值形态，它是人们以荣辱评价的方式进行社会调节的规范手段和人自我完善的一种实践精神。为培养这种意识，教育教学活动要针对学生的思想特点，注重内容与形式的统一、理论与实践的统一，有效发挥课堂教学的主阵地、主渠道作用，引导大学生在实践中身体力行，将荣辱观的道理外化为高尚的行为，并养成一种良好的行为习惯，做到他律向自律的转化。

2. 德育内容创新应与德育工作的实际相适应

随着社会的发展，经济和社会的变革，高校德育的内容必须随着时代的发展而不断地推陈出新。首先，高校德育的内容要增加科技知识含量。在知识经济时代，现代科学技术知识的普及和应用可以与德育相辅相成，有效地增强德育的现代化与科学化，帮助学生远离各种愚昧，树立辩证唯物主义世界观。其次，高校德育的内容也要解放思想，实事求是。对于外来文化与道德，要敢于取其精华，去其糟粕，为我所用。同时，对于我国传统的道德与文化，也要敢于推陈出新，不断进行完善和补充。高校德育内容只有与时俱进，体现时代特征，才能收到理想的效果。最后，高校德育内容要从大学生的思想实际出发，避免空泛的道德说教，应针对现代学生的思想特征、情感和行为特征，紧密联系国际环境和国内改革开放的实际，讲实话，讲心里话，既以理服人，又以情感人。

（1）重视文化素质教育

文化不仅是社会伦理的构成要素和支撑杠杆，而且也是社会道德的构成要素和支撑杠杆。高层次的道德感和社会责任感主要依靠文化的积淀。文化是一种精神富有，是一种从内心深处流淌的思想，是人必不可少的基本素质。没有坚实的文化积累、开阔的文化视野、深厚的文化素养，即使足够聪明，也不是大智慧，也成不了大器。道德需要文化的滋养，教育需要文化的烘托。因此，要按照全面推进素质教育要求，确立文化素质的基础地位，将文化素质教育思想落实到人才培养的全过程，促进科学教育与人文教育的融合，使大学生获得整体全面的发展。

（2）重视创新精神教育

高校既是培养高素质人才的摇篮，也是知识创新的重要基地。重视和培养大学生的创新精神和创新能力，开展创新活动，对全面推进素质教育和科教兴国战略，具有重要的现实意义和深远的历史意义。首先，创新教育是贯彻党的教育方针，培养高科技人才的需要。高校要把培养大学生的创新意识、创新精神和创新能力作为自己重要的工作目标，为培养创新人才提供更为宽松的成长环境。其次，创新教育是迎接知识经济和新科技革命的需要。发展知识经济，推动新科技革命的迅速发展，就必须依靠科技创新，依靠创新人才，这一时代任务必然落在创新教育的肩上。知识经济呼唤创新教育，已成为世界各国发展经济的战略共识。最后，实施创新教育是全面推进素质教育的重要突破口。通过创新教育活动，发展和培养学生的创造性思维能力、科学能力、实践能力，以及自主学习的品质、创新开拓的意识等素质，是促使应试教育向素质教育转轨的重要举措。

（3）重视竞争意识教育

在社会主义市场经济条件下，竞争已渗透到社会生活的各个领域，高校的大学生们也面临各种竞争问题，如何以正确的竞争意识参与到激烈的竞争中，实现竞争对社会有利的一面同时规避竞争带来的不利方面，维持整个校园乃至社会的和谐和进步是一个不容忽视的问题。因此，大学生要正确认识竞争、树立正确的竞争意识。当代大学生应该在学习生活中彻底摒弃"安于现状、抱残守缺、与世无争、不思进取"的消极无为旧观念，树立积极进取、水不自满、敢为人先、勇于竞争的积极有为新观念，努力克服自卑心理，在竞争面前不要恐惧逃避，要勇敢地参与其中，在竞争中展现自己的能力、进一步发掘自身的潜力。首先，大学生在参与竞争之前，对自己的能力和弱点要进行全盘扫描、充分认识，在此基础上对自己有一个合理的定位，确定符合自身实际情况的竞争目标。其次，要在各种竞争面前抱着积极的心态。大学生在校期间，有很多参与竞争的机会，各种演讲比赛、辩论赛、运动会、知识竞赛、创业大赛等都在全国高校如火如荼地开展，给当代大学生提供了很多参与竞争、展示才华的好机会，在校大学生应当珍惜这些机会，积极参与其中，享受竞争的过程，总结成功失败的经验教训，逐渐提高自己的心理承受能力，从而使自己在今后学习生活中心态更加成熟稳定，行为更加理性。

（4）重视心理健康教育

社会发展，竞争加剧，大学生心理问题日益突出。心理健康教育应侧重于学生的客观的自我评价、良好的情绪调控能力、坚强的意志品质、积极进取的人生态度、健全的人格特征、和谐相处的交往能力，以及良好的心理调适能力和社会适应能力。要根据大学生身心发展特点和教育规律，注重培养学生的自尊、自爱、自律、自强的优良品格，增强克服困难、经受考验、承受挫折的能力。要制订心理健康教育计划，确定教育内容方法，建立健全专门机构，积极开展心理健康教育和心理咨询辅导，引导大学生健康成长。

二、高校德育理念的现实审视

改革开放以来，我国高校德育迎来了很多发展机遇，同时也面临着前所未有的挑战。我国高校德育通过在回应挑战中的艰辛探索，取得了积极的进展，从而增强了社会和时代适应性，对培养中国特色社会主义建设者和接班人发挥了重要的作用。但由于高校德育具有一个"大气候"与"小气候"的关系问题，加之传统思维的惯性、时代变迁的特殊性及西方不良思潮的影响，当下我国高校德育在以人为本这一崇高理念不断向前发展的同时，也陷入了诸多的矛盾困扰与现实困境，直接影响了高校德育的育人铸魂工程建构。高校德育正面临着社会转型中的不同道德体系的激烈挤压、碰撞与交融，面临着一个艰苦的磨合过程，高校德育及其理念的创新与发展承载着巨大压力，高校德育中人的健康发展、和谐发展、全面发展受到了一系列的困扰。

（一）高校德育崇高性与市场经济工具性之间的矛盾

改革开放以来，市场经济的确立与快速发展，使人逐步从自然经济的宰制中得以解脱。市场经济的竞争及对效益的追求，铸就了人们不甘落后、积极进取的效率意识和务实精神，市场经济的逐步完善为人的主体性及自由全面发展带来了良好的契机。而市场经济的各种缺陷也给人的发展带来了一些不利的影响。高校德育是一项塑造人的灵魂的神圣而崇高的工作，它的本质在于"铸魂"，它是高校教育工作的坚强支柱，在高等教育中具有不可替代的特殊地位与作用。然而，在市场经济的强力冲击下，高校德育也被加以市场化、工具化、短视化。工具理性的过分张扬，使高校德育的价值理性受到压抑，高校德育的崇高性受到了工具性的挤压，高校德育的价值与作用受到了怀疑，甚至被颠覆。

市场经济的趋利性，助长了拜金主义、个人主义、利己主义和享乐主义等价值观的蔓延甚至泛滥；市场经济对知识在学习中所占核心地位的突出，使德育的作用与意义遭遇了前所未有的挑战；市场经济对自我价值的高度崇尚与诉求，使传统的集体主义道德观念受到冲击，国家、民族及全局观念变得淡薄，奉献精神遭到了否认甚至讽刺；市场经济带来的人的伦理精神的失落、个人主义的横行、金钱支配一切及人的经济动物的异化，使高校德育中弘扬的集体主义以及社会良知遭遇了最大的嘲弄；市场经济对眼前利益与发展机会的空前关注，使高校德育倡导的个人对崇高理想与长远目标的追求消解；市场经济体制多元价值的影响与个人本位的片面追求，使高校德育价值取向中的各种消极因素不断增加；市场经济把人及人的生活方式的物化，使人自身发展的全面丰富性遭到空前压抑，出现了人与自身的不和谐，心灵遭受创伤，人正被片面的物质享受与可怕的精神贫困所撕裂，被异化为只考虑自身利益的一种单面的怪物。于是，部分大学生出现了不同程度的心理失衡，是非善恶不分，理想、信念缺失，人文精神匮乏，精神家园迷失、人际关系功利化。

（二）高校德育公利性与家庭德育功利性之间的矛盾

我国是一个有着悠久历史文化传统的国家，传统对现代社会有着深远的影响，作为社会细胞的家庭自然也不例外。中国伦理重视私德而轻视对人的公德的培养，也即重家庭伦理而轻社会伦理和国家伦理。因此，长期以来中国家庭伦理奉行的是一种功利化的理念。整体主义是中国传统社会中个人的基本价值取向，而家族主义则是整体主义的主要表现。自古以来，在中国，家庭对个人有着至关重要的意义。个人依附于家庭，家庭是个人生命的载体，而个人也必须维护家族利益，以家庭和谐为目的。个人生下来就要为家庭而奋斗，"修身，齐家，治国，平天下"是人成长的座右铭，出人头地、金榜题名、光宗耀祖就是人生在世的主要目的。

家庭是子女心灵的港湾，而父母是孩子的第一任导师，个体的早期社会化是在家庭中父母的引导下完成的。在中国家庭中，子女是父母的全部，是家庭的中心，子女的个人功利成就是父母的终极价值追求。因此，中国的家庭德育实质上是一种功利性教育，是一种以子女为中心的个人本位的德育。父母在家庭中对子女个人物质、精神资源的满足，实质上是对子女利己需求的满足，具有个人化与私人化的特点。同样，在家庭德育中父母对子女也寄予非常功利化的祈盼，"望子成龙""望女成凤"即是现实生活鲜明的写照。许多父母注重子女对家庭的责任，将子女的成长成才与家族荣辱连在一起。由于功利心的驱使，许多父母只注重子女对知识的学习、能力的造就，而忽视了对子女德行的培养，当子女或家庭的个人私利与社会利益相悖时，往往将子女个人利益置于社会利益之上，忽视甚至牺牲了子女对社会的责任，割裂了个人利益与社会整体利益的内在关联。

而学校教育旨在为现代文明社会培养公民，换言之，它要求一个人会过民主和法制的生活，会在民主和法制的社会条件下过尊重法律、尊重道德和尊重他人的生活，而这种公民的基本素质是需要在学校生活中逐步养成的。因此，满足社会整体利益与价值是高校德育的价值诉求，社会公利是高校德育的基本价值导向和一贯秉行的德育理念，高校德育及德育理念，具有强烈的公利性、公益性和公共性色彩。高校德育在理念上强调的是对学生社会责任的培养，强调的是学生对祖国和人民的奉献精神，强调个人价值与社会价值的有机统一。而这与家庭德育以子女为中心的功利性是矛盾的，家庭德育具有明显的个人化与私人化特点。家庭德育的功利性往往给高校德育公利性的开展带来无形的障碍与损害，消解了高校德育的实际效果。高校德育如何实现对家庭德育及其功利性理念的扬弃与超越，从而增强对大学生的吸引力，提高德育育人的实效性，依然是当代中国一个有待解决的时代性难题。

（三）高校德育价值追求与高校生存发展之间的矛盾

高校德育的价值追求可以说是高校德育的预存立场与指导思想，它同时也是有着明确的价值旨归的德育实践。高校德育价值追求直接影响着高校德育工作的成效与价值，是高校德育的核心问题。它应与时俱进，与社会发展需要相契合，与时代背景相一致，与大学生的身心发展规律、特点相适应。但人类社会的不断进步，信息科技的迅猛发展，市场经济的高速腾飞，对高等教育的发展也提出了更多、更高的要求，高校的生存发展面临着很大的压力。近年来，在商业利益的巨大驱动下，伴随巨大的竞争压力，高校改革进行得如火如荼，而当前高等教育中德育的改革与发展在取得一定成绩的同时，也进入了矛盾的凸显期。高校德育的应然价值追求与高校德育的现实生存发展的矛盾日益突出，高校对自身生存发展的关切，压倒了对高校德育价值的重视，高校德育处于一种尴尬的境地。高校出现了一系列"超常规"的发展，出现了种种短期化的急功近利式的拼杀，已不是纯洁的象牙塔，不再是纯粹的知识圣殿、社会的良心与公器。高校德育也不再是"育人铸魂"的崇高工程，而是沦为了追名逐利的机器。面对浮躁的社会现实，高校德育丧失了自身独立的价值判断，世俗的价值标准影响了高校德育自身价值追求。

把大学生培养成自由全面发展的人，是高校德育及其理念的根本宗旨、终极价值追求，以人为本是高校德育及其理念的基本价值。以人为本不仅要使大学生掌握知识、学会做事，更要使大学生学会做人，学会正确处理自己与他人、主体与客体的关系，使大学生成为有志有为、德才兼备之人，最终达成人性完善与自由全面发展的目标。但高校生存发展的压力，使高校无暇顾及或根本就漠视了高校德育的基本价值与终极价值追求，高校德育的发展表现出了明显的工具理性与工具论的倾向。外在的社会需求与大学生内在的人性需求矛盾日益突出，工具理性与价值理性的矛盾更加凸显，受市场经济消极的负面影响，高校发展和人才培养出现了误区。培养出的大学生的质量是衡量高校发展质量高低的根本，而高质量的大学生不仅要有知识、有能力，更要有创新精神与德行。一切为了大学生，一切为了大学生的成长与成才，是德育工作的核心，它要实现德育的社会价值与个体价值的统一。学会做人是大学生立身之本，只有智商没有智慧，只有文化没有修养，只有欲望没有修养，只有知识没有独创的人，不是一个健全完整的人。而高校在生存发展中一味被动迎合社会的需要，以功利性与工具性的价值追求，湮没了对大学生健全人格与完美人性的培养，忽视了大学生全面素质的培养与长期、本质的人的塑造，抹杀了人的个体性与差异性、积极性与创造性，不利于大学生的主体性与自由个性的发展，结果只能有损高校自身的可持续发展。

（四）高校德育目标过高与德育效果甚微之间的矛盾

高校德育目标是高校德育过程的灵魂与主线，它本身具有导向、调控、激励和标尺的功能。高校在设置德育目标时，应遵循以人为本的德育理念，既考虑受教育者本人的个人愿望与内在需求，又考虑社会的整体发展，既要兼顾个体与整体，又要兼顾长远与当下。在德育中既要尊重大学生的情感，不断满足和提高大学生物质、精神、社会等方面的合理需求，又要注意培养大学生高尚的社会情怀与爱国情操，使大学生的个人愿望、个人需要符合社会的需要与发展趋势。即，既要使大学生的个人愿望与需求社会化，又要使社会整体利益"个体化"与"具体化"，从而实现大学生个人与社会整体利益的有机结合。

高校德育的目标与大学生的个人发展需求应该是一致的，但现实中二者之间往往存在诸多矛盾，导致了高校德育收效甚微。我国高校德育的目标长期存在着一种盲目的理想主义倾向，目标往往定得过于纯粹，过于高尚、理想化与统一化。这种高校德育目标过分强调德育的社会服务功能与社会价值取向，忽略了大学生个人需要、个性发展、主动性与创造性。在这种过高的目标下，高校在实施德育的过程中，往往对大学生进行完美主义的品德追求，这与高校德育规律及大学生发展规律出现了严重的背离。高校德育遗忘了作为人的本质的能动性与主动性，呈现出一种肤浅的功利化价值取向。以整齐划一的社会本位取代了以人为本，使高校德育沦为了一种实现社会现代化的工具，使得本已过高的高校德育目标变得更加难以企及，使大学生对高校德育不甚满意，甚至出现了厌恶情绪。由于德育效果甚微，最终导致的只是大学生自主性、主体性与个体精神性的丧失，使大学生沦为一种被动接受的工具。

在我们一直认为高校德育目标过高，在市场经济快速发展、科学技术突飞猛进、金钱至上的今天，德育目标似乎更是"空中楼阁"，遥不可及的同时，我们却发现高校德育正走向另外一个极端。以前倡导的道德目标体系似乎一夜之间走向了倒塌，大学生最起码的道德底线好像也已丧失。对部分大学生来说，高校德育目标也应遵循一种实用主义的原则，对己有利则选取，不利则抛弃。

三、以人为本高校德育理念的创新建构

高校德育理念不仅是一个观念或理论上的问题，更是一个具体实践问题。因为理论终究要回归实践，并接受实践这个唯一标准的检验。对高校德育理念的创新建构，不是对传统德育的简单抛弃，而是在继承基础上的新的探索，在反思基础上的积极扬弃与超越、提升。高校以人为本德育理念的创新建构，实质上就是通过对传统德育的继承和新的探索，在思想、理论与实践层面切实体现以人为本，真正使以人为本这一理念成为德育思维的根本性逻辑支点，成为德育实践的根本原则与方法的灵魂。

（一）牢固确立为了学生与依靠学生相统一的观念

在人类发展的历史长河中，人始终是科技发展、社会进步的主人与目的，更是世界发展的动力与灵魂，"以人为本"的理念正是这一思想的重要体现。"以人为本"不仅回答了为什么发展，即发展"为了谁"的问题，而且也回答了怎样发展，即发展"依靠谁"的问题。它主张人不仅是发展的根本目的，也是发展的根本动力，并认为只有二者的有机统一，才能构成以人为本的完整内容。因此，高校建构以人为本的德育理念，首先就要在指导思想上牢固确立"为了学生"与"依靠学生"相统一的观念。

1. 一切为了学生

以人为本高校德育理念的根本含义是以人为中心，一切为了人，一切依靠人。其中，更为根本的是一切为了人。因此，在高校德育中坚持以人为本首先在思想上就要认识到，大学生是高校德育发展的本质目的，高校德育

的发展就是"一切为了学生""为了一切学生""为了学生的一切"。这就要切实做到：

第一，将学生的成长成才作为高校德育的出发点和归宿，把关爱学生作为德育工作的基础，合理利用学校的有效资源做好德育工作。

第二，在课堂教学中建立师生双方的互动模式，改变过去教师单向知识灌输的理念，切实尊重学生的情感、需要，尊重学生的个性与主体性需求，注重学生对德育知识的内化与吸收，切实调动学生的学习积极性，提高学生的德育实践能力，从而达到德育知识的融会贯通，并能自觉做到学以致用。

第三，更加关注大学生自身价值的实现与社会的归属感，尊重、重视每一位大学生正当的利益需要与人格尊严，要积极为优秀学生、学习干部及学生党员创造有利条件，保障他们更好地成长与成才，对高校中家庭经济困难的学生，给予情感的关怀与真诚的帮助，帮助他们建立起自信，对那些存在潜在的心理问题的学生，给予重点的关注，予以适当、积极的引导，让他们更加健康地成长。

第四，树立全方位育人的理念，切实为大学生营造良好的环境与获得全方位培养的氛围，通过创造性地开展一些体验式课堂教学、素质拓展游戏、进行主旋律教育等丰富多彩的活动，让大学生在提高能力的同时，达到形成良好的道德素养与行为习惯的目的。

第五，通过学风建设、班级和宿舍的日常管理，通过鼓励大学生对各种实践活动的积极参与，培养他们的协作精神、创新精神与科研能力；通过个人或团体的方式，对大学生进行必要的辅导，帮助学生较好地完成自我认知，做好自己的职业生涯规划，从而切实减轻学生面对严峻的就业压力所产生的心理负担，从而以满腔的热情投身到社会主义和谐社会的建设，更加自信与欢快地迎接美好明天。如此，方能切实提高高校德育的针对性与实效性。

2.自觉将外在要求转化为内在需要

"为了学生"是以人为本高校德育理念的价值追求，而"为了学生"必须要建立在"依靠学生"的基础之上。因为"依靠学生"是真正实现以人为本的力量源泉与动力之源。道德是人为自身的立法。德育应该是人内在的自觉需要，而非任何外在的强制。因此，以人为本高校德育理念的建构并取得实效，归根到底还得要靠大学生自身的努力，通过大学生积极性、主动性和创造性的充分调动与积极发挥。这就需要在观念上实现大学生由高校德育的客体到主体的转变。即转变工具论的德育功能观，尊重大学生作为"人"的本质特征，切实把学生看作高校德育工作的主体，认识到学生具有高度的独立性、自主性、能动性、创造性与主体性，尊重学生的需要、自由、尊严与终极价值，尊重学生自主话语权、取向权与选择权，不断造就学生新的需要、能力、素质、行为与活动方式，培养学生的主体意识与审美情趣，丰富学生的经验与学识，发挥学生的潜能，提高学生的实践能力，塑造学生高尚品德与良好品质。充分发挥大学生的主观能动性，发挥他们的自我教育作用，通过他们学习能力、思维能力、判断能力、实践能力与创新能力的不断提高，让学生自己教育自己、自己塑造自己，并通过同学之间的相互教育，达到彼此的互动与互助。如此，学生方能逐步与教育者产生情感的共鸣，自觉、主动地用理性去衡量与解决各种矛盾与冲突，自觉树立起与时俱进的时代精神，养成良好的道德品质，积极培养自身高尚的道德情操，真正将德育知识外在的"占有"上升到对德育本真的内在"获得"。只有努力发挥大学生自身的作用，通过他们自身的自我教育与自我完善，他们才能切身感受到以人为本高校德育理念中"为了学生"的本质内涵，并通过积极的行动落实，达到大学生自身素质的提高，实现自我价值，从而使以人为本的高校德育真正取得事半功倍的功效。

（二）聚焦大学生的自由全面发展

1.从高校德育无根性向终极价值关怀转化

培养真善美统一的完美人格，便是教育的终极价值。真善美的统一，可以实现人对自身本质的科学、合理与全面的占有，实现人与自然、社会、他人及自身的和谐统一，这当然也是高校德育的最高目标。但这毕竟是一个应然目标，离现实还有一定的距离。在高校德育教育研究中，有的人在反思以往德育目标过高的同时，又走向了另一极端，即走向了对高远德育目标的盲目否定，缺乏对德育目标深入的研究与理性分析，而是简单否定。而这种简单的否定，带来的只是人的精神家园的迷失，只是人的德行的匮乏。在高校，只有使德育目标转向对大学生的终极价值关怀，才能使大学生树立起更加远大的理想，具有更强大的精神支撑，才能使他们在痛苦、彷徨与困惑中重新找回自己迷失的灵魂，生活得更加丰富多彩、充满自信与活力。

2. 从德育目标泛化向德育目标人性化转化

我国高校在德育目标的确立上，往往只注重目标的高尚性、统一性与同一化。德育目标忽视了人的本质，忽视了大学生的德行培养、人格完善与可接受性。忽视了德育的现实外部环境，缺乏社会性、适应性、层次性、渐进性与个体适应性的有机统一，从而使高校德育仅仅流于一种"假、大、空"的说教。导致高校德育的可操作性与实效行动低下，不利于大学生的健康成才与成长。高校确立以人为本的德育理念，就要在德育目标上实现从泛化向人性化的转变，逐步形成和发展大学生的主体性道德人格，回归大学生的现实生活与内外环境，尊重大学生的主体地位与个体差异性，兼顾个人利益与社会整体、人类终极价值需要。对大学生的崇高理想、人格完善与德性培养给予必要的引导，让大学生能够在现实的道德价值冲突的情境中，自觉、主动地做出合理的价值分析与判断，进行正确的道德选择，并能自觉践行高校德育规范，真正成为有德行的人，逐步推进高校德育理想目标与现实目标的最终达成。

3. 从德育目标世俗化向对人文精神的关照转化

在高校德育研究中，有的人在否定高校德育崇高性的同时，转向了对高校德育世俗化的热衷。往往将规范式的德育异化为了高校德育的目标，或者让高校德育去对实用主义、物质利益盲目尊崇，使得大学生成了追名逐利的工具与机器。这造成了人与人、人与自然、人与社会、人与他人之间关系的异化，彼此之间交往除了金钱、利益，别无其他。因此，高校德育在目标上，迫切需要加强对大学生人文精神上的关照，也迫切需要加强对大学生的心理疏导，唤醒他们心中沉睡已久的对崇高理想与真善美的渴望，从而使人与外界的关系更加和谐、美好。如若离开了对大学生人文精神的关照与心理疏导，大学生就会变得诚惶诚恐，精神上毫无依归。我们很难想象一个精神的流浪者与心灵的空虚者，会有一个健全的心理；很难想象一个没有精神支柱与终极关怀的民族、国家，会有光明而远大的前途。

4. 从德育目标片面化向人的综合素质全面发展转化

以往的高校德育往往注重对大学生片面地知识传授与单向灌输，忽视大学生综合素质的全面提高与发展。德育教育者与大学生之间彼此"关心"的焦点只有分数，这种德育培养出的往往是接受知识的"美德袋"与盛装德育知识的容器，造成了大学生的片面发展。如今，随着市场经济的快速发展与科学技术的突飞猛进，有的高校在德育目标上又转向了对市场经济与科学技术的盲目追随。在培养大学生时只注重即时性与短暂性的效果，或者人文教育与科学教育缺乏一种必要的融通。在大学生的培养上，缺乏一种全面、长远、可持续的战略眼光，从而使高校德育失去了崇高性与科学性。而片面发展的人是掌握不了人类文化的整体的价值的，偏执一端往往给大学生带来残缺的人生体验与无尽的人生遗憾。因此，高校德育在确立目标时，既要注意大学生的健全个性培养，更要关照大学生的自由全面发展。要对大学生进行必要的市场经济理论、民主法治、科技常识、技术培训、就业指导、心理健康等的教育，实现人文教育与科学教育的有机结合，使大学生的综合素质得到实质上的提高。要让大学生更有自信地坚强面对与战胜各种困难与挑战，以更大的自信去进行实践探索与创新，从而更好地实现与外部环境的良性互动与和谐发展，实现自身内在的自我转化与主体人格的完善。

（三）坚持大学生个人价值与社会价值的统一

1.凸显大学生的个人价值

人们的社会历史始终只是他们的个体发展的历史，而不管他们是否意识到这一点，首先应当避免重新把"社会"当作抽象的东西同个人对立起来。人是社会的存在物，因此，高校德育要以人为本，首先就要凸显大学生的个人价值，满足大学生的个人需要。著名科学家爱因斯坦也认为，学校应当发展年轻人中那些有益于公共福利的品质和才能。但这并不是意味着个性应当消灭，而个人只变成一只蜜蜂或蚂蚁那样仅仅是社会的一种工具。因为一个由没有个人独创性和个人志愿非规格统一的个人组成的社会，将是一个没有发展可能的不幸的社会。相反，学校的目标应当是培养有独立行动和独立思考的个人。大学生个性的发展，个人利益的满足，是国家、社会创新发展的一个重要条件。确立以人为本的高校德育理念，就要在价值追求上，既着眼于社会整体利益的满足，更重视学生个体利益的实现，既满足学生的现实需要，更立足于学生未来发展、需要的满足。当代中国教育价值取向上强调教育的社会工具价值，经常以牺牲大学生正当利益与正当价值为代价，去片面迎合社会利益的需求，无视大学生个性的发展与个人利益的需要，具有一种明显的"目中无人"与"实用工具化"的倾向。这严重挫伤了高校德育的可信度，遭遇了大学生内心世界的拒绝，造成了高校德育的收效甚微。因此，确立以人为本的高校德育理念，就要在价值追求上，贴近学生生活，贴近学生实际，贴近学生思想，不断满足大学生在学习、生活、心理、就业等现实的利益与需求。只有达到社会价值与大学生人性的相通融，正视大学生的个人利益，最大限度地满足大学生最直接、最现实、最关心的现实利益需求，最大限度地实现大学生的个人价值与幸福美好的愿望，才能确保以人为本高校德育的可接受性，使高校德育更具可信度与亲和力，从而为大学生谋求到一个更好的生存发展，并能自觉、主动去为社会、集体利益做出更大的贡献。

2. 达成个人利益与社会责任的有机统一

以人为本不仅肯定人的发展完善的最终目的性，而且肯定社会的发展是人发展的条件与基础。它培养的学生在国内外更受欢迎，并获得杰出的成就，那么，这所高校距离一流的目标就更近了。因此，高等教育包括高校德育要取得积极进展，离不开对大学生个人的培养，更离不开对社会、对国家的责任。而当下的很多年轻人，却在自身权利不断得到满足的同时，遗忘了对社会的义务。这对高校德育的开展带来了一定的困难。其实，个人为社会作贡献，可以促进社会的整体进步，从而最终达到个人利益的满足。因为国家与社会的整体利益，正是个人现实或长远利益的反映，并且，个人只有融入国家与社会之中，才能更好地生存与发展，才能真正有所作为，达到自我利益与价值的最终实现。

第六章 高校德育模式方法与形式的创新

第一节 建立新媒体虚拟空间与现实空间结合的德育模式

新媒体为德育创设了虚拟与现实共存的环境，德育应在整体育人理念的指导下，建立新媒体虚拟空间与现实空间结合的德育模式，以适应新媒体环境的需要，提升德育效果。

一、明确虚拟性与现实性的关系

新媒体的发展使人们越来越多地在虚拟空间中生活，虚拟空间已成为现代人的又一个生存场所。虚拟空间的本质就是其虚拟性，是指人的活动从以往以物质实体和能量载体为基础的活动平台，转移到以信息网络为基础的活动平台后所实现的一种生存性状。与虚拟相对应的是现实性，是指人的活动在以物质实体和能量载体为基础的物理时空（现实世界、现实社会、现实空间）中所表现的生存性状。虚拟空间的出现使人们在更大范围内演绎着现实中的社会关系，虚拟性与现实性之间的关系存在既有区别又有统一的两个方面。

首先，认识虚拟生存的特点。虚拟生存具有间接性、流动性、隐匿性、平等性、开放性和共享性等特点。在虚拟空间中，人们的交往形式以间接为主，交往手段符号化、数字化，交往内容以信息为主，摆脱了现实社会中交往的直接性和时空局限性；虚拟生存具有流动性、隐匿性，虚拟交往无须见面，上网人可以隐匿自己的身份、年龄、性别、行为目的，可以从事着与其扮演角色相应的各种活动。现实社会中的人有时为了某种利益，戴着面具做人，使人的心理产生压抑。在虚拟社会中，人都是匿名、隐形的，有利于更真实地表现自我；虚拟生存具有平等性，新媒体提供了人和社会沟通的平台，让每个人都能地位平等地参与公共生活，彼此之间是一种平等的伙伴关系。这种交往是一种较单纯的精神交流，对交流双方不会产生心理上的负担；虚拟生存具有开放性和共享性，过去由于各种限制，大众传播媒介只能提供给人们相对有限的自由表达的空间。新媒体的开放性使得言论自由更加具有普及性。新媒体传播的全球化开启了跨文化交流的新时代，新媒体为不同国度、不同地域的任何一种文化提供了生存土壤，也为人们知识共享提供了平台。

其次，虚拟性与现实性的区别。虚拟性与现实性的区别体现在人们生存的时空特性、社会存在方式、社会存在和发展的深度和广度等方面。一是人们生存的时空特性发生变化。虚拟空间是时间、空间极度压缩的状况，在时间上实现了信息的即时传递，在空间上，广阔的世界被压缩在一个小屏幕上，这与现实的时空特征存在根本区别。现实主体的存在及其活动都以时间和空间为定位标志，人们可以感知其存在，社会也据此直接或间接地对主体及其活动进行控制。在新媒体虚拟空间中，主体可以异地、异时开展活动，消解了主体的具体时空特性，也消解了现实社会中时空对主体和事件的定位功能。二是人类社会存在方式不同。虚拟生存以虚拟的方式存在，现实生存则以物质实体的方式存在。三是社会存在和发展的深度和广度发生变化。现实社会中，人们的活动主要局限于民族、国家的范围，在社会发展中虽然存在多种可能性，但这些可能性由于受到现实的限制，不都能转化为现实性。虚拟空间以虚拟的方式运行和发展，人们可以通过虚拟方式把社会发展的种种可能性展示出来，转变为虚拟现实，使社会发展可以在多种可能性中进行多种虚拟的选择。四是现实生存的国家独立与虚拟生存的无国界的区别。现实社会中，每个国家都有自己的领土、历史文化、社会制度和法律形式，而虚拟社会是一个没有地域区分的场所，信息跨地域、无疆界、全球性自由流通。发达国家比发展中国家具有信息优势，西方发达国家将本国的社会价值观和社会意识形态通过新媒体传送给其他国家，对一些国家的传统文化带来较大冲击，会导致文化霸权主义的产生。五是现实生存高度社会化与虚拟生存充分个体性的区别。在现实社会中，科技的发展使社会各部门、各行业连成一个整体，个体利益的满足与实现依附于一定的集体或集团群体性的利益角逐。在虚拟社会中，每个人基于资源共享、互惠合作等一定的利益和需求自觉自愿地互相联系起来，每个人既是参与者，又是组织者，每个人凭自己的意志决定自己的生命形式。六是现实生存中人际交往、情感的需要与虚拟生存中人机交流导致人际关系淡漠的区别。社会性是人的本质属性，它依赖于人与人之间的直接交往，从而交流感情和结成群体。新媒体改变了人际交往的模式，人与人的交往变成了人机交往，人们之间的直接社会交往减弱，有可能导致人际关系的疏远，导致个人产生紧张、冷漠等问题。

再次，虚拟性与现实性的统一。随着新媒体技术的发展，最恰当的选择是对虚拟世界和现实世界并驾参与，不能因为新媒体的便捷而放弃现实生活。虚拟性和现实性两者是统一的。

一是虚拟性要还原到现实性。虚拟性离不开现实性，虚拟性要还原到现实性，现实社会决定虚拟社会，现实社会是虚拟社会存在和发展的基础。虚拟社会的基础是现实社会。数字化虚拟不过是借助于现代技术使新媒体中的交往具有多向性和直接的互动性，新媒体空间中主体关系的特点是现实社会部分特征扩大化的表现形式，人们在新媒体空间中的关系在整体上没有也不可能超出现实社会所规定的范围。虽然新媒体空间中人与人之间的关系有其自己的特点和规则，但这些特点和规则不可能构成与现实社会相并列的社会。虚拟社会的主体仍然是现实社会中的人，新媒体主体关系中的自我是真实自我、想象自我和多元自我的综合体，表现了主体的人格的多样性。在现实生活中，人格的一些特性因受制约没有或较少表现出来，而人格在新媒体中表现得比较充分，但新媒体主体关系的主体仍然是现实社会关系中的人。从本源看，没有现实社会关系的主体，就没有新媒体中关系的主体。无论新媒体如何虚拟化，置身于虚拟空间的人和创设虚拟空间的人都是现实存在的人。新媒体是虚拟的，人在其中投入的感情和产生的生存体验又是真实的。现实社会关系在本原上决定虚拟关系，现实社会关系决定新媒体中的主体关系，限制、克服或消除新媒体关系中的各种弊病，使其健康发展，归根结底取决于现实社会关系的发展。从本质上看，新媒体关系是现实社会关系的复杂性在虚拟社会的折射、投影、延伸。从法的角度看，关于新媒体关系的立法是以虚拟主体是否侵害了现实社会主体的利益为尺度的，最终受惩罚的是某些虚拟主体承担者的现实社会的主体。从道德的角度看，新媒体中出现的道德问题并没有超越现实社会中出现的道德问题，新媒体关系的调整和新媒体关系主体的改造最终取决于现实社会关系的调整和现实社会主体的改造。

但是，新媒体对现实社会的法和道德规范确实提出了挑战，如，新媒体虚拟主体的身份、行为方式、行为目标的隐匿性和不确定性，使有些不道德行为难以追查和定罪。虚拟社会要接受现实的最终检验，虚拟社会的最终目的是指导现实、检验现实、接受现实的最终检验，这样才能保持虚拟现实的科学性、规范性。

二是现实性要反映到虚拟性。虚拟社会相对独立于现实社会，人们在新媒体中的实践活动及观念意识都是对现实社会生存的自我突破和发展。虚拟生存对现实生存有影响，是现实生存的必要补充，并与现实生存相互转化。虚拟社会的发展反作用于现实社会，虚拟社会的发展必然作用于现实社会，形成现实社会新的特点。虚拟社会以人与人的关系为主导的社会关系改变了现实社会人与自然关系为主导的社会关系体系，导致了现实社会主导关系的转变。虚拟社区的许多思想可以修正现实社会管理和制度中的某些缺陷，虚拟社区产生的思想某种程度上能净化和提升现实社会中的精神、文化品位。从道德角度分析，网络伦理对现实伦理将产生新的推动。虚拟社区的虚拟性和前瞻性为僵化的现实社区展示了一种发展模式。虚拟社会是对现实社会的丰富，虚拟世界可以把在现实世界中尚未实现的变成虚拟的现实，原先在物质世界中物质质料与功能统一的局面被打破了。功能从质料中被抽离出来，行使了单独的职能。虚拟社会中，人与人之间的交往带有"去现实化"、弱社会性的特点。虚拟生存可以美化、幻化现实生存，把现实生存理想化。新媒体给丰富的人性提供了充分释放空间，使人际交往变得更加自由和轻松。

最后，应坚持虚拟性与现实性的辩证统一。虚拟生存和现实生存共同构成人类基本的生存环境。人的生存应以现实生存为基础，以虚拟生存为媒介，二者共同作用。其一，只有虚拟性，没有现实性，不能体现人的社会本质。如果人们不能在现实与虚拟之间实现角色的转换，保持现实生存与虚拟生存之间的张力，就会造成心理错位和行动失调。虚拟生存只是现实生存的一部分，但不能完全取代现实生存，不能完全独立于现实生存。如果离开现实性谈虚拟性，就会把人看成是纯粹脱离现实的抽象物。其二，只有现实性，没有虚拟性，不能体现人的历史特点。在新媒体快速发展的信息时代，人们被抛入一个"数字化生存"的处境之中。我们也要历史地看待人的发展，站在信息时代看人的社会本质。在这样一个虚拟性盛行的社会中，谁也不能摆脱虚拟性而真实地存在。人不应该完全地依赖于虚拟世界，不能把虚拟生存方式当成生存的唯一。人的生存应以现实生存为依托，以虚拟生存作延展，二者交织互动，共同构成人类基本的生存方式。

因此，应关注虚拟社会与现实社会、虚拟生存与现实生存即"虚实"的关系，实现其虚实共生、和谐互动的良性循环。随着新媒体虚拟空间的发展，人们对虚拟世界的依赖性增大，必须适应虚拟社会的特点，形成新的虚拟社会的管理体制。

二、把握好新媒体德育与现实德育的关系

新媒体德育有两种内涵：一是新媒体视域下的德育；二是基于新媒体的德育。前者是对新媒体德育的广义理解，指的是在新媒体的社会环境下，传统的德育从理念到内容、手段、机制与组织方式如何发展和创新，是一种德育全面体系的构建问题；而后者是对新媒体德育的狭义理解，指的是把新媒体作为德育的新阵地、新工具、新方法，用以加强和改进德育，是德育局部体系的构建问题。如果我们把新媒体德育看成是一种虚拟德育，一种利用新媒体所进行的网上德育，我们可以把面向现实生活所进行的传统德育和网下德育看成是一种现实德育。就新媒体德育与现实德育的关系而言，它们是辩证的统一，既相互区别，又相互联系、相互补充。

首先，新媒体德育与现实德育的区别。新媒体德育与现实德育的性质和目的是相同的，都是以马克思主义意识形态为主导的、促使人们形成符合社会发展需要的思想品德的实践活动。新媒体德育与现实德育相比较，教育主体、客体、介体、环境发生了许多变化。

一是德育主体的身份角色不同。新媒体德育与现实社会传统德育在主体身份认同上存在差异，现实社会德育主体身份的确认总是与一定的社会地位、性格特征等因素直接相连，相对简单和直观。对于新媒体德育来说，交往主体是未知的。交往者的国籍、社会地位、性别模糊不清，给新媒体交往带来了新的不确定性。新媒体空间中的角色与现实生活中角色的关系也是一个新问题，新媒体空间中的角色可以自由地想象和设定自己，可以自由地抒发内心的感受或想象的感受，但无论新媒体空间中的角色多么理想化，虚拟毕竟无法取代现实。这种反差导致了对既有文化和制度的不满，可能造成主体身份认同或辨认方面的错置。

二是德育的主客体关系发生了变化。在现实德育中，主体与客体有时也相互转化，但总的来说，主体往往处于主导、权威者的位置，其主体性地位往往强于客体的主体性，客体的主体性较难发挥。新媒体德育在主客体关系上则更多地强调主体客体化、客体主体化，强调主客体之间的互动和平等交流。在现实德育中，主体着重指以培训教育对象的思想品德为活动指向的人，包括各级党的组织、政府机构、群团组织以及各级各类企事业单位的专、兼职人员。主体对客体的教育是有目的的、自觉的。但在新媒体德育中，教育主体不具有特定的身份，目的性、自觉性并不明显。现实德育的客体具有一定的确定性，主体对客体的情况大体掌握，而新媒体德育的客体具有不确定性，客体之间存在较大的差异。新媒体德育的受教育者在教育活动中，主动性大于被动性，整体上呈现个体性、虚拟性、自主性和参与性的特点。

三是德育的相关道德要素不同。从道德的角度看，除了道德主体不同外，相关道德要素也存在着差异。新媒体社会中的道德意识比传统道德意识淡化，人性趋于自然，交往较少受社会因素的影响，新媒体社会中的主体道德关系具有不确定性且更简单化。新媒体给人们提供了一些新的道德活动方式，如，聊天、电子邮件等。这些活动具有独特性、随机性，使人们的交往不必考虑空间距离和文化差异等因素的影响。

四是德育的介体不同。教育介体主要包括教育内容、方法和手段等。在新媒体德育中，多媒体技术使教育内容形态变为立体化的、动态的、超时空的，教育内容变得丰富而全面，更具客观性和可选择性，但是存在一些负面信息。与现实德育相比，新媒体德育具有更快的传递速度和更广阔的时空，原来相对狭小的教育空间变成了全社会的开放性的教育空间。

五是德育的环境不同。德育环境包括德育对象所处的环境和德育活动的外部条件两个方面，指的是影响人的思想品德形成和发展、影响德育活动运行的一切外部因素的总和，主要包括自然环境、社会环境和精神环境，起决定作用的是社会环境。新媒体迅速改变着教育环境，使社会环境发生了深刻变化。传统社会由于人际交往面窄，在一定意义上是"熟人社会"，依靠熟人监督、道德他律手段，传统道德得到相对较好的维护。在新媒体空间里，道德主体消除了现实生活中外在的他律性规范的制约，进入了一个完全由陌生人组成的世界，成为一种虚拟存在。传统"熟人社会"中道德他律的外力在新媒体空间失去了作用，道德主体是否遵从道德规范，不易被察觉和监督，不像现实社会中的道德要靠社会舆论、传统习惯、内心信念三者同时来维持。新媒体技术与德育的结合使新媒体环境获得许多优势，教育信息共享有利于收集和传播教育信息，教育信息交流平等、自由、全面、及时，有利于学生进行自我教育，各领域、各层次德育相互联系与沟通，有利于形成教育合力。

六是德育的物质基础不同。现实德育的基础是物理空间，它的运行主要依靠人们的是非观和社会评价。而新媒体德育的基础是电子空间，与传统的德育相比，建立在网络信息社会基础之上的新媒体德育，必将呈现出自主、开放、多元等一系列新的特点和优势，更加合乎人性，更能促进人和社会的自由全面发展。当前看，新媒体德育的特点和优势还需人们去创造和发扬。

七是德育的侧重点不同。现实德育中，传统的德育注重培养和造就比较定型的、有着确定模式的理想人格。理想人格是通过个人与他人、与社会发生直接的联系表现出来而被人们认识的。新媒体德育不仅要求学生接受道德规范，形成新媒体空间的理想人格，而且注重为受教育者提供帮助和指导，培养学生的道德主体性。这种道德主体性表现在自主选择判断、自主自律、自我约束、自身责任意识等方面。

其次，新媒体德育与现实德育的内在联系。现实德育是新媒体德育的基础。离开现实德育，新媒体德育会成为无根基的德育，会走向现实德育的反面，更无助于人类道德水平的提高。其一，只有以现实德育为基础，新媒体德育才不至于成为无根基的德育。传统德育往往反映的是社会存在和发展的客观规律的要求，新媒体德育以传统德育为基础，可以在新媒体空间中体现客观规律的要求，否则新媒体德育就可能变成空想和虚妄。其二，只有以现实德育为基础，新媒体德育才不至于走向现实德育的对立面。在新媒体中体验虚拟生活的人，在一定程度上摆脱了现实生活中传统德育的束缚。如果新媒体德育中有与传统德育相悖的成分，就会强化他们对传统德育的否定，可能践踏传统德育准则，使得新媒体道德关系出现混乱，甚至导致现实社会的失范加剧。其三，只有以现实德育为基础，新媒体德育才能最终促进人类伦理道德水平的提高。新媒体是以服务现实社会为目的的，建构新媒体德育的目的之一就在于它能够巩固和促进传统德育。新媒体德育只有以传统德育为基础，才能与传统德育保持一致。其四，新媒体中主体关系的基础是现实社会。新媒体中的主体仍然是现实社会中的人，现实社会关系在本源上决定新媒体中的主体关系，限制、克服或消除新媒体关系中的各种弊病，促进其健康发展，决定于现实社会关系的发展。新媒体德育是现实德育在新媒体上的延伸和发展，现实德育居于支配地位，起着决定作用，新媒体社会在虚拟的实践条件和环境中形成的判断和观念，必须回到现实社会实践中去考察和检验。

新媒体德育是现实德育的拓展、创新和延伸，促进了德育的现代化。其一，新媒体德育对德育的拓展。新媒体的开放性拓宽了德育的空间，新媒体的互动性增强了德育的针对性，新媒体的便捷性增强了德育的时效性，新媒体的多样性增强了德育的吸引力，新媒体带来的积极因素，促进了教育手段的现代化，更促进了教育观念的现代化。其二，新媒体德育是现实德育的创新发展。新媒体的虚拟不仅是对现实的虚拟，而且是对可能和不可能的虚拟，新媒体不仅帮助别人理解既存的世界，更构造出一个可能的世界。新媒体以再现现实、再造情境对现实德育进行创新。新媒体突破了德育的时空界限，扩大了大学生的自我教育空间，有利于现实德育的发展。其三，新媒体空间的道德关系是现实关系的反映和表现。道德关系作为精神关系，根植于现实社会人的社会关系，主要是物质关系、利益关系之中，新媒体空间的道德关系也是现实社会关系间接的、模拟的、曲折的反映和表现。新媒体空间的人人虚拟道德关系不是对人及其道德关系的机械的原本模拟反映，而是对其进行再创造，将旧人性赋予新人性，并渴望人性的矛盾和冲突得到解决、调节、缓和。新媒体空间的人人虚拟道德关系是现代科学技术发展的产物，其中的人是具有主体性的能动创造者。新媒体空间的人人虚拟道德关系既是社会历史条件发展的必然过程，又是道德关系的革命、解放和进步。但是如果新媒体的人人关系处理不好，会容易使人养成依赖性，依附于自己的虚拟人格、网络科技而丧失独立性、主体性和创造性，造成新的奴役和封闭，使人成为工具人、经济人而非文化人、社会人。因此，应妥善处理虚拟道德关系与现实道德关系，做到两者的协调一致，做到新媒体德育和现实德育相互补充。

三、建立新媒体德育与现实德育相结合的有效模式

在新媒体视域下创新大学生德育，应以现实德育为基础，以新媒体德

育为拓展，实现两者在教育目的上的统一、教育内容上的融合、教育手段上的互补。

首先，在新媒体飞速发展的时代背景下，强调德育以现实教育为基础，使新媒体德育成为现实德育的有益补充。在加强新媒体德育的同时，现实德育只能加强，决不能削弱。由于新媒体对高校和社会的影响和渗透，其潜在的建设和破坏能量伴随着不断创新的技术逐渐释放和显现，与大学生的价值观形成越来越显著的互动和冲突。因此，在加强新媒体德育的同时，现实德育只能加强，并且要注重新媒体德育与现实德育的统一、融合与互补。新媒体极大影响了大学生的学习和生活方式，但是新媒体取代不了学校、家庭、社会的教育功能，特别是大学德育的教育方式离不开言传身教、耳濡目染、激励、群体活动等，新媒体德育可以成为现实德育的有效补充。德育工作者在鼓励大学生通过新媒体获取信息的同时，要引导大学生立足现实世界，正确理解新媒体世界，使新媒体空间丰富的信息成为培养大学生全面素质和良好道德品质的有效补充。就思想理论课的教学而言，要努力实现高校思想理论课教学的现代化、多媒体化。同时，高校德育应从"灌输信息"为主转变为"引导选择"和"灌输信息"并重，把新媒体法制教育和新媒体德育、媒介素养教育作为德育的新内容，引导学生分析信息的价值，有效地利用信息，在道德判断的基础上进行道德选择，提高道德素质。

其次，实现新媒体德育与现实德育教育目标的统一、教育内容的融合、教育方法的互补。其一，在教育目标上，新媒体德育与现实德育是一致的。其最终目标都是培养社会主义合格建设者和接班人，其基本目标都是将社会主义核心价值观内化为学生的道德观念，外化为自觉自愿的道德行为。但二者的侧重点、教育方法和手段有所不同。现实德育侧重于培养学生的理想人格，新媒体德育不仅仅要求学生接受道德规范，形成新媒体空间的理想人格，而且注重为受教育者提供帮助和指导，培养学生的道德主体性。新媒体德育目标内容建设应包括运用新媒体技术实现现实德育目标，适应和驾驭新媒体社会的价值目标的构建。这一目标的建设重点之一是把媒介素养教育融进德育系统之中，其中媒介道德、媒介法规意识和媒介能力教育是媒介素养教育的重点。其二，在教育内容上，新媒体德育与现实德育应实现融合。现实德育与新媒体德育都应以社会主义核心价值体系教育为主导和主要内容，同时应加强伦理意识和道德责任感教育、网络道德规范教育、网络法制教育、网络安全教育、网络生态文明教育、媒介素养教育。新媒体视域下高校德育的着力点应定位于通过加强教育提高大学生新媒体道德意识，使大学生认识新媒体道德及其特点，自觉遵守新媒体道德；教会学生选择，提高大学生的道德判断力；倡导"慎独"，增强道德自律能力；培养网德，形成大学生良好的网上行为习惯；培育大学生健全的网络人格，提高大学生的媒介素养。根据教育内容的不同，确定在新媒体德育和现实德育中不同的教育方式，对于适宜讨论、互动的话题，可以放在新媒体德育中进行，发挥新媒体及时、互动的优势。其三，在教育方法上，新媒体德育和现实德育可以互补。现实德育多运用传统的教育方法，如，灌输法、情理交融法、说服教育法、互动讨论法等，实践证明这些都是非常有效的方法。新媒体德育方法是教育者根据国家的德育目标，结合新媒体传播特点和规律，有目的、有计划地对受教育者施加思想道德方面影响的过程，是实现新媒体德育目的的必要条件，是传统德育方法的一种全新拓展和延伸。而一些基本的方法，如，理论教育法、自我教育法、社会实践法等，是现实德育与新媒体德育共用的方法。而且许多教育方法在新媒体视域下得到了创新，如，传统的说服教育法向新媒体的情景陶冶法递进。新媒体德育除了具备传统德育方法的特点之外，还具备新媒体自身的特点，注重针对性，突出隐蔽性。而理论教育法、情理渗透法、典型教育法、隐性教育法、自我教育法在新媒体的环境下都得到了很好地继承和发展。总之，根据不同的教育内容选择相应的教育手段和方法，通过现实德育方法与新媒体德育方法的有机结合，可以更好地提高德育效果。

再次，实现新媒体德育对现实德育资源的整合。虽然新媒体德育具有一些新特点，但它所遇到的问题往往是德育学的老问题，有很多在现实中早已存在，只是网络的虚拟性和非实体性加大了其后果的影响力。新媒体德育可以借助传统德育的理论和原则，对我国来说，在坚持社会主义核心价值观的前提下，中国传统道德规范、西方道德的有益因素等应当成为新媒体道德整合的资源。中国传统道德文化的主流思想——儒家伦理是中华民族的精神传统最深层的东西，新媒体不能脱离本民族深厚的文化背景，应以科学务实的态度对传统伦理道德思想进行价值选择，根据时代的发展，按照取其精华去其糟粕的原则，将其中积极的成分进行新的转化，使之适合新媒体视域下的社会发展现实，并对社会发展起到一定的推动作用。

最后，重新审视虚拟与现实的关系，建立虚拟世界的实践干预策略。在德育环境的建设中，要把虚拟社区的管理与现实社区的管理结合起来，把新媒体内部德育资源的开发与新媒体外部社会实践的支持系统建设结合起来，使社会实践活动成为新媒体德育的重要途径。参与新媒体之外的社会实践活动，可以培养学生接触社会、了解社会的兴趣；可以使学生获得最直接的社会实践经验，有助于学生形成正确的道德判断力，并且通过新媒体体验与现实生活的对照；可以使学生更清醒、更理智地看待虚拟世界里的活动。

第二节　建立新媒体视域下各方面相结合的立体德育模式

创新德育模式使学校、社会、家庭参与到大学生德育中，发挥教育的合力作用，已经是学者和教育工作者普遍认可的问题，而在新媒体视域下如何发挥教育的合力作用，却是一个摆在学者和德育工作者面前的难题。新媒体传播创造了虚拟与现实共存的德育环境，拓展了德育的主体、客体、介体，为发挥教育的合力作用创造了条件。因此，应根据新媒体的特点，建立新媒体视域下学校、社会、家庭、学生相结合的立体教育模式，充分发挥德育的合力作用，提升德育的效果。

一、教育合力与综合教育论

所谓教育合力，就是在一定的时间内和一定的条件下，实施综合教育所产生的综合作用。这种综合作用，并不是综合教育中各个单项教育作用的加和，而是比单项教育作用大得多的新的教育力量。

"综合教育论"是对如何发挥教育合力的进一步阐释，更具有参考和借鉴价值。德育的综合结构是指德育是由特定的体系和要素所组成的，具有特定结构和运行机制，并能发挥最大教育功能的综合教育体系。它不是指各种教育体和要素的随意加和，更不是指各种教育活动的外在的机械拼凑和叠加，它是一种具有内在特定结构和运行机制的有机系统，具有独特性。德育的综合结构表现出两大特性：其一，空间结构的协调性，即德育的体和要素结构合理、运行协调，能够围绕实现教育目标和谐运转，发挥出最大的功效；其二，时间结构的有序性，即各项教育活动按照一定的方向和计划，分阶段地、连续地指向教育目标。

二、德育主体的内涵

德育主体是指在德育过程中的主动行为者，是具有主动教育功能的组织或个人。在德育过程中，教育者和受教育者都是主动行为者，都具有主动教育功能，因而都是德育过程的主体。受教育者在接受教育过程中，也具有主动教育功能，因而既是教育的客体，又是教育的主体。从狭义的角度说，德育的主体——教育者包含两个方面：一是进行德育的机构；二是从事德育的人员。从广义的角度说，在德育过程中，教育者（主体）既可以是单个的人，也可以是由多个个人组成的全体（多个教育者、教育者的组合或单位）。因此，从广义的角度说，学校、社会、家庭、学生都是教育主体。

德育主体——教育者（主要指社会和学校中的德育机构和从事德育的人员）在整个德育过程中，负责搜集信息、决策、实施、反馈和调节等各个环节，引导和控制全过程，教育者在德育结构中居主导地位，起决定作用。教育者具有教育功能、管理功能、协调功能、研究功能。

家庭作为教育主体主要通过潜移默化的影响来教育和引导学生，学生自身通过发挥自我教育的主体能动性来发挥作用。

三、学校、社会、家庭共同创设了教育环境

环境是人格形成的必要条件，人的思想意识是人对环境的反映，人的品德和心理是环境熏陶的结果。德育环境是指德育所面临的环绕在教育对象周围并对其产生影响的客观现实，社会环境、单位环境（学校环境或工作环境）、家庭环境和社交环境相互联结、相互制约，共同组成了德育的环境系统。德育环境系统具有广泛性、直观性、动态性、渗透性、特定性、部分可创性等特征。环境对人施以各种环绕力。这种力的作用能使人习染成一种符合环境的特性，并被环境同化，形成人格。环境的环绕力具体表现为三种力量：推动力、感染力和约束力。

社会环境主要包括社会、社会文化、社会风气等。社会由经济基础和上层建筑构成，具有整合功能、传讯功能、继往开来的功能和导向的功能。社会文化是人类在社会发展过程中所创造的物质财富和精神财富的总和。社会风气就是社会风尚和习气，以强大的社会舆论和社会习惯势力的形式制约

着人们的言论和行动，对人的思想和行为具有潜移默化的影响；学校在引导学生尊重既有的社会秩序，传播统治阶级的价值观念，培养情感和传授知识技能方面，具有特殊的重要作用。学校环境主要包含校风、学风和师德等几个方面；家庭环境主要包括家风、家庭关系、家庭的文化素质；社交环境仅指由情况相近的经常交往的朋友组成的社交环境，即同辈群体的"朋友圈"。同辈群体的"朋友圈"对人的思想品德和心理形成影响巨大，在"朋友圈"中，人们的社会地位、兴趣爱好、文化水准相仿，易于产生"平行影响"。

四、新媒体视域下德育环境、主体、客体和介体的变化

新媒体传播因其与传统媒体不同的特点，对德育环境、主体、客体和介体都产生了较大的影响，其中有些影响具有划时代的意义。

第一，新媒体在很大程度上影响了德育环境。20 世纪 90 年代以来，新媒体以多媒体的特征、交互性的功能，融合各种媒介于一身，成为人们了解外部世界的新媒介工具，也成为德育所处媒介环境的一部分。以作用的空间大小为标准，可以把学校德育的外部环境分为四个部分：宏观系统——社会经济、政治、文化和社会心理；中观系统——社区；微观系统——家庭；中介系统——大众传媒。当前，新媒体已深入到社会生活的每一个角落，新媒体对德育环境的影响是客观存在的不容置疑的事实。从宏观讲，新媒体影响了社会经济、政治、文化和社会心理，使开放、自由、平等、独立成为新媒体时代社会环境的主要特征；从中观讲，新媒体创造了比现实社区更加广泛的虚拟社区，使虚拟社区与现实社区共同成为人们的生活和精神家园；从微观系统讲，新媒体影响了家庭，使得人们的家庭观念、家庭意识以及家庭成员的交流方式发生了变化；从中介系统讲，新媒体对传统媒体产生了具有实质意义的划时代的影响，使得大众传媒成为广大民众可以自由参与的公共的平台，也使得舆论环境更为复杂。同时，新媒体传播使得传授双方在一定程度上成为一体，也改变了传统德育的教育者与受教育者的关系，为德育创新创造了条件；随着新媒体的发展，新媒体环境不仅成为影响大学生思想观念、价值取向、思维方式、行为模式、个性心理的重要因素，而且成为影响高校德育发展的重要方面。新媒体创设了多元的文化环境、潜隐的政治环境、非控的舆论环境、缺乏理性的环境、困惑重重的伦理环境。新媒体环境对目前学校德育理念和德育模式的冲击，校园网建设在学校德育应对新媒体环境冲

击中的作用，新媒体视域下的教师教育能力等都是值得关注的问题。

第二，新媒体对大学生产生了较大影响。新媒体的技术特点，使其从一开始就具有自由、共享、民主、开放、平民化、世界性和多样性的"互联网精神"。新媒体环境除了带来一系列社会问题，凸显了目前德育的弊病之外，这种网络精神对传统德育带来更深层次的挑战，这种精神塑造了新型的新媒体主体。新媒体创造了网络文化，对大学生产生了深刻影响。新媒体将培养大学生在讨论中的平等价值观，由此培养出"平等文化"，网络文化是注重创造的"创新文化"，是一种"权力分散文化"。新媒体扩大了青少年的交往范围，打破了空间距离造成的地域集群观念，注重网络社区，创造出超地域的"虚拟社区文化"，具有交互性和协同性。新媒体视域下的青少年是更加自主、自由的一代，是首次掌握教育主动权的一代，是新媒体道德和网络文化的重要建设者。新媒体在给人们带来便利的同时，也带来了不可避免的负面影响。新媒体对大学生人生观、价值观和世界观的潜在威胁，对大学生道德意识的弱化，对大学生社会化进程的阻碍，导致交往的符号化以及由此引起的社会适应不良等，给德育提出了新的课题。

第三，新媒体正在改变教师与学生的关系。作为文化现象，新媒体具有虚拟性和真实性并存的特征，新媒体的这些特征吸引了越来越多的大学生，形成"新媒体—学生"这种新的信息机制，同时弱化了传统的"教师—学生"信息机制。在新媒体发展的初期阶段，形成的"新媒体—学生"是一种缺乏教师参与的信息机制，大学生信息摄取较个体化、隐蔽化，接受信息的自主性越来越强，在信息的理解上变得多角度化，不再按照教育者制定的目标去理解信息，而是将信息进行分析归纳，得出自己的认识，化为自己的思想进而指导自己的行动。这种机制显然具有促进学生自我教育的优点，同时又有很大的随意性与盲目性，并不是完全意义上的德育信息机制，因为它缺少教育的主体。随着新媒体的迅速发展，必然要建立一种教师参与下的"教师—新媒体—学生"信息机制，与传统的"教师—学生"机制实现互通、结合使用的交互模式。

第四，新媒体对家庭教育提出了新的要求。家庭教育一直是人们非常重视的课题，面对新媒体时代的新的社会环境，作为社会细胞的家庭也面临新的挑战和机遇。新媒体上大量不健康内容的存在冲淡了部分大学生的民族观念和爱国情感，西化倾向日趋显现，道德多元化日益明显，这些对家庭教育提出了新的挑战。家庭对大学生运用新媒体的影响，最直接地表现在大学生除了在学校外能否在家里获得网络资源。这将影响到学生上网地点的选择以及上网时间的长短，家庭因素又会影响到大学生接受网络的深浅和在网上的活动，进而对其接受网络道德影响的程度和方式产生影响。目前，我国东部地区、中部地区以及西部地区学生家里的联网率差异巨大，这将对学生接触和运用新媒体带来一定影响，会造成不同地区的学生在接受新媒体价值影响的程度、途径、类型等方面的差异。父母的文化程度越高、能运用新媒体与学生交流，则会对学生给予积极的指导，对学生的思想品德形成产生积极的影响。

第五，新媒体使社会德育愈加重要。新媒体视域下，社会德育成为人们关注的焦点，被寄予了来自社会各个方面的厚望。新媒体视域下社会道德问题的出现本质上是虚拟世界道德问题的现实转化，新媒体视域下的社会道德问题根源和具体表现相对复杂，既有学校德育的社会延伸部分，也包括具体新媒体社会环境和社会因素直接促成的问题。主要表现有以下几点：一是社会范围内的道德水平下降和道德信仰的危机。二是新媒体空间不良信息泛滥，污染了社会风气，污染了大学生的心灵。三是新媒体活动导致了学生道德人格的异化。四是新媒体管理和监督的乏力，导致了严重的网络犯罪和网络过错行为。新媒体视域下社会道德问题的激增，给当今社会德育提出了严峻挑战。一贯以传统理念和既定模式运作的社会德育，面对突然变化了的德育环境时常处于两难的境地，表现为：新媒体视域下社会道德规范与传统道德规范之间的矛盾，政府对新媒体的法律监控与新媒体开放、自由特性之间的矛盾，新媒体的价值多元化与中国传统道德文化之间的矛盾，个体道德自主选择意识与选择能力之间的矛盾。新媒体视域下，社会德育存在如下问题：教育观念陈旧，教育方法和教育内容的呈现形式落后；新媒体社会管理的方法滞后，政府管理乏力，缺少权威性和威慑力；社会各个层面的教育力量整合不够，未能建立一个家庭、学校、社区等多种教育力量协同作用的立体化社会教育体系；德育的实施者"新媒体素质"低下，影响了社会德育的具体实施；社区的新媒体德育几乎是空白，缺少新媒体德育的社会支持系统。

第六，新媒体拓展了教育介体。体现在以下几方面：新媒体极大地丰富了德育资源和内容，教育者可以借助新媒体及时获取丰富的德育资源。新媒体促进了德育手段和模式的现代化，拓展了德育信息的获取渠道，优化了德育信息的传播方式，提高了德育信息的传播效率。

五、创建新媒体视域下学校、社会、家庭、学生结合的立体德育模式

新媒体环境带给德育的挑战之一就是教育影响的多极化和由此产生的教育环境的泛化。新媒体的自由与开放性打破了以往家庭、学校、社会教育之间的界限，使各种教育形式在功能、性质和影响效果与影响机制上变得更加模糊。新媒体视域下，迫切需要整合社会各方面的教育力量，构建一个立体化协同作用的教育体系，形成新媒体视域下的德育合力。

第一，充分发挥学校德育的主渠道作用，主动适应新媒体环境的挑战。其一，新媒体视域下大学生德育的重新定位。我国德育实效较低，主要原因有以下几个方面：重教轻育，重认知轻践行；德育目标的顺序倒错，造成道德主体对高层次的道德未必接受，低层次的社会公德和文明行为也没有养成；重视集体活动，轻视个人修养，个体缺乏内在的道德自律和自觉，其根本原因在于忽略了学生的道德主体性。而在新媒体空间中，学生基本上处于道德任意状态，他们的自主判断、选择、自主行为表现充分，更显示出其道德主体地位。学校德育应顺应新媒体的传播特点，遵循尊重、信任的原则探索德育的新方法，以社会主义核心价值体系为指导，注重培养学生正确的价值观、道德判断力以及道德自制力，培养具有自主、理性、自律的道德判断和道德实践的个体，促进学生形成完善的、健康强大的人格。其二，学校德育内容的优化。新媒体既是德育的手段，又是德育的内容。学校德育应从德育目标出发继续优化德育内容。在原有内容的基础上突出价值观教育，使学生树立社会主义核心价值观，使学生能够"辨别真伪、追求真理、慎于判断"。增强道德意志力的锻炼和道德选择教育，使学生的道德认知与道德实践相统一。增强关于新媒体的信息素养教育，尤其是新媒体德育，让学生掌握新媒体道德行为规范，强化其新媒体道德意识和责任感。其三，运用新媒体优化教育方式。通过新媒体的信息传递方式，可以将德育延伸至学生的日常生活，突破时间的限制；运用新媒体，可以把学校的德育空间与新媒体博客空间、虚拟社区等开放式的德育空间整合，使德育冲破空间的限制，还可以实现学校、社会、家庭、学生之间的良性互动。

第二，充分发挥新媒体视域下社会德育的作用。新媒体环境的特殊性增加了新形势下社会德育实践探索的难度，新形势下的社会德育必须在实践层面进行革命性转变，以应对新媒体的挑战。其一，完善新媒体的立法机制，强化政府的管理职能。在新媒体的社会管理中，立法机制和政府部门管理是其中最重要的方面。在新媒体环境的建设中，除了加快新媒体立法进程，完善各种政府管理职能外，还必须结合新媒体环境变化的新特点，着重解决法律具体执行过程中的可操作性和政府监督管理的针对性，突出体制与具体化方面的创新。政府应加大以下几方面的工作力度：加强对虚拟社区的管理，尤其是 BBS 和网上论坛的管理，加强各论坛和主题聊天室的管理；加大对大的门户网站的监督和管理力度；注重管理中技术手段的使用。在新媒体环境中，以往行政命令的管理较难奏效，必须以高科技手段应对各种运用新媒体技术进行的违规经营，如，程序监管技术、设置新媒体审计标准、预设防范"滤网"等，通过技术控制使新媒体控制具有实用性和可操作性。其二，建立新媒体德育的社会支持与辅助系统。新媒体视域下的德育除了正规的社会教育机构参与之外，还必须有社区和公共服务机构的协作与支持。作为一个社会分支单位，社区特指一定地域范围内的具有归属感的人群及社会性活动和现象的总称。随着城市化进程的加快，社区的影响在逐步加大，社区正成为大学生接触社会、参加社会实践的重要途径，大学校园也逐步成为相对独立的社区。大学生参加社区的义务服务和公益劳动，有助于大学生养成服务社会、关爱他人的优秀品质，抵消因虚拟交往而带来的道德人格和社会情感方面的消极影响。社会支持和辅助系统的另一方面就是面向社会的信息咨询机构和心理危机的求助体系。其三，注重社会人文精神的重建，加大人文教育的力度。新媒体视域下，社会道德规范体系的脆弱表现反映出的是一定程度上文化的缺失。长期以来，工具主义和科学至上主义的大行其道，严重削弱了人文科学在构建整个社会价值体系中的作用。人文精神和人文科学的缺失必然导致社会道德价值取向的失落和人生境界的低俗与信仰的功利。因此，新媒体视域下的德育观念必须重新唤起社会范围内对人文科学的关注，加大人文科学在德育内容中的比例，提高大学生的人文科学水平。

第三，充分发挥新媒体视域下家庭教育的作用。新媒体的发展为发挥家庭在德育中的作用创造了条件，但家庭却往往是新媒体运用管理比较薄弱的地方。一些父母由于这方面知识的欠缺，无法对学生进行必要的指导，也不能与学生通过新媒体进行交流，使得学生与家长在新媒体交流方面存在障碍。要提高家庭运用新媒体对学生进行教育的实效，协调家庭、学校和社会的教育力量，必须加强家长新媒体知识的普及。因此，可以酌情对家长进行一些新媒体知识方面的指导，提高家长的知识和意识，运用新媒体平台建立家长与学校定期沟通交流的机制。比如，建立家长电子信箱或留言板，使学校教育与家庭教育有机结合起来。

第四，充分发挥新媒体视域下学生自我教育的主体作用。德育实效性较低的根本原因在于忽略了学生的道德主体性。而在新媒体环境中，在没有道德人格的新媒体面前，学生基本上处于道德任意状态，更加显示出学生的道德主体地位。因此，在新媒体视域下，应结合新媒体开放、互动、虚拟隐蔽的特点，注重发挥学生在德育中的主体作用。在新媒体环境中，学生的主体性特征表现为选择自主性、参与主动性、自发创造性、目标自控性。在新媒体德育中，学生无论作为新媒体的主体，还是作为德育过程中"主体化"的客体，都表现出鲜明的主体性。发挥好、引导好学生的主体性是新媒体德育取得成效的关键。可从以下几方面着手：其一，转变观念，尊重学生的主体地位。学生作为新媒体主体，其自我特征就是通过独立性、主动性、自尊性表现出来的，这就要求教育者摒弃传统的以教育者为主，受教育者被动、服从的教育观，形成教育者与受教育者相互平等、自由的关系，建立互动、平等的师生关系。以往师生关系有两个基本特点，一是教师—学生的单向关系；二是师生关系的居高临下特性。在这样的师生关系中，教育带有一定的强迫性。我们应充分运用新媒体交互性、主体平等性的特征，加强师生的互动交流，建立双向和多向的师生交流关系，把以往被动的道德灌输变为学生主动的道德学习，提高德育的实效性。其二，增强学生的主体意识。自我意识是对自我存在的认识，是对自我的认识活动和实践活动的认识和评估。强化学生的自我意识是运用新媒体育人的前提，学生自我意识的强弱一定程度上决定了在新媒体中自知、自控、自主的程度，决定着其主体性的发展水平。新媒体德育应定位于唤起和提高学生自我意识的教育，即增强学生自我教育的意识。我们在新媒体德育中要使学生认识到他们有权利、有义务进行自我教育，引寻他们勇于承担责任，正确认识个人与社会、个体与群体、自身与他人之间的对待关系和结构关系，使他们肯定他人的主体性，使自身主体性的发挥始终有利于增强集体的主体性，始终有利于推动社会的发展。其三，塑造学生的主体人格。主体人格是人作为主体所具有的思想品德、心理素质和行为特征的综合。新媒体活动中，人格的稳定需要主体内在的自觉、自控，由此决定了德育必须重视培养以自律力为核心的新媒体道德，引导学生遵守新媒体行为准则，引导学生遵守新媒体道德规范，引导学生在新媒体与现实的结合中提高自律性。其四是在德育过程中充分发挥学生的主动性和创造性，增进平等互动教育。师生关系的革新、教育过程的生动使学生能够轻松地学习，有利于激发学生的主动性和创造性。在新媒体环境中，学生可以随意发表自己的意见，甚至可以以自己为中心选择与人交流，无形中得到了极大的尊重与重视。因此，应充分运用新媒体的特点，在教育过程中充分尊重学生的主体性，使学生成为道德学习和道德选择的主人。

第五，加强新媒体资源建设，为形成学校、社会、家庭、学生四位一体的立体德育体系搭建平台。虽然建立学校、家庭、社会德育相结合的大德育体系概念早已为人熟知，但实践中学校仍然是德育的主要承担者，而新媒体为构建学校、社会、家庭、学生共同参与的立体德育体系创造了条件，学校应顺应形势，运用新媒体的特点，主动建设新媒体德育平台，构建学校、社会、家庭、学生四位一体的立体德育体系。学校应担负起德育主要力量的重任，在新媒体德育资源建设中发挥主导作用，学校可以和有关教育部门联系起来，建设类似的德育资源网站，以学校为中心向周围辐射，形成学校德育、社会德育、家庭德育、学生自我教育相结合的大德育体系。

第三节　运用新媒体创新德育方法

一、运用网络媒体创新德育

互联网已经成为最主要的新媒体。网络媒体包括网站，博客、播客、维客，网络电视，网络广播，网络报刊等。在重大事件的新闻传播中，网络媒体正在实现由"草根"走向"主流"的角色转变。

首先，加强社会网站建设，使之成为对大学生进行教育的重要阵地。社会网站具有专业技术力量强、信息量大、形式新颖等优势，对大学生具有较强的吸引力。社会网站包括新闻网站、网络论坛社区、社交网站等。

新闻网站是中国互联网世界的主流媒体，包括综合类新闻网站、门户网站的新闻频道和传统媒体的网络版。新闻网站的发展呈现出问政、参政能量巨大，动员社会积极、有效，关注弱势群体，音、视频传播飞跃发展，技术跟进快速、主动等特点。社交网站日益成为融合性社交平台和媒介平台，社交网站的发展不仅意味着可能改变人们的社交方式，而且还会对新闻信息的生产与传播方式产生影响。社交网站发展迅猛，也引发了许多问题，制约了社交网站的良性发展；加强社会网站建设应从以下几方面做起。

一是强化社会网站的社会责任意识，弘扬社会主旋律和主流文化。由于除了国家和地方政府主办的官方网站外，大多数专业网站是自负盈亏的企业，它们把追求经济效益放在较为突出的地位，这就易导致网站内充斥虚假广告、过度的娱乐性甚至色情等不健康的内容。因此，必须强化和重申社会网站的社会责任意识，要求弘扬社会主旋律和主流文化。因为网站作为媒体具有传播文化和价值观的作用，只有弘扬社会主旋律和主流文化，以社会主义核心价值体系为指导，才能使社会网站的内容更健康积极。

二是国家主流媒体与网络媒体适当合作，将国家大力提倡的内容以适当的方式在社会网站、论坛上展现。这里有两个层面的内容。第一个层面是官方网站应做好表率，发挥对其他社会网站的示范、带动作用。第二个层面是国家主流媒体与网络媒体适当合作。

三是加强对社会网站、论坛的舆论引导，培养思想先进、理论水平较高的意见领袖，发挥其在网络舆论中的引导作用。一方面，网络论坛高度的自主性给了网民广泛的话语权，在维护公民表达自由权利、完善舆论监督方面具有一定的积极作用；另一方面，网络论坛匿名、随意、无序的过度表达又引发了许多问题，一些不负责任的发帖、跟帖等违法、违反道德的言论产生了不良的社会影响。所以，应加强对社会网站、论坛的舆论引导，通过培训网站管理人员，提升其政治理论和文化素质，培养政治素质过硬、理论水平高的舆论意见领袖，通过邀请专家到论坛做客等方式，对舆论加以正确的引导。

四是加强监管，通过完善法律、法规和监管技术手段，规范社会网站的行为。目前，我国除了将现有的法律适用于新媒体空间外，也出台了一批有关新媒体的法律、法规，包括由全国人大常委会制定的法律或做出的决定、行政法规、司法解释、部门规章等，并形成了初步的法律体系。从目前来看，我国的网络立法与飞速发展的网络技术和实践还不能契合。网络空间和现实空间的利益冲突、网络技术进步等因素对网络主体的权利、义务带来重大影响。在我国，网络立法的当务之急不是大规模地制定新法，而是尽可能扩大现有法律、法规的适用范围，对网络空间的特殊问题进行补充、修改，保持现有法律体系的稳定。从长远看，制定一部专门的网络基本法非常必要。

其次，加强高校校园网络建设，发挥其德育功能。提高高校网络道德建设的水平和效果，坚持重在建设的原则，完善校园网络系统。校园网络建设应体现五个"统一"，即互联性与特色性的统一、知识性与思想性的统一、丰富性与主流性的统一、疏导性与互动性的统一、教育性与服务性的统一。

建设高校专题德育网站、德育论坛，搭建网络德育平台。既可以将德育网站挂在学校学工部或团委的网站上，也可以单独设立专题网站。还可以根据工作需要设立专题网站，如，科学发展网站、创先争优网站。目前学校德育网站存在的问题是内容相对单一、形式较单调、对学生的吸引力不大。应在坚持社会主义核心价值体系为指导的前提下，将教育内容丰富化、形象化、数字化，增强网站的吸引力和凝聚力，发挥德育网站对学生的教育作用。可以设立校园论坛，让学生针对社会问题自由发表言论，教师给予适当引导，效果较好；绝大多数学校设立了校园贴吧，成为大学生发表言论、老师了解学生思想的平台；而一些校园社交网站，成为教师和学生都比较喜欢参与的交流平台，达到相互了解、互通信息、交流感情和心得的目的。

加强校园网络管理，尽量减少师生同消极信息的接触。健全校园网络管理制度建设，确保校园网络管理有章可循，明确责任，并实行经常性的检查监督和必要的奖惩措施，把好各种信息的进出和传播关，为健康信息创造更加便捷的通道，尽可能地减少消极信息在校园网络上传播。

最后，建设德育博客、微博，发挥其教育作用。博客、微博作为新兴媒介在大学生中产生了广泛影响。

博客、微博对传统传播理论的突破。一是传统"把关人"在博客、微博中的缺失。由于博客的匿名性、交互性、平等性，人们可以随心所欲地在网上发布信息，人们既是信息的接收者又是信息的发布者，这使得过去大众传媒组织所特有的把关特权开始为广大的公众享有，在传统传播环境下由少数传播组织控制把关权的状况被庞大的博客"把关人"所颠覆。二是博客、微博凸显了议程设置功能的非权利化。大众传媒的议程设置受到政治、经济和意识形态关系的影响，带上了权力色彩。议程设置功能在博客中存在的方式、所起的效用不同于传统媒体，最大限度地淡化了议程设置的权力色彩，凸显出非权力化的议程设置特点。由门户网站和传统媒介主导，博客网站在自身信息筛选的过程中靠近传统大众媒介的口味，呈现一种潜在的议程设置，符合上一级选择条件的博客能参与到整个传播链条中去，不符合选择标准的博客个人站点将逐渐退出博客传播的过程。三是博客、微博挣脱"沉默的螺旋"的轨迹。博客的出现打破了传统媒体的垄断，公众掌握了更大的话语权，"沉默的螺旋"理论正在被打破。博客的匿名性降低了从众现象的发生，博客的个人性和平等性避免了行为的趋同化，博客的进步性体现了公开表达个人意见的愿望，在舆论的产生过程中，被传统媒体忽视的议题在博客里都可以得到有效传播。博客在一定程度上挣脱了"沉默的螺旋"的轨迹。

运用博客、微博进行德育。博客、微博成为大学生比较喜爱的交流工具。一些德育博客应时而生，德育博客目前在不少高校已发展成为德育工作的重要补充和桥梁。进一步开发德育博客，发挥其对学生的教育作用，应从以下几个方面着手。

（一）处理好四对关系

一是德育博客与高校德育工作的关系，德育博客要根据德育工作的特点，做好针对性、导向性、实效性与开放性、自由性的融合。二是德育博客与其他网络平台工具的关系，使德育博客既有随机性、隐蔽性和容易接受性，又具有导读性和启发性。三是德育博客引导与思想教育网下处理的关系，做到新媒体德育与现实德育的有机结合。四是德育博客建设主体与访问主体的关系，做到主体间的平等、友好交流。

（二）掌握好三个比例

一是内容建设中原创文章与转载文章的比例。应以原创文章为主，适当转载有价值的精品文章。二是宣传推广中走出去与引进来的比例。德育博客建设主体可经常到彼此空间访问，学会走出去和引进来。三是互动交流中答疑与设问的比例。既要注意答疑解惑，也可根据需要适当提出问题，引导学生参与讨论。

（三）把握德育博客的发展方向

一是推进大学生思政博客的建设力度，将思政博客的建设与繁荣大学文化相结合。既要把先进的大学文化通过新媒体传播给大学生，又要通过建设新媒体文化繁荣大学文化。二是拓展建设主体，努力使之成为全校工作的关注点。引导高校党政干部、辅导员、学生参与到德育博客建设中来。三是打造精品思政博客，增强大学生思政博客的教育实效性。可以多请一些德育专家、理论专家，推出"名师博客""学者博客"等一系列精品思政博客，不断加强大学生德育博客的深度和吸引力。

二、运用手机媒体创新德育

手机媒体的基本特征是数字化，最大的优势是携带和使用方便。手机媒体作为网络媒体的延伸，具有交互性强、信息获取快、传播快、更新快等特征。这些特征使得手机媒体渗透到生活的各个层面，深刻影响着人类的传播活动。

手机媒体的优势与不足。手机媒体的优势表现为以下几点：一是高度的移动性与便携性，真正做到分众传播。二是信息传播的即时性、互动性。手机媒体是一种开放的互动式传播，集人际传播、群体传播、组织传播、大众传播于一体，具有人性化的特点。三是受众资源极其丰富。四是多媒体传播，可以更真实地反映所报道的对象。五是私密性。对手机媒体用户来说，自由选择和发布信息的权限扩大，私密性得到保证。六是整合性。手机媒体能整合多样的传媒形态，承载报纸、广播、电视等传统媒体的内容；能整合多元的传播主体，将生产信息的传者与接收信息的受众合二为一；能整合多样的传播方式，既可实现点对面、面对点的传播，还可实现点对点、一点对多点、多点对多点等丰富的传播方式。手机传播的不足表现为：虚假与不良信息传播，侵犯个人隐私，信息垃圾，对信息安全的冲击等。

手机媒体对生活方式及文化的影响。首先，手机媒介技术建构了新的社会生活方式，体现在新媒体对时间观、空间观、社会交往、公权力与私权力的影响等方面。一是手机媒介传播时代的时间观，表现为手机媒介造成时间的碎片化，加剧对时间的焦虑感。二是手机媒介建构的空间观，表现为公共空间与私人空间在手机中的无缝对接。工作空间是公共空间的一种，手机的使用促成工作场所这种公共空间与私人空间的交错重叠。三是手机营造的虚拟空间，手机社区，在虚拟空间活动的主体可隐去真实身份，比实际生活更能敞开自我，实现与他人的纯粹精神交往。四是手机媒介传播时代的社会交往，表现为手机媒介拓展了社会交往的广度，促成了社会交往形式的多元化，消解了社会交往的深度，呈现出一种平面化、仪式化、快餐化的特点。手机媒介在中国社会公权领域的应用，体现在开放话语平台，沟通民意；树立及传播形象；构建公共信息的快速传播通道，助力公共事务管理。五是手机媒介在中国社会私权领域的应用体现在：信息获取权、民主参与权、隐私权。其次，手机作为传媒，其传播的大众文化主要以媒介文化这一大众文化的亚文化形式为主要内容，并且在自身的传播过程中又形成了一种媒介文化现象。手机文化产品遵循了多样、实时、互动的开发原则，手机媒介文化的特质有五个方面：情感体验娱乐化、民众参与普适化、自我表达个性化、文化风格时尚化、精神消费快餐化。

运用手机媒体对学生进行德育。由于手机媒体本身以及手机文化的自身特点，其对大学生思想道德产生了较大影响。根据手机媒体的特点，创新德育的方式主要有以下几种。

第一，运用手机短信等平台，对学生进行互动、平等的参与式德育。传统德育效果低下的原因之一是教育以教师说教为主，教师对学生处于居高临下的姿态，学生参与程度较低。运用手机短信平台，教师与学生不仅可以进行双向或多向的互动交流，而且可以根据学生的具体情况进行定向的交流，有利于学生在教育过程中的参与，有利于形成平等的教育关系，可以提高教育的针对性和实际效果。

第二，开发德育手机报平台，对大学生进行社会主义核心价值体系的教育。如何使社会主义核心价值体系的内容入耳、入脑、入心，是对大学生进行教育的重点和难点。运用手机报的定向发送、无条件接收的特点，既可以开发专题的德育手机报平台，也可以结合普通的手机报，在内容上增加德育方面的内容；同时注意把社会主义核心价值体系的内容形象化、具体化、数字化，从而使社会主义核心价值体系的内容以润物细无声的方式进入学生的视野和大脑。

第三，运用手机短信群发等功能，对学生进行学业、就业指导等服务。

手机短信的群发功能是对学生进行服务的很好的平台，运用手机短信群发功能，可以把学生选课情况、就业招聘单位、招聘会等信息以短信的形式通知给学生，使广大学生在第一时间获取信息并为下一步学习和就业做好准备。

第四，通过红色短信大赛等形式，发挥学生自我教育的作用。学生是接受教育的主体，也是自我教育的主体，如何发挥学生在教育中的主体作用是教育取得成效的关键。在手机媒体运用普及的今天，收发短信成为大学生之间交流的重要方式。通过开展红色短信大赛等形式，引导学生开发内容健康积极的短信，远离垃圾和不健康的短信，增强学生对道德信息的选择和判断能力。

第五，加强手机媒体的管理，营造积极健康的手机文化。我国对手机媒体的管理正处在摸索阶段，目前我国手机媒体管理中存在的主要问题表现在：管理责任不明，存在监管空白；管理依据不足，缺乏法规政策；管理力量薄弱，不良信息泛滥；利益驱动明显，消费陷阱较多；产权保护不力，侵权盗版严重；业务模式雷同，产业生态恶化。目前对于手机媒体，应从以下几方面加强管理：一是明确责任主体，理顺管理体制。手机媒体管理涉及不同行业和产业部门，要明确相关管理部门的职责，加强协调配合，建立和完善管理体制机制。二是健全法规制度，严格依法管理。要尽快对从事新闻信息服务的手机网站、手机报纸等的资质审批、内容监管做出具体规定，引导手机媒体健康有序发展。三是完善技术手段，强化技术管理。要不断完善技术手段，提高管理的技术含量。要建立对不良信息、不良 WAP 网站的监控系统，及时发现这些信息并予以处理。电信运营商要继续加大技术投入力度，建立相应的工作流程，积极配合相关管理部门的工作，加大对 SP 的管理。四是推动行业自律，强化自我约束。要制定自律规范，强化自我约束。电信运营商要主动承担相应的职责和任务，协助健全信息服务类业务的管理和控制机制，促进无线互联网行业的协调健康发展。五是规范免费 WAP 网站管理，实施登记备案制度。

三、运用电视新媒体创新德育

电视新媒体包括数字电视、IPTV、移动电视与户外新媒体等。

运用户外、车载、电梯间的电视媒体等，传播优秀道德和价值观。根据户外、车载、电梯间的电视媒体强迫收视的特点，将社会主义核心价值观的内容数字化、形象化地展现在人们面前，使人们在潜移默化中受到教育和熏陶。同时通过这些媒体对优秀道德传播，营造良好的道德建设环境与氛围。

运用校园电视平台，对学生进行德育。校园电视是学生在学校中收看电视节目的主要工具，一般放置在宿舍和教室里。校园电视除了播放国家和省市电视台的节目外，还可以播放学校电视台自制的节目。学校可以结合学校和学生自身的特点，制作与学生生活紧密相关的、内容健康向上的电视节目，对学生起到引导和教育的作用；同时可以增加学生与校园电视互动的机会，通过学生参与节目制作，在节目播出过程中通过短信参与、有奖竞答等形式，把学生吸引到积极健康优秀的校园电视节目中来，让学生在参与中接受教育。

第四节 运用新媒体改进德育的形式

一、自主性德育

自主性德育是一种肯定德育主体具有相对独立地位和权利的德育，是一种充分肯定德育主体内在道德需要的德育，是一种内化了社会需要并对社会完全负责的德育，是一种充分地体现人的生存价值和生命意义的德育。

自主性德育作为一种以教育者与受教育者的自主性为特征的学校教育，必然遵循自由性、理性、价值性的原则。自由性原则，即理性的、有限制的、完全的"平等自由"的自由原则；理性原则，自主性德育具有客观性、合理性、合法性，还包含情感上的稳定性和意志上的坚定性；价值性原则，自主性德育追求的是人的个性的解放和体现，是人的权利的落实，以及人的人格和尊严维护的原则。自主性德育就是坚持对教育者和受教育者的双重人格尊重。这是自主性德育与传统德育的最大区别。

新媒体视域下自主性德育的现实诉求。首先，新媒体环境产生了实行自主性德育的迫切需求。当代社会在现代科技的冲击下发生了重要的变化，特别是建立在新媒体等现代科技基础之上的信息化趋势，使国际化社会的概念日益普及和日常化，国与国之间的信息传递日益简单和快捷，多样化社会对人的个性素质要求越来越直接和深刻。因此，一方面，现代社会造就了人的个性发展的环境和空间；另一方面，现代社会对人的个性化要求越来高。作为人的个性化特征的人的自主性，也必然成为社会和个人发展追求的目标。由于新媒体的全球性的、去中心化的交互性使人们的交流跨越了时空和国界，这需要培养学生走向他人、学会交往、学会合作的社会历史人格，使人从孤独的个人走向富而有礼的整体，从孤立的自我走向高尚、友谊、互助的群体。所有这一切可以说都需要以人的自主性为前提。

社会的这种需要要求教育应该做出与此相适应的变革和应答，也就产生了社会对自主性德育的诉求。其次，新媒体环境为自主性德育创造了机遇与条件。新媒体的开放性、互动性、虚拟性、参与性为自主性德育创造了机遇与条件。新媒体的开放性使其空间中容纳了世界各国家、各民族的文化和价值观，包含了海量信息，为学校和师生自主选择信息提供了平台，也使学生在自由选择中促进了其个性的发展；新媒体的互动性使师生可以在线即时交流，有利于师生的对话和相互理解；新媒体的虚拟性使师生可以隐去现实中的真实身份，以平等的姿态、敞开心扉进行平等交流，有利于建立师生平等的关系，提高教育效果；新媒体的广泛参与性可以使师生随时、随地参与到讨论和交流中去，使学生的需求得到理解和尊重，有利于自主性德育开展。

新媒体视域下自主性德育的价值观。自主性德育是促使教育者和受教育者充分地发挥个体教、学自主性的德育。新媒体视域下，培养和生成受教育者自主性的道德意识、道德能力、道德习惯，是自主性德育追求的价值目标。自主性德育所依据和主张的以个人自主为主，是意在推动传统德育中的以他律为主的德育方式向以自律为主的德育方式方向转化。这种德育思想要求学校德育一方面要考虑社会的道德需要；另一方面则应该考虑受教育者及教育者个人的道德需要，并考虑德育的自愿性、自觉性、意义性等特点，着重通过促进道德主体的自我道德意识和道德自觉性来增强德育的效果。由于新媒体环境是一个以法律规范为主导、主要依靠个体道德自律来维持秩序的空间，这种德育方式有利于提高学生的道德水平。在德育的管理方面，应该结合新媒体的特点，运用新媒体为介体和手段，促进传统的封闭式、单一式、半强制式的德育管理体制向开放式、多样化、民主性的德育活动组织体制转化，使德育活动更符合德育规律，使德育活动成为教育者和受教育者都自觉、自愿、自主、自由、愉快参与的活动，使德育真正发挥提升人的精神和人格的作用。自主性德育的价值观念，应该能够积极有效地促使教育者和受教育者两方面都能充分地表现人的超越性、高尚性、自主性，真正地促进学校德育质量的提高。

新媒体视域下自主性德育的目的观。自主性德育的目的无疑是培养具有自主性道德的人，而一个具有自主性道德的人，其人格结构则可能逻辑地表现为自主性道德意识、道德能力、道德习惯、道德精神等，其关键之处在于受教育者的自主性德行素质的培养方面。而最注重道德自主性的新媒体环境，为坚持和发展自主性德育的目的提供了条件。倡导和宣扬受教育者个体的自主性意识，倡导公民个体权利意识、责任意识、民主意识，是对我们以往的"自律"道德意识的发展，促使道德主体不仅要主动地约束自己，使自己的行为符合社会道德的要求，还明确地要求道德主体能够和坚持自己为自己做主，学会自己决定自己的事情。这要求德育不仅要向学生合理地传授道德知识和道德意识，而且要促进受教育者既将这些道德知识内化为自己的思想和信念，又将这些道德知识转化为受教育者的道德行为和道德习惯，可能时还应该转化为他们的道德精神。自主性德育所追求的目的是培养受教育者的自主性德性素质，由于作为德育主体的受教育者要经历由道德意识向道德行为、道德习惯、道德精神的一系列转化，从而使德育主体的德行素质成长成为一个逻辑、生成、持续的发展过程，也使受教育者的德行素质养成将具备生成性、稳定性、开放性、正义性等特征，从而为自主性德育目的的内涵赋予了时代和革命意义。

新媒体视域下自主性德育的活动机制。自主性德育的活动机制，是指由决定自主性德育活动的各种条件、要素、力量所形成的决定自主性德育是这样活动而不是那样活动的控制系统，这个系统决定着自主性德育的方向、方式、趋势，是自主性德育活动内在的决定因素。首先，新媒体视域下的自主性德育活动机制具有自身的特点。成人是自主性德育活动机制的逻辑起点。一是由自然人向社会人再向道德自律的人的转化。新媒体环境对于促进学生向道德自律的人的转化具有更重要的作用，基于新媒体而开展的德育活动从其活动的起点处就坚持尊重教育者和受教育者的人格和权利，承认并坚持教育者和受教育者的自由和自主权利。二是由"单子式"的个人向世界历史性的个人方向发展。新媒体广泛互动交往的特点、新媒体文化中的社群文化对于促进学生由"单子式"的个人向世界历史性的个人方向发展很有益处。

"单子式"个人主要是指每个个人都是以一种彼此分离、孤立、封闭的单子方式生存着，人与人之间缺乏一种开放性的精神交往和合作，人在本质上是一种"孤独的个人"。新媒体视域下通过社群交往、互动交流的自主性德育，以受教育者自由、自主为特征的德育模式，是以人作为一个权利和责任的统一体为前提的。在这种教育模式中，无论是教育者还是受教育者，每个人都是一个独立、自由的个体，都有与他人（任何人）平等的法定权利和自由，也有与他人（任何人）相同的责任和义务。新媒体视域下的自主性德育有助于学生确立主体意识和主体地位，并帮助学生摆脱"单子式"的状态。其次，新媒体视域下自主性德育活动机制的主要原则。新媒体视域下，自主性德育在其活动机制的建构中，将结合新媒体的特点，发挥其优势，努力坚持多样性、开放性、有效性的原则。多样性是指在学校德育的活动形式上，既要坚持传统德育活动中有效的课堂教学和课外活动的形式，又要努力开拓一些新的德育形式，诸如，网上与网下结合的参与性教学、活动性教学等。自主性德育的开放性，表明其活动机制不会将自己局限于一时一地，而是将自己置于社会发展的大环境之中。在国际化、民族化的德育学习和借鉴以外，自主性德育的开放性还包括在具体的德育活动中，以灵活多样的形式完成德育的使命。自主性德育的有效性是指根据新媒体的特点，使教育活动的形式和内容符合学生的特点和成长、成才的需要，注重德育的有效性。

新媒体视域下自主性德育活动中的师生关系表现出三个特点：其一，新媒体视域下自主性德育活动中的师生关系是一种师生相互交往性的平等关系。新媒体视域下自主性德育，就是建立在自主性德育思想基础上的、能促进教育者和受教育者双方进行平等对话的交往性教育活动。在这种教育活动中，一方面，受教育者和教育者双方都是带着自己的需要来从事这项活动的，其中，受教育者期望和需要在学习中受到教育者的指导，教育者则需要通过受教育者的学习和成长活动而完成自己的职责和实现自己的信念和理想，双方共同的需要使这种交往形式成立。另一方面，教育者和受教育者地位平等的交往性学习有利于受教育者道德素质的生成。其二，新媒体视域下自主性德育活动中的师生关系是一种帮助指导的关系。在这种相互的、合作的道德学习过程中，学习者应该是独立的、自由的。因为道德发展是个体选择的一部分，真正道德的生长发生在个体内部。自主性德育正是借鉴了"教育即生长"的原则，主张保证受教育者独立自由的学习权利，让学生拥有广泛的学习选择权，让学生做自己学习的主人，自主地选择学习的内容、形式和方法。其三，新媒体视域下自主性德育的师生关系是一种引导、启蒙、提高的关系。教育中的师生关系就由学生的自主学习、自主选择、自主评价、自主需要与教师的积极指导、热情帮助两方面合力形成。

二、参与式德育

参与式德育的实质是生活德育、活动德育、体验性德育、社会化德育，是学生在真实的生活（包括学校、家庭、社会）中通过参与活动和亲身实践来体验的德育。与我们倡导创设德育情境不同，参与式德育更强调真实、自然、无痕的社会生活场景。

首先，参与式德育的特点分析。参与式德育的特点概括起来主要表现为实践性、开放性和生成性三个方面。参与式德育的本质是实践的，实践的观点是参与式德育首要的观点。只有在实践中学生的主观认识见之于客观行为，潜在品质才变为显性品质。学生只有在德育实践过程中将内化的德育知识、信念外化到行为上，才能形成相对固化的品德。参与式德育具有显著的开放性。参与式德育，其实质是让学生参与到真实的生活中来，满足其不断发展变化的需要。这需要教师通过创设一定的情境来提升学生的需要和兴趣，让学生接受无痕的教育。参与式德育是一个不断生成的过程。杜威认为道德真理是相对的，任何道德都必须服从于不断变化的社会需要。时代在变，新环境下的新问题、新情况层出不穷，学生的需要、兴趣和观念在不断变化。因此德育活动在理念、内容、方式上也要变化，是一个不断变化、生成的过程。参与式德育就是根据时代发展的要求，加强德育的主体性、针对性，使学生真正成为个性化与社会化有机统一的"道德人"。

其次，新媒体环境与参与式德育的契合。一方面，新媒体环境对参与式德育提出了迫切要求。新媒体传播的特点决定了其为德育提供了一个与以往不同的教育环境。新媒体环境对传统以灌输为主的教育模式提出了挑战，迫切需要构建与新媒体相适应的、现代开放的参与式德育。新媒体的开放性、信息的海量性产生了实行参与式德育的诉求。新媒体改变了以往众多媒体地域性传播的特点，新媒体空间上的开放性导致了新媒体传播地域上的全球覆盖，时间与空间上的开放性导致了信息的海量存储，而由于"把关人"的监管不到位，这使得信息良莠不齐，对学生的价值观和思想冲击较大，仅靠传统的灌输式教育较难奏效，迫切需要以学生参与为主的、充分发挥学生主动性的参与式德育。另一方面，新媒体环境为参与式德育的实施提供了机遇与条件。新媒体环境在对参与式德育提出迫切要求的同时，也创造了参与式德育构建的有利条件。新媒体的交互性与即时性为学生创造了参与德育活动、确立主体地位的有利条件。新媒体的互动性是新媒体信息发布的低门槛和信息传播方式的灵活性所带来的直接结果。互动性不仅体现在传受双方交流的增强，还体现在整个信息形成过程的改变。信息不再依赖于某一方发出，而是在双方的交流过程中形成的。新媒体最大的吸引力就是用户的主导性、自主性得到了空前的增强。同时，新媒体是即时传播，用户可以随时随地"面对面"地交流。这些传播特点比较有利于学生参与到教育活动中，不必受时间和空间的限制，方便了教育者与受教育者的即时沟通交流，使得彼此相互了解和理解，有益于提高教育效果。新媒体的个性化与社群化为学生创造了较广泛的交往环境，新媒体真正实现了个性化服务。用户可以自由地选择信息接收的时间、地点以及媒介的形式，传者可以用"信息推送技术"，根据用户的需求为他推送信息的专门化服务。新媒体传播不仅具有综合性、主动性、参与性、渗透性和操作性的特点，而且具有灵活性、开放性和交互性的特点。新媒体个性化的特点为学生自主选择学习的内容、培养和发展学生的个性创造了条件。新媒体的社区、BBS 和自由论坛等充斥在虚拟空间中，这些社群往往形成一些很牢固的人际互动网络。学生通过参加社群内的活动，可以就某些话题交换意见，这对于培养学生的群体意识与合作性具有较大的作用。新媒体的匿名性、虚拟性为学生创造了较真实的生活和社会环境。由于新媒体的匿名性、虚拟性，教师和学生都可以隐去身份，较真实地表达自己的内心想法，有利于创设较真实的生活和社会环境，让学生没有心理负担地进行道德选择和道德判断。因此，新媒体环境为参与式德育的实施提供了很好的机遇与条件。

最后，新媒体视域下参与性德育的实施。新媒体视域下参与性德育的实施可分为以下几个方面。

一是运用新媒体，构建学校、社会和家庭参与的大德育格局，形成德育合力。现代社会的教育已不是单纯的学校教育或家庭教育，参与式德育需要社会、学校、家长、学生的共同参与。因此应顺应教育的综合化发展趋势，形成学校、社会和家庭齐抓共管、多管齐下的合力，促进学生的全面发展。新媒体的开放性为建立学校、家庭、社会之间的立体联系，构建大德育格局创造了条件。通过建立辅导员博客、德育网站、校长信箱、家长反馈平台、班级博客、校友之窗网站等平台，让家长了解学校的教育情况并可即时反馈意见，让学生了解学校和辅导员的情况并即时互动，让社会参与到学校教育中来。通过网上联系与网下联系相结合，建立学校、学生和教师与家庭、社会之间走出去和请进来的互动。面向社会开展德育，学生价值观的变化和道德行为、观念就能在较大程度上与社会发展相契合。

二是运用新媒体增强学生的参与性，发挥学生在教育中的主体性作用。在学校德育中，教师应意识到不同学生的特殊性和差异性，以学生为本。学生是主体，是关键，是目的，充分发挥学生的自主性和能动性。新媒体是全面参与的、充分展现个性的媒体，学生可以自由地在新媒体空间中浏览信息、发表言论、上传视频和图片，而博客、微博等相对固定的新媒体为培养自主的、理性的个体提供了平台。德育工作者可以通过议程设置功能对网站、论坛的内容、问题进行有效设置，引导学生参与到讨论中，并通过讨论自主做出道德判断和道德选择。

三是运用新媒体让学生参与人际交往中的道德实践。新媒体的最显著特点是广泛的交互性，人们可以通过新媒体与世界各地的人们进行广泛交流，这样就拓展了学生的交往空间。同时新媒体的去中心化和虚拟性，使得新媒体中没有领导与被领导，只有身份平等的新媒体用户，新媒体为大学生创设了广泛的、平等的交往空间。学生通过在新媒体中的交往，去深化或改变生活中已有的道德观念，因此学生在新媒体中的自我教育因素比较多。教育者可以通过与学生在线交流、加入社群，并通过较强的影响力获得社群的倡导者身份，从而对学生进行有效的教育。

三、主体间性德育

主体间性（Inter-subjectivity）一词可翻译为交互主体性、主体之间性、主体际性等。现象学大师胡塞尔认为，自我与他我通过拥有共同世界而形成一个共同体，单一的主体性也因之而过渡到主体间性，这种主体间性是通过"共现""统觉""移情"而实现的。海德格尔认为，主体间性是主体与主体之间的共在，是"我"与他人对同一客观对象的认同。哈贝马斯认为，主体间性是人与人在交往中形成的精神沟通、主体的相互理解与共识。

马克思关于社会形态和人的发展的三个阶段的论断，实质上是对主体性向主体间性转向历程的科学概括和总结。在"人的依赖关系"阶段，个人的主体性被群体性所掩盖。在"以物的依赖性为基础"阶段，人的主体性从属于物的主体性。在"个人全面发展和自由个性"阶段，以个体的全面自由发展为基础，寻求个体与个体、个体与群体、人与自然的自觉融合和统一，主体间性的本质体现了类主体性。总之，主体间性是主体间关系的规定性，是主体与主体之间的相关性、统一性、调节性。主体间性的含义可以从三个方面来理解：其一，主体间性的根据在于生存本身。因为主体与主体相互联系、相互依存、共同发展是现实世界的客观现象。其二，主体间性是一种关系。主体间性不是把自我看成"单子式"的个体，而是看成与其他主体的共在。其三，主体间性是一种方法论。这种方法是处理人与人之间关系的方法，即对待他人要尊重、同情，而不是排斥。

首先，主体间性德育的内涵分析。当前对德育过程中的主客体关系有三种不同的观点。第一种观点认为，教育者是主体，受教育者是客体。第二种观点是主导主体论，认为教育对象是教育过程的主体，教育者发挥主导作用。第三种观点认为，教育者与受教育者之间互为主客体，提出了双主体说。第一种观点影响最深，它的"主体—客体"模式、理论上的主客二分，只体现了德育的一个过程、一个方面；第二种观点中，受教育者的主体是被教育者所规定了的主体，仍然是德育的配角；第三种观点把德育中本应是统一的"施教"和"受教"割裂开来，仍只强调单极的主体性，仍然是"主体—客体"模式。

主体间性德育以马克思主义主体间交往思想为指导，同时借鉴西方哲学关于主体间性研究的成果以及当代我国哲学界的相关成果。马克思主义的"人的社会"和"社会的人"是一种最深刻意义上的主体间本位。他提出的"人与人的关系"是主体性的"交往关系""社会关系"，从一般意义上规定了主体间的关系。"交往""交往实践""交往形式""精神交往""交换""物质交换"等概念，着重规定了人们之间即主体间的物质关系、精神关系和实践关系。学者任平以马克思主义理论为基础，对交往实践作了深入研究，他认为交往实践是主体间的物质交往活动，体现主体间性，他提出了"主体—客体—主体"相关性模式，这一模式具体表现为"主体—客体"和"主体—主体"双重关系的统一结构，任平的观点对构建主体间性德育具有借鉴作用。主体间性德育是指两种关系的统一：一种关系是教育者与受教育者都作为德育的主体，二者构成了"主体—主体"的关系；另一种关系是教育者与受教育者都是德育的主体，是复数的主体，他们把教育资料作为共同客体，与教育资料构成"主体—客体"的关系。这即是主体间性德育。

其次，主体间性德育的特征分析。主体间性德育的第一个特征是指教育者与受教育者是共同的主体间的存在方式。在主体间性德育中，受教育者不再被视为客体，而是与"我"一样的另一个主体。这种教育方式体现了以人为本、对他人的尊重。主体间性德育的第二个特征是指教育者与受教育者之间的活动是主体间的交往活动，而不是教育者的单项活动。

主体间性德育强调教育者和受教育者都是德育的主体，教育者是与他人共在的自我。主体间性德育的第三个特征是指教育者与受教育者之间是相互理解的，他们通过换位思考的方法来实现人的思想品德的提高，而不是通过"单子式"的硬性填鸭教育来实现。主体间性理论为德育提供了新的哲学范式和方法论，继承并吸收了主体性德育的优秀成果，克服了以自我为中心、视受教育者为纯粹客体所带来的局限。

再次，主体间性德育是新媒体发展的必然要求。随着新媒体的快速发展，人类逐渐进入新媒体时代，在新媒体空间中，人与人的交往呈现两大特点：其一，"去中心化"。新媒体的隐匿性、虚拟性使人们具有安全感，使人与人之间的交往更加自主开放。在这里没有领导者和被领导者，只有倾诉者和倾听者，各种道德标准在新媒体交往中只会越来越趋向统一，因为符合社会要求的各种道德标准是这种交往的基础。其二，信息共享。新媒体的开放性使其成为信息的海洋，供人们分享，人们在分享的同时，又为这个海洋提供新的资源。信息共享还体现为一种人与人之间的平等的双向的交往，捧出自己的思想，接纳别人的思想。但同时新媒体空间中海量的信息是良莠不齐的，有些是有害的。要以社会主义核心价值体系来引导新媒体的发展，充分考虑受教者的兴趣爱好，遵循新媒体传播的特点和规律，对学生进行教育。单子式的主体性德育常常是教育者为唯一的主体，只注重教育者单向的信息输出，受教育者成了信息的唯一分享者，他们很少有输出信息的权利、机会。这样的德育在新媒体视域下是行不通的。因此，德育的主体间性转向是新媒体发展的迫切要求，体现了德育与时俱进的时代特征。

最后，新媒体视域下主体间性德育的实现路径。主体间性德育理论认为，在德育实践中，教育者和受教育者双方的地位是平等的，彼此之间要互相尊重、信任和理解。我们要以主体间性德育理论为指导，根据新媒体的特点，在新媒体德育过程中突出主体间性的实现。

教育者运用新媒体，采取各种途径把德育信息传播给受教育者。一是教育者把受教育者放在与自己交流互动的同一平台上，根据受教育者的兴趣、需要和现实个性有针对性地进行教育，促进其全面和谐发展。二是教育者可以通过电子邮件、心理网站、德育网站，采用自由讨论、平等对话等形式，运用启发式、互动式、交流式的教育方式解决受教育者的思想问题。三是教育者要把教育内容数字化，利用多媒体形式占领新媒体阵地。

受教育者充分发挥自己的主体性。一方面，受教育者面对新媒体空间良莠不齐的信息，主动地选择接收信息，这同时是一个受教育者提高辨别能力的过程；另一方面，主体间性理论以交互性作为其存在的基础，受教育者借助新媒体平台，充分发挥自己的能动性，通过与教育者相互沟通和理解的一种良性互动，受教育者把社会主导的价值观纳入自己的认知范畴加以消化和吸收，并自觉地外化为良好的行为习惯。

主体间交往过程是一个双向互动的过程。在新媒体德育中，教育者和受教育者互相信任、共同对话，是一种平等的参与合作的关系。受教育者不仅可以迅速地反馈信息，而且也可以积极地影响他人，转化成教育者。教育者和受教育者在共享中相互促进、共同发展，建构了一种双向互动、开放性、探索式的德育模式。

四、嵌入式德育

目前，教育界的嵌入式教育一般指两种情况。一种是嵌入式技术教育，主要是将计算机技术、电子技术和其他学科与技术相结合进行综合教育的方式。在这一教育方式下，培养的是有深厚理论基础和实践经验的 IT 行业的高端人才。另一种是"课程嵌入式评价法"。这一评价方法以通识课程教学为基础，教师以一种不受外界干扰的、系统化的方式，对学生作业按课程目标各个方面来评出等级，以此来衡量学生的学习效果。教师对学生的评级数据为院系评价报告提供了很多用问卷调查法和目标测试法所不能提供的信息。图书馆嵌入式信息素养教育就是指在借鉴传统信息素养教育的基础上，借助一定的终端，通过先进的技术嵌入用户计算机、移动通信工具，或者通过"馆员—教师"协作模式融入专业课堂教学来开展信息素养教育。嵌入式信息素养教育是一种新颖的、高效的信息素养教育方式，其教学效果较之传统信息素养教育明显，是未来信息素养教育的发展方向。

目前，嵌入式德育的提法较少。有些人提到，应不仅把德育作为一门与科学课程并列的课程去讲述，也应该将德育嵌入教学，让学生在问题发生时进行探讨，或进行自我反省，或进行表扬，让学生切身感受到德育问题，并亲身分析此事，这样他才是真正意义上的感同身受，从内心接受或摒弃一些习惯或做法。这里所讲的德育嵌入式与我们前面提到的创设教育情景、参与式德育比较类似。嵌入式德育是一个综合的、广义的概念，既包括在借鉴传统德育的基础上，教育者借助一定的终端，通过先进的技术嵌入用户计算机、移动通信工具，对学生进行德育，也包括通过网上与网下结合，教育者以协作者的身份参与到学生德育活动中对学生进行德育。

新媒体视域下嵌入式德育的优势。一方面，嵌入式德育可迎合大学生的信息行为模式。因为，现在绝大多数的大学生都喜欢使用数字资源，都熟悉 Web2.0 技术，可以说，网络等新媒体已经成为他们生活中非常重要的一部分。另一方面，嵌入式德育可不受时空限制地对学生进行教育。嵌入式德育的地点可以不受物理空间和时间的限制，它可以无处不在，只要有教师和学生，有新媒体用户终端，就可以进行。而且教育的形式比较自然，基本上是一种无痕的教育。

新媒体视域下嵌入式德育的实现模式包括如下几种。

首先，通过嵌入用户计算机网络空间来实现。德育嵌入计算机网络空间是指把德育信息内容经过数字化处理以后嵌入到用户的计算机桌面、浏览器、常用学习软件、常去的网站、热门搜索引擎等用户虚拟环境中，还可以嵌入到院系网站、学生活动主页、社交网站、BBS、即时通信工具等网络环境中，以营造德育信息在虚拟空间无处不在、用户可信手拈来的局面。

其次，通过嵌入学生手机等移动设备来实现。利用手机这个便捷的通信工具开展嵌入式德育，其前景将是非常乐观的。可以借助手机报的特定用户、强制播出的特点，将德育内容融入其中。借助手机短信互动交流、私密性、容易被接受的特点，将德育内容融入其中。还可以利用4G的可视化技术为教育者和学生提供一个实时的、虚拟的"面对面"的环境，让教师和学生间的沟通更具亲和力，从而提高教育效果。

最后，在新媒体空间中针对热点问题和情境进行嵌入式教育。通过在网络社区、BBS等设置热点问题讨论，并由理论知识功底深厚、经验丰富的教育者来主导和引导学生的讨论，教育者扮演与学生平等的角色，让学生在问题和情境中进行道德判断，做出道德选择，有利于提升学生整体道德水平。

第七章 中国"和谐"传统与现代德育目标的构建

第一节 中国传统文化的"和谐"思想

在中国的传统文化里蕴含着丰富的"和谐"思想，"和谐"思想贯穿于上下五千年中华文明的各个时期，渗透在各家流派思想文化和人类社会生产生活的方方面面。"和合"思想为我国当代的和谐文化建设积淀了思想基础和文化内涵。

一、中国传统"和谐"思想源远流长

"和谐"一词在中国古代，本用于音乐，在礼乐教化中讲究韵律和谐。它内化为人心，如《中庸》所说，喜怒哀乐"发而皆中节，谓之和"。又泛化为人伦关系，比喻夫妻和睦为"琴瑟和谐"，或如司马相如弹给卓文君听的《琴歌》："交情通体心和谐。"最终引申到政治领域，如《左传》襄公十一年晋侯所说："八年之中，九合诸侯，如乐之和，无所不谐。"东汉末年曹操的智囊、政治家仲长统说："和谐则太平之所兴也，违戾则荒乱之所起也。"元代戏剧家关汉卿说："遂令鱼共水，由此得和谐。"

（一）先秦诸子百家关于"和谐"的思想

"和谐"是先秦诸子百家学说的重要命题与核心精神。儒、墨、道、法、兵等主要思想学派对和谐思想都有深刻的阐发。儒家在《论语·学而》中提倡"中和"，强调"礼之用，和为贵"，注重人与人之间的和睦相处，人与社会的和谐发展；道家则追求人与自然的和谐统一，提倡遵道以行，率理而动，因势利导，合乎自然，虚静处下，海涵宽容，从而建立起自然和谐的治国秩序；墨家倡导"兼相爱，交相利"，主张实现个体与社会的有序一体，道德与功利的和谐一致；法家主张对个人、社会、国家三者关系正确定位，

在当今社会的格局内，实现国家主导下的社会和谐；兵家讲求"令民与上同意"，强调"先和而造大事"，把"令之以文，齐之以武"作为治军经武的重要前提，视"和谐"为克敌制胜的根本保证。

（二）两汉经学关于"和谐"的思想

孔子删削上古三代文献并在其中渗透了自己的微言大义，从而形成了经学。从经学的产生和发展过程来看，两汉儒家皆以读经、说经和注经为主要任务，经学实质乃儒学与王权政治的合流。因此，汉儒们也就比较完整继承了先秦儒家关于"和谐"的思想，进而进行了丰富和完善。然而，随着儒学的社会政治的功能逐步形成并不断得到加强，儒学作为一般伦理道德修养和政治理想层面的作用也就逐步减弱，原先通过道德教育、理想教育去启发出人们遵守道德规范、追求理想社会的自觉性也逐步减弱。

（三）隋唐佛学关于"和谐"的思想

佛学禅宗认为心为天地万物的根源，万事万物的成毁俱在心的一念之间，人生的各种烦恼即是妄念而起，只有从破妄念入手，才能解脱烦恼，恢复心灵的自由，才能达到"涅槃"之境。佛学中强调所谓的心灵的自由实质就是传统文化中关于人与人、人与自我和谐思想的发展。

（四）宋明理学关于"和谐"的思想

无论是理学派还是心学派，都集中体现于对"孔颜之乐"研究和探讨上。在《论语·先进》篇里记载，孔子曾经问他的弟子们子路、曾点、冉有、公西华等有什么志向，他们回答不一。孔子这一"'吾与点也'之乐"的典故，对宋明理学中的"孔颜之乐"问题产生了巨大的影响。"孔颜之乐"不仅是超越贫富等物质享受的，也是超越事功的，同时还是超越于社会道德伦理。"孔颜之乐"实际主要是在人与社会的和谐、人与自然的和谐、个体身心的和谐之中所体会到的自由、自然与安畅，是对人生进行深刻反思之后所达到的一种很高的精神境界，是立足于人生的终极意义的思考下，对于主体与他人、社会、宇宙关系自觉理解与自觉体会下形成的儒家最高层次的精神境界。

（五）现代西学东渐带来"和谐"思想

19世纪中叶以后，随着中国封建制度的开始解体，当时以儒学为代表中国传统"和谐"思想已走向了衰落。世纪之交，戊戌变法志士号召人们去冲决封建礼教的罗网，传统文化在西方经济、政治、文化的冲击下，遭到了激烈的批判，从而到了不进行变革就无法继续生存下去的局面。20世纪20年代以后，在西方文化冲击下，思想界开始思考如何继承和发扬中华文明的优秀传统，以保持民族的自主精神等问题。

所有这一切均表明，以儒家的伦理道德、身心修养为主"和谐"思想是中国传统文化的本质属性。中华文明之所以能够生生不息，中华民族之所以能够自立于世界民族之林，这与我国传统文化中的"和谐"思想、"和谐"精神有着密不可分的关系。我国传统文化中的"和谐"理念与追求，是博大精深的思想体系，是传统文化核心精神的集中体现，是一笔弥足珍贵的历史文化遗产。

二、中国传统"和谐"思想的基本内涵

在中国的传统文化里蕴含着丰富的"和谐"思想，"和谐"是贯穿于上下五千年中华文明的文化精髓和灵魂，是人与万物的生存与发展的根源，它源远流长，作为中国传统文化的核心内容，"和谐"文化具有以下基本内涵：

（一）中和之道

传统的"和谐"思想内涵之一就在于推崇"中和"，重视"中庸"；"和合"为中和、中庸，是一种和谐、适度的状态。"中和""中庸"既是"和合"的最高标准，也是"和合"价值实现的严格原则与规范。《易经》崇尚中和，强调"中"是最好的位置，"中"是天下之大本，"和"是天下之大道，矛盾双方的"大和"状态又叫作"中"，能寻找到并在实践上通过"中"的途径达到目标，就是最好的方法，也即中庸之道。中和之道意味着事物处于一种最佳的对立统一关系中，处于最佳的不偏不倚、无过不及的平衡状态或统一状态，体现着阴阳对立统一的整体和谐无偏胜，完全合乎规律性。孔子认为，中庸至德是"山之静"与"水之动"的和谐统一，都要力求适中、恰当，以免"过"与"不及"。孟子认为，对一切事，要以"和"为原则，力求适中。"中和"有两方面的含义，其一，是指时时执中。"道也者，不可须臾离也；可离，非道也"。中和强调的是对道的时时、处处的坚持。其二，要求应时而中，即"执中善权"。北宋程颐提出了"以中为贵""中重于正"的命题，充分体现了《易传》尚中的观点。总的来说，要求人们在待人处事的社会实践中，坚持适度的原则，恰到好处，以实现人格完善、社会和谐。

（二）和生万物

"和合"是一切事物存在与发展的基础，《吕氏春秋·有始》认为："天地和合，生之大经也；夫物合而成，离而生，知合知成，知离知生，则天地平矣。"意思是说，天地的和合是万物生存的根本，和合而成，别离而生，这是天地自然和人类社会发展的必然和客观规律。它既深刻反映了人生天地间的自我创造使命，又和盘托出了天地自然与人事活动相互依存、相互统一的辩证关系。有所谓"和实生物、和生万物"，这是对"和合"思想最基本特征的揭示，这种境界有着丰富和深刻的内容。事物的生成与存在需要多种因素、多种要素的相互作用、共同推动，如果事物要生存下去，或者新的事物要产生，就需要有"和合"。

（三）和而不同

"和合"这种境界，从根本上说是一种多元与开放的状态。这种状态，就自然本身而言，是自然世界的和谐而有序的运行；就人之生存而言，是个体的身心处于一种和谐而安宁的状态；在价值观方面，是允许多元价值并存；就人与人而言，是人与人之间的和睦与友爱；就人与自然而言，是人与自然的协调与合一；就人与社会而言，是人之融于社会。

孔子说："君子和而不同，小人同而不和。"（《论语·子路》）杨伯峻的解释是，"君子用自己的正确意见来纠正别人的错误意见，使一切都做到恰到好处，却不肯盲从附和。小人只是盲从附和，却不肯表示自己的不同意见。"[①]李泽厚的解释是："君子和谐却不同一，小人同一却不和谐。""和"的前提是承认、赞成、允许彼此有差异、有区别、有分歧，然后使这些差异、区别、分歧调整、配置、处理到某种适当的位置、情况、结构中，于是各得其所，而后整体便有"和"——和谐或发展。[②]"'和而不同'这一命题本身就表明'和'包含着差别和对立，包含着革新和发展。因此，文化思想中的'和而不同'是一种继承前人文化思想并有所创新和发展的进步的文化观。"[③]

三、中国传统"和谐"思想的主要内容

由于天地和谐，阴阳和合使万物化生、存在，所以和包含着天、地、

---

① 杨伯峻：《论语译注》。
② 李泽厚：《论语今读》。
③ 张岂之：《论我国古代"和而不同"的文化观》。

人三极的内容。自然万物和谐发展才能并行不悖，人间万物和谐才能彼此共存共荣，所以和为君子的最高境界。所以中国传统文化的"和谐"应该包括天、地、人的和谐，具体来讲：

（一）人与人关系层面上的和

中国传统文化以人为本位，以和为最高价值。在人与人的关系上主张以和为贵，宽和处事，从而创造人际和谐的环境，追求以和谐为目标的大同社会。孔子提出的理想人格是善于以宽厚处事、协和人我的人，"君子和而不同，小人同而不和"（《论语·子路》）；又说"君子矜而不争，群而不党"（《论语·卫灵公》）。其意是说，保持和谐而不结党营私，行为庄重而不与他人争执，善于团结别人而不搞小团体才称得上君子。在这里，孔子区别了"和"与"同"两个概念。"和"是多样性的统一；"同"是一味地附和乃至结党营私。君子应取前者而弃后者。孟子甚至提出"天时不如地利，地利不如人和"（《孟子·公孙丑下》），把人和提到了至高无上的地位。他还提出"老吾老以及人之老，幼吾幼以及人之幼"（《孟子·梁惠王上》），"老有所终，壮有所用，幼有所长，鳏寡孤独废疾者皆有所养"（《孟子·梁惠王下》）等有关人和的思想。以孔孟为代表的儒家还提出了仁、义、礼、信、智、勇、忠、孝等一系列旨在实现"人和"及社会和谐的道德原则，提出了建设大同社会的远景理想。宋代张载在《正蒙》中首先使用了"天人合一"概念，并提出了"民吾同胞，物吾与也"（《西铭》）的思想，意即人类是我的同胞，天地万物是我的朋友，天与人、万物与人类本质上是相通的①。在《道德经》五千言中，老子不仅给人描绘了一个无欲、无为、无争的理想社会，还提出了"天之道，损有余而补不足。人之道，则不然，损不足以奉有余。孰能以有余而奉天下，唯有道者"（《道德经》第 77 章）。即人要效法天道，以实现人与人之间的和谐。

（二）人与社会关系层面上的和

中国古代和谐思想源远流长，早在春秋时期就有了"和实生物，同则不继"（《国语·郑语》）之说，认识到和是万物生存的基础，所谓和就是以他平他，不同的因素、成分相互作用，以一定的关系构成和谐的整体，这是一切事物存在的基础。在人与社会的关系上，基本上形成了儒家偏重于"有

---

① 张存俭：《中国古代和谐思想及其现代价值》。

为而治"、道家偏重于"无为而治"的两种治理模式。儒家的"有为"主要包括，导之以德、齐之以礼、和之以乐、任之以贤、使之以惠等一系列旨在实现"人和"，进而达到实现社会和谐的措施，强调要把民众放在首位，爱民、重民、惠民、乐民，爱惜民众，广施仁爱，方能赢得民心。如，政治上，提出宽猛相济、德刑并用、德主，刑辅。经济政策上，主张"富民""惠民""不患寡而患不均"（《论语·季氏》），缩小贫富差距及反对统治者赋敛无度。老子从万物的本原"道"出发，推演出其治世良方，即按事物自身应有的规律办事，不要人为地干涉事物的发展，在实践层面上是要求统治者不要为所欲为，执意妄为，统治者应该是我无为而民自化，我无事而民自富，从而达到统治者与被统治者之间相安无事，和谐共存。老子尤其反对肆意扰乱民众的生活，倡导让民众按其自然本性过日子。如果时时干扰老百姓的生活，让老百姓无所适从，那样最终只能失去天下。"无为故无败，无执故无失"（《道德经》第64章），就讲的是这个道理。此外，墨子提出了"兼相爱，交相利"哲学，认为兼爱互利是为治之道，强调此是"圣王之法，天下之治道也"（《墨子·兼爱》）。先秦思想家把和作为最高的政治伦理原则，作为政治理念要达到的最高境界。

（三）人和自然关系层面上的和

中国古代很多哲人提出了"天人合一"的思想，强调要处理好人与大自然的关系，要尊重自然，保护自然，才能实现人与自然的和谐发展。在天人关系上，儒家提出"致中和""合而为一"的思想，道家提出了"天人合一"观，这些观点虽然角度不同、领域不同，但"和合"的本质是相同的，"天地感而万物化生，圣人感人心而天下和平"，要实现人与自然的和谐发展也是相通的。在这些问题上，道家提供了最深刻并且最完善的生态智慧。他们强调，人类要以尊重自然规律为最高准则，以崇尚自然、效法天地作为人生行为的基本依归。反对一味地向自然界索取，反对片面地利用自然与征服自然。老子认为，生物来源于自然，人亦来源于自然，人和生物必须在自然给予的条件下求得生存。生态系统是"道"循环运动的产物，道生之，德蓄之，物形之，势成之。道缔造了生物，德养育了生物，周围环境使它成为一定的生态，生态遵循道所固有的规律运动。循环往复，周而复始、生生不息。他提出人要尊重自然崇尚自然，效法天地。"人法地，地法天，天法道，道法自然"（《道德经》第25章）。按照他的无为学说，一个人应该把他的作为严格限制在必要的、自然的范围内。必要的是对于一定的目的是必要的，绝不可以过度。自然的是指顺乎个人的德行，不做人为的努力①。这样以和作为生活的原则，实现和谐。庄子也强调人必须顺应自然，与自然和谐，达到"天地与我并生，而万物与我为一"的境界。

传统思想文化中的"和谐"思想，涉及人与自然、国家地区和国家地区、人与社会、人与人、人与身心各方面，它对人与人之间的和睦相处、维系社会的安定和谐推动各民族融合与发展发挥了不可或缺的作用。在构建社会主义和谐社会的今天，"和谐"思想对我们处理人与自然、人与人、人与社会的关系依然具有很好的借鉴意义和价值启示，是中华民族文化的宝贵财富。

（四）人自身内部的和

中国传统文化非常重视个人身心和谐，即身体与精神、各器官运行、外在与内在、行为方式与价值预期之间实现高度协调和统一。儒家要求人们三省吾身，反求诸己，尽心知性，自我修养，从而进入一种高尚而又和谐的人生境界。故此，儒家十分重视修身作用，认为普天下的人都应以"修身"为本。其中，对于"君子"即儒家心目中的理想人格形象，更是提出了具体的要求。以孔子的"君子"标准为例，他提出君子有"三戒"："少之时，戒之在色；及其壮也，戒之在斗；及其老也，戒之在得"。（《论语·季氏》）君子又有"四绝"："毋意、毋必、毋固、毋我"。（《论语·子罕》）君子又有"五美"："君子惠而不费，劳而不怨，欲而不贪，泰而不骄，威而不猛"。（《论语·尧曰》）君子又有"九思"："视思明，听思聪，色思温，貌思恭，言思忠，事思敬，颖思问，忿思难，见得思义"。（《论语·季氏》）道家主张"冲气以为和""和其光，同其尘"，要求人们擦去世事纷争落在自己心灵上的俗尘，以一颗淡泊明净的心灵看待外物与自己。老子说："载营魄抱一，能无离乎？"（《老子》第10章）"塞其兑，闭其门，挫其锐，解其分，和其光，同其尘"（《老子》第56章），强调人之形体与精神的合一，这样，就能消除自我的固蔽，化除所有的封闭隔阂，超脱于世俗褊狭的人伦关系，以开阔的心胸与无褊的心境去看待一切人物，从而达到个体身心的和谐。佛教提出要通过"修善持戒"和"心性修养"，规范个人德行，

---

① 冯友兰：《中国哲学史》。

转迷开悟、弃恶从善，纠正动机，并通过正心、修心、净心，使个人去除贪欲、恶念，最终达到意行一致，身心和谐。

（五）国家间、民族间的和

在民族间、国家间的关系上，主张和谐共处，协和万邦。《尚书·尧典》说，"百姓昭苏，协和万邦"；《周易·乾卦》说："首出庶物，万国咸宁。"即主张万邦团结，和睦共处。孔子提出"四海之内皆兄弟"（《论语·颜渊》），又说，"远人不服，则修文德以来之，既来之则安之"（《论语·季氏》）。主张以文德感化外邦，反对轻率地诉诸武力。孟子提出"仁者无敌"，主张"以德服人"，提倡王道处理国家间、民族间关系。

第二节　中国"和谐"传统的德育价值

"和谐"思想是中国传统文化的精髓，它旨在调节人与人、人与社会、人与自然以及个人内部身心关系，并促进其和谐统一，进而构建理想的"大同社会"。中国古代"和谐"思想与道德的属性是高度契合的，因为道德的基本内涵是人们在共同社会生活中，约定俗成的行为规范的综合，它同样是在调整人与人、人与社会、人与自然以及个人内部身心关系，并促进其和谐统一。由此可见，"和谐"不仅是中国传统伦理道德的基本属性和历史传统，更是其建设和教育的根本价值取向，它充分反映在中国传统伦理道德中的"和谐"价值取向和"五伦"规范上。

一、中国传统伦理道德中的"和合"价值取向

（一）"天和"是中国传统伦理道德的最高目标

所谓"天和"，也称"天道"，就是指要尊重生命、遵从自然法则，达到人与自然的和谐、共生。中国传统和谐伦理思想以"天人合一"即"天和"为最高目标。《易经》乾卦文言中提出"夫大人者，与天地合其德"的思想，认为天地之德在于生育万物，而人类之德则在于保障万物的生生不息；《中庸》中说："万物并育而不相害，道并行而不相悖"；荀子也认为"万物各得其和以生，各得其养以成"（《荀子·天论》），强调天地万物都是相辅相成的，是相互依存的有机体；道家思想更加强调天人合一，天道自然的观念，认为天道的本性为和谐，人道应师法自然之天道，强调"天地与我并生，

而万物与我为一"(《庄子·齐物论》)。

(二)"人和"是中国传统伦理道德的重要目标

所谓"人和",也称"人道",就是指要维系做人的基本准则,达到人与人及人与社会的和谐统一。中国传统和谐思想以仁爱思想为核心。仁是儒家思想的核心,是"人和"最高准则。孔子认为,仁的基本要义和精神实质就是爱人,故具备仁德者应坚持"忠恕"之道,"己欲立而立人,己欲达而达人"(《论语·雍也》);"己所不欲,勿施于人"(《论语·颜渊第十二》)。爱人从"我"出发,自己怎样对待自己,也就应该怎样对待别人。孔子提出"小人同而不和,君子和而不同"(《论语·子路》)的命题,追求"和合"的君子境界,主张社会中的人际关系要和谐。中国传统儒家另一代表人物孟子提出了"父子有亲,君臣有义,夫妇有别,长幼有序,朋友有信"(《孟子·滕文公上》)的"五伦"思想,成为中国传统和谐伦理思想中处理人际关系非常重要的伦理规范。孟子还提出"正人先正己"的主张,以此来处理人与人之间的矛盾冲突,强调"与人为善",每个人都在良好的伦理氛围中改过自新,自为至善。在处理人与社会关系问题上,中国传统伦理思想提倡"家和"为基础,天下和为目标,"父子笃,兄弟睦,夫妇和,家之肥也。大臣法,小臣廉,官职相序,君臣相正,国之肥也"(《礼记·礼运》)。荀子在讲到人与群体关系时提出,"人能群,彼不能群也。和则一,一则多力,多力则强,强则胜物"(《荀子·王制》),强调人要合群,人与群体相互依存,相互促进。

(三)"心和"是中国传统伦理道德的基础目标

所谓"心和",就是指通过个人修行,达到人自身的身心和谐统一。"心和"是"人和"和"天和"的基础和前提,没有人的身心的自在和自为,就不可能有人与人之间的和谐,也不可能有人与自然之间的协调。心和是中国传统和谐伦理思想追求的首要目标。心和即人自身的身心和谐,它既指自然人意义上人自身的形体与精神之间的和谐,也指社会人意义上人的精神秩序或状态的和谐宁静。中国传统伦理思想强调人的身心的协调,主张自我修为,强调修身养性,追求高风亮节的思想境界,做到不以物喜,不以己悲,保持一种豁达淡然的心态,使身心各安其所。心和强调以中庸的境界规划自己的修为。孔子就指出人的行为应"无过无不及":一个人的行为,不能走极端,既不要过分，也不要不及，"过犹不及"（《论语·先进》），以此来达致理智、健康、平和、心灵和谐的价值目标。

（四）"天和""人和""心和"三者辩证统一构成中国传统伦理道德的"和合"终极价值目标

"天和""人和""心和"三者之间存在着辩证统一关系，即：第一，"心和"是前提基础。中国传统伦理道德始终高度重视个人的道德修炼和实现理想人格，说到底，就是讲求个人自身内心的宁静、身心和谐，个人与社会、自然的和谐相处。所谓"正心、修身、齐家、治国、平天下"（《礼记·大学》），集中反映了古人对个人身心和谐的高度重视。试想个人如果身心不和谐，就会产生怨恨和冲突，那家庭和睦、社会和谐、自然和谐从何说起？第二，"人和"是内在动力。中国传统伦理道德的产生和发展，其重要原因和目标就是封建统治阶级为维护自身统治，希望利用伦理道德的作用，继而构建符合封建社会要求的血缘宗法和专制统治要求的社会秩序。这种社会秩序，说到底就是推动人与人、人与社会的"和谐相处"。第三，"天和"是最高价值标准。老子提出："人法地，地法天，天法道，道法自然"（《道德经》第25章），强调在人与自然的关系上实现"天人合一"，作为个人或社会应当认识自然、尊重自然、保护自然，而不能破坏自然，反对一味地向自然索取，反对片面地利用自然与征服自然。这种"天人合一"思想是中国传统伦理道德的最高准则和基本归宿。

只有加强人的自我修养，达到"心和"，只有达到了"心和"，人才能真正摆脱"自我"的纠缠，达到"仁"的境界，从而"与人为善""以天下为己任"，达到"人和"的境界。无论人类自身多么强大，多么富有智慧，但只要一旦脱离大自然，脱离对其他物种的依赖关系，不按照大自然及其他物种的存在规律办事，也就失去存在和发展的可能。可见人类与自然及其他存在本来就同根同源，它们虽然各归其类，各遵其道，但相互之间应该是共生共荣，这是达到"天和"的唯一选择。爱人、爱生、爱所有存在，承认万物的存在都是有其合理性的，也都是有价值的，这不仅直接体现了整个自然和人类一样具有生存和发展的权利，而且从根本上代表了人类的最高利益，是保证人类发展的基本条件。只有这样，人类才能真正融入整个宇宙的"生命流变"之中，使人类成为世界万物的同胞，世界万物成为人类的朋友。

同时需要指出的是，中国传统伦理道德所注重的"和合"并不是绝对的完全相同，而是讲求有差别、多样性的和谐，正所谓"和而不同"，就是在坚持原则的基础上，不强求一致，承认、包容乃至尊重差异，以达共存共荣。

中国传统伦理道德重视人、自然、社会三者关系的和谐协调，致力于构造"天和""人和""心和"三者的统一，即达到中国传统伦理的终极价值——"太和"境界和"大同"盛世。这种"太和"和"大同"盛世反映出了中国传统伦理道德是一种"和合伦理"。

二、中国传统伦理道德的"五伦"规范

（一）"五伦"的基本内涵

"五伦"也称"五常"，它是中国传统社会基本的五种人伦关系，即父子、君臣、夫妇、兄弟、朋友五种关系，是狭义的"人伦"。古人以君臣、父子、夫妇、兄弟、朋友为"五伦"。伦，人伦，就是人与人之间的道德关系。孟子认为，父子之间有骨肉之亲，君臣之间有礼义之道，夫妻之间挚爱而又内外有别，老少之间有尊卑之序，朋友之间有诚信之德，这是处理人与人之间关系的道理和行为准则。《孟子·滕文公上》："使契为司徒，教以人伦：父子有亲，君臣有义，夫妇有别，长幼有序，朋友有信。"人伦中的双方都是要遵守一定的"规矩"。为臣的，要忠于职守，为君的，要以礼给他们相应的待遇；为父的，要慈祥，为子的，要孝顺；为夫的，要主外，为妇的，要主内；为兄的，要照顾兄弟，为弟的，要敬重兄长；为友的，要讲信义。

"五伦"体系是几千年中华伦理文化传统中最重要的，也是最符合中国古代传统的道德规范，经过了几千年的演化和沉积，经受住了时间的考验，成为几千年来支配着我们中国人的社会生活的最有影响力的传统观念之一，是中国传统礼教的核心，也是长期维系中华民族这个大族群的纲纪。"五伦"规范中的所涉指的五种人伦关系是人的常道，是人正常的也是永恒的关系，是人不应规避，不能规避的五种关系，也就是说，人不能逃避这五种关系中所指称的五种责任，而这五种责任又可划为家庭责任和社会责任两大类。因此，人不应脱离家庭以规避家庭责任，不应脱离社会以规避社会责任。

（二）由"五伦"演化到"三纲"

为进一步加强道德教化，董仲舒对"五伦"观念作了进一步的发挥，将"五伦"中所注重的道德义务的双向互动关系简化为君臣、父子、夫妻道德关系，

强调其主从关系，也就是君为主、臣为从；父为主，子为从；夫为主，妻为从。也即所谓的"君为臣纲，父为子纲，夫为妻纲"这三纲。具体地说，君、父、夫体现了天的"阳"面，臣、子、妻体现了天的"阴"面；阳永远处于主宰、尊贵的地位，阴永远处于服从、卑贱的地位。董仲舒以此确立了君权、父权、夫权的统治地位，把封建等级制度、政治秩序神圣化为宇宙的根本法则。从宋代朱熹开始，三纲五常联用。

二者相比较，"三纲"是一种的道德律令，比"五伦"更有力量，也更为苛刻，是"五伦"中的核心规范。从"五伦"到"三纲"的内在原理是一致的，仍然强调个人对"家""国"必须履行道德责任与义务。从内在方面来说，两者都以血缘关系为基础，从"家"的和谐出发，求取国家、民族、天下的和谐太平；整个伦理体系都需要体现在每个人的人生追求中，每个人都必须进入"修身、齐家、治国、平天下"的道德进阶的路径。

三、中国传统"和谐"伦理及其实践

中国传统伦理的和合精神，融思想观念、思维方式、行为规范、社会实践、社会风尚为一体，反映着人们对社会伦理秩序的总体认识、基本理念和理想追求，是中国传统伦理乃至传统文化的核心内容和内在本质。郭齐勇说，儒家"伦常之道，有助于社会秩序化、和谐化、规范化，其生聚教训之策，更足以内裕民生而外服四夷"[①]。中国传统伦理特别是其中的和合精神经过长期积淀和发展，已经深深地融入中华民族的血脉之中，成为中华文明的基本特性和独特价值，具有重要的社会作用。

（一）推动了中国古代生态文明建设

在"天人合一"伦理思想影响下，中国很早就产生了生态环境保护的思想，诸如，遵循自然规律进行劳作；广泛保护珍稀野生动植物；适度开发自然资源，维护生态平衡，使自然资源得以永续利用等。在这种思想的指引下，中国古代还通过设置专门政府机构——虞衡制度，颁布律令等方式保护自然资源与生态环境。另外，还较早建立"自然保护区"对环境进行卓有成效的保护。古代"天人合一"伦理思想以及生态文明建设所导致的结果是孕育了中国古代发达的农耕文明，为中华民族繁衍生息奠定了坚实的物质基础。同时这种人与自然和谐相处的伦理价值取向，也深深地影响着中国古人

---

① 　郭齐勇：《儒学与马克思主义中国化及中国现代化》。

的审美情趣和审美价值。比如向往脱离世俗、归隐山林的生活情趣；崇尚与自然协调，人工与自然融为一体的园林建筑美感；超凡脱俗、留有意境的书画艺术等。这些审美情趣和审美价值深深影响着中华民族，直到今天。

（二）维系与强化了中国式的家庭秩序和家族制度

我国传统社会是建立在亚细亚生产方式基础之上的社会形态，它与西欧社会伦理的重要区别之一在于，中国传统文化重视家庭伦理构建，西欧传统文化重视区域伦理秩序。正如有的学者指出的那样："中国国家起源于亚细亚方式，家庭是它的根基，故伦理思想极为重视调节家族内部关系，可以称之为家族主义伦理；西方国家起源于雅典式，它打破血缘家族关系进入国家，故而伦理思想十分重视调节个人和地域群体的关系，可以称之为地域主义伦理。"①中国传统伦理把家庭伦理置于社会伦理之上，把家庭道德规范看成是首要的伦理原则。《孟子》强调："父子有亲，君臣有义，夫妇有别，长幼有叙，朋友有信。"其中有三个伦理关系属于家族内部的道德规范。《礼记》所列出的"十义"中，有八个道德规范是调节家庭内部成员关系的。董仲舒提出的"三纲"中有二纲属于家庭伦理。《大学》提出"家齐而后国治，国治而后天下平"，把家庭伦理看成是社会伦理的基础，甚至看成是"平天下"的基础。家庭伦理的出发点和致用之功都是和合，即"家和万事兴"。这种思想在明代洪应明所著的《菜根谭》中得到了集中反映。该书写道："天地不可一日无和气，人心不可一日无喜神。""家庭有个真佛，日用有种真道，人能诚心和气，愉色婉言，使父母兄弟间形骸两释，意气交流，胜于调息观心万倍矣。"②由此可见，和合精神始终是家庭伦理的根本主旨，始终是家庭伦理的主要功效。和合精神指导下的家庭伦理，维护了中国传统家庭秩序，强化了中国传统宗法制度，也为社会奠定了稳固根基。

（三）维护了社会秩序，推动了社会经济发展

抛开其消极因素不说，客观讲"三纲五常"对于调整人和人、人与社会关系，进而维护社会秩序和稳定发挥了重大作用。我们都知道，人生活在一定社会环境中，这就决定了人与人、人与社会必然会发生关系。如果没有一定的伦理道德作为支撑，社会就会陷入纷乱之中。"三纲五常"提出后，以其注重人伦社会价值观、注重等级秩序价值观、注重家国的集体价值观、

---

① 章海山、张建如：《伦理学引论》。
② 洪应明：《菜根谭》。

重义轻利的道德价值观有力地维护了封建社会秩序，对于人民相对安居乐业、经济社会发展发挥了重要作用。中华民族在自汉以后两千余年的封建社会发展史上，以不屈不挠的顽强意志和勇于探索的聪明才智，谱写了波澜壮阔的历史画卷，创造了同期世界历史上极其灿烂的物质文明与精神文明。万里长城、大运河、明清故宫以及多姿多彩的各种出土文物，无不反映出大胆、高超的生产技术；同时在思想文化、科学技术领域产生了无数杰出的人物，创造出无比博大、深厚的业绩；而包括指南针、造纸术、火药和印刷术这"四大发明"在内的无数科技成就，更使全人类获益匪浅。其原因很多，但毋庸置疑，以"三纲五常"为核心的伦理道德应该说发挥了重要作用。

（四）维护与加强了中华民族团结

比较重视人与自然、人与人之间的统一和谐是中国传统文化中一个一以贯之的重要的内容，这有利于维护和促进中华民族的团结统一。有学者把中国传统文化重视和谐与统一的特点界定为"中华和合文化"，并认为："中华民族已经形成了运用和合概念与和合文化研究自然界的生成和人的生成，研究事物发展变化的规律，研究人与自然和人与社会的关系，研究人的身心统一规律和养生之道的文化传统。"[1]和合伦理精神所产生的强大的向心力、凝聚力、整合力和生命力，调和了人与人、族与族的诸多关系，孕育了中国多元一体的民族共处格局，促进了中华民族大家庭发展共荣。

（五）抚慰与安顿了人们的心灵和精神家园

和合精神具有终极关怀的人文情愫，彰显"天、地、人、物、我"之间的生命感通，在礼乐伦理教化中达到修身养性、完善自我、成就自我的目的。中国传统伦理特别强调修身的重要性，始终从"自我"角度出发，达到"仁"的境界。这可以从《论语》和《菜根谭》两部伦理学典籍中得到充分的证明。其中《菜根谭》说："处世让一步为高，退步即进步的张本；待人宽一分是福，利人实利己的根基。"[2]中国古代所有的道德文章，几乎毫无例外地规劝人们要"厚德载物，雅量容人"。比如《礼记·礼运》说："何谓人义，父慈、子孝、兄良、弟悌、夫义、妇德、长惠、幼顺、君仁、臣忠，十者谓之十义。""十义"均强调从内敛、克己出发，通过修身养性，达到心平气和，做到"己所不欲，勿施于人"（《论语·卫灵公》），"己欲立而立人，己欲达而达人"（《论

① 程思远：《二论弘扬中华和合文化精神》。
② 洪应明：《菜根谭》。

语·雍也》），实现人的内心和谐以及人与人之间的和谐。

第三节 现代德育目标的构建

从中国传统伦理道德建设历史经验以及当前德育现状分析，要加强和改善德育工作，就必须认真审视并确定德育目标。所谓德育目标，就是德育活动预先设定的教育结果，也就是我们通过德育活动希望教育对象所能达到的规格和质量。

一、传统"和合伦理"经验启示

中国传统以"天和""人和""心和"三位一体的"和合伦理"思想，并辅之以"五伦"具体规范，共同构建了中国传统伦理道德思想体系，并且取得了显著成效。这种历史经验给了我们重要启示，面对当今人与自然、人与社会、不同文明之间矛盾逐渐尖锐，道德滑坡，功利主义盛行，人心浮躁的现实，古人这种"和合伦理"思想及其实践经验给了我们重要启示，追求"人—社会—自然"和谐不仅是我们现代德育的目标，也是现代德育的基本体系。

（一）当前"人与自然和谐"德育现实价值

古人强调人要以尊重自然规律为伦理道德最高准则，以崇尚自然效法天地作为伦理行为的基本依归，以达到"天地与我并生、而万物与我为一"（《庄子·齐物论》）的境界。这种"天人合一"伦理思想，季羡林给予了高度评价，指出它代表了"中国古代哲学主要基调的思想，是一个非常伟大的，含义异常深远的思想"[1]。须知，人毕竟生活在自然界之中，人是自然的一部分。正确认识和把握人与自然的对立统一关系，人与自然和谐相处，不仅关系着自然界的生态平衡，而且也关系着人类自身的生存和发展。但实际上，人们却忽视了人与自然和谐相处之道，只知道一味地征服自然，无限度地向自然索取。用恩格斯所告诫的话讲："我们不要过分陶醉于我们对自然界的胜利，对于每一次这样的胜利，自然界都会报复我们。"[2]这些生态危机，若不给予重视和解决，其结果必然导致地球和人类的自我毁灭。因此，人与自然的和谐共生，比任何时候都显得重要、现实和紧迫。我们加强和改

① 季羡林：《人生絮语》。
② 恩格斯：《自然辩证法》。

善德育，首要的价值就是要积极构建人与自然相处关系的和谐之道。这不仅是我们德育的最高价值，也是最重要的德育内容。

（二）当前"人与人、人与社会和谐发展"的德育现实价值

古人非常重视"和"在处理人与人、人与社会关系中的重要作用，所谓"以和为贵""家和万事兴"，从而创造出民主公平、法制健全、团结友爱、充满活力、安定团结的人与人、人与社会和谐相处的理想境界。抛开维护封建统治秩序、压抑人性、等级森严等消极因素不讲，中国这种传统"和合伦理"应该说在维护社会秩序、促进经济社会发展上起到了非常重要的作用。这对我们今天构建社会主义和谐社会具有十分重要的借鉴意义。我国正处于并将长期处于社会主义初级阶段，由于经济体制深刻变革、社会结构深刻变动、利益格局深刻调整、思想观念深刻变化，由于发展不平衡、不协调、不可持续问题短期内难以根本解决，人民内部各种具体利益矛盾难以避免地会经常地大量地表现出来。这些问题，如果不引起我们高度重视并加以解决，其后果不仅会影响我国社会主义现代化建设，而且会将我国改革开放成果毁于一旦，更别说实现中华民族伟大复兴。因此，人与人、人与社会和谐相处，比任何时候都显得重要、现实和紧迫。我们加强和改善德育，其内在动力和重要内容就是要积极构建人与人、人与社会和谐相处。

（三）当前"个体身心的和谐发展"的德育现实

个体的身心和谐，在中国古代，也称人的神形合一，主要是指人生在世，要保持平和、恬淡的心态，具有良好的道德修养和人格，以维护和增强身心健康。中国古代这种"持中贵和"讲求个人道德修炼、继而达到身心和谐的"和合伦理"，在推进个人实现理想人格，造就了中国传统知识分子人格独立、精神自由的个性传统，进而促进民族精神的形成和发展发挥着重要作用。这对于我们今天加强和改善德育，促进社会主义和谐社会的构建具有重要借鉴意义。众所周知，随着我国社会主义市场经济的建立和发展，一方面我们获取并享受着改革发展的丰硕成果，但也要看到随着社会竞争加剧、利益格局调整、思想多元多样、公德流失滑坡、拜金主义盛行、生态灾难频繁、政治信仰动摇、个人本位主义、缺乏生命尊重等现象出现，导致部分人始终处于身体亚健康状况，人的思想开始迷惘，精神压力越来越大，甚至于濒临心理崩溃的边缘。这种精神疾患以及私德的沦丧，不仅给个人带来严重的危害，

同时也给社会带来不安。所以，有专家忧心忡忡地说，精神危机一旦发生，或许要比经济危机更加可怕，这是一场没有硝烟的战争。我们都知道，人生活在自然界和社会之中，人是自然界和社会的一分子。个人身心和谐与否，直接关系着社会和谐、自然和谐。因此，我们加强和改善德育，其前提基础和基本内容就是要推进个人身心和谐，因为这不仅关系着个人的全面发展，也关系着人与人、人与社会、人与自然的和谐。

二、现代德育目标体系的基本内容

根据"人—社会—自然"和谐共处的现代德育目标，结合现实需要，现代德育目标体系应包括三方面内容，即：生态德育、公民德育和私德教育。

（一）生态德育

1. 生态德育的基本内涵

生态道德也称环境道德，是调整人与自然与生态之间行为规范的总和。而生态德育，则是指通过一定的教育活动，对受教育者施加系统的生态道德影响，使他们认清遵守和讲求生态道德行为的基本原则和规范的意义，能够从人与自然相互依存、和睦相处的生态道德观点出发，自觉地主动地履行维护生态平衡的责任和义务，自觉修养爱护自然环境及生态系统的思想觉悟和行为习惯。生态德育继承了中国传统"和合伦理"中"天人合一"伦理思想，其目的就是要建立"人与自然和谐共生"关系，它是现代德育最高价值，因为这关乎整个人类生存的未来。

2. 生态德育的主要特征

第一，生态德育在价值取向上超越了现代道德教育的狭隘视域，从关注人与人之间的道德关系跨越到对人与自然和谐共处、协调发展的生态学价值的关注。生态德育通过对人类中心主义的消解，自觉地上升到自然界和人类社会历史发展的高度，站在自然界发展演变规律的角度去看待人类作为"类"而存在和发展的可能性与合理性，重新体悟人类各种行为的道德价值，把培养向自然开战的个体勇敢性、自豪感等价值追求，自觉转向培养人类与大自然和谐相处的"类"生存品性，真正做到把人类看作是大自然的一部分，大自然生存则人类生存，大自然灭亡则人类灭亡。

第二，生态德育在德性养成方式上超越了现代道德教育以说服教育和榜样示范为主要实施途径的个体主体特征，呈现出人类与大自然和谐融合的类主体特征。一方面，作为交往和对话对象的大自然恬淡宁静，行"无言之教"，受教育者在实践体悟中寻求和保持与大自然的和谐统一，其德行境界上呈现上不封顶状态。另一方面，生态德育不再局限于灌输"民族""国家""种族"的狭隘道德价值观，引导受教育者体悟"类与类"之间的互惠共生关系，承认不同民族和国家人民道德价值的异质性，在长远利益和基本利益方面共同合作，共同解决人类面临的各种难题，谋求人类与大自然的长远协调发展。

3.生态德育的目标追求

第一，确立生态道德善恶观。以是否有利于人与自然的和谐发展作为衡量行为善恶的标准。正如现代生态伦理学创始人之一的莱奥波尔德所说："当一切事情趋向于保护生物共同体的完整、稳定和美丽时，它就是正确的；当一切事情趋向于相反的结果时，它就是错误的。"①确立这样的善恶观，有助于激发人们发现大自然的美，产生对自然的热爱之情，对大自然美感的认识是形成生态道德的基础。

第二，唤醒生态道德意识。生态道德意识是根据社会和自然的具体可能性、最优的解决社会和自然关系的观点、理论和道德情感的总和，它是社会和自然最优相互作用的条件。生态意识来源于对以往人类活动中违反生态规律带来的严重后果的反省和对后代人的责任。破坏自然就是破坏人类的生存条件，因为人类生命的延续依赖于自然系统功能的持续发挥，从而确保能量与营养的供给。美国生态学家奥德姆说："尽管人类已经取得了巨大的技术进步，但仍然寄生于生物圈，以维持生存。寄生物的生存有赖于减少危害和建立起有利于寄主的正反馈。"②人与生物圈之间的寄生——宿主模式决定了人类必须善待地球，否则会危及人类生存。因此，谋求人与自然的和谐，解决生态环境恶化问题，最重要的是要唤起人们自觉保护生态环境的意识，这也是生态道德教育的首要任务。

第三，强化生态道德责任。作为人类的一分子，每个人都有相应的社会责任，作为自然的一分子，每个人都有相应的自然责任或生态责任。目前的生态危机是由于人类活动造成的，人类有责任恢复、重建生态平衡。如果说自然界最终通过人类达到了自我意识，那么人类也应该认识到自己在自然中的地位和作用：人是自然进化的引导者和管理者，他的使命和责任就是促

---

① ［美］莱奥波尔德：《沙郡年鉴》，转引自余正荣：《生态智慧论》。
② 转引自余谋昌主编：《环境伦理学》。

进自然整体价值的提高。人类如果仅从自己的需要和利益出发去对待自然，只是将自然视为实现人的价值的工具，那就会辜负自然对他的生存和发展的恩赐，丧失自然赋予他促进和完善自然进化的天职，最终沦为一个自私的可怜虫，陷入物种进化的死胡同。因此，如果不明确这种生态道德责任，就无法培养学生的生态道德自律能力。

第四，培养生态道德能力。生态道德能力是人所特有的一种超越自身功利而履行人类的生态义务、实践较高意旨的本领及心理素质，包括生态道德认识能力、实践能力以及对错误行为的抵制能力等，这是有深厚的自然基础的。人与自然要和谐发展就要使人类行为既是为了人类的利益，也是为了自然的利益，既是利自在，也是利他在。生态的"是"与人类行为的"应该"是一致的。生态道德能力是人的生存和发展能力的重要内容。这种能力的培养就成为生态道德教育的关键环节。

（二）公民德育

1. 公民德育的基本内涵

公民道德，就是指一个国家所有公民在协调处理人与人、人与社会关系时必须遵守和履行的道德规范的总和。从其内容看，主要包括基本道德规范和社会公德规范、职业道德规范、家庭美德规范，涵盖了社会生活的各个领域，适用于不同社会群体，是每一个公民都应该遵守的行为准则。与之相适应，公民德育就是要通过一系列的教育活动，使受教育者知晓现代社会人与人、人与社会相处时应遵守的行为规范，进而促进"人与人、人与社会的和谐相处"。

2. 公民德育的指导思想

根据我国国情和现实需要，公民德育的指导思想是：以中国特色社会主义理论体系为指导，坚持党的基本路线、基本纲领，重在建设、以人为本，在全体公民中牢固树立建设中国特色社会主义的共同理想和正确的世界观、人生观、价值观，在全社会大力倡导"爱国守法、明礼诚信、团结友善、勤俭自强、敬业奉献"的基本道德规范，努力提高公民道德素质，促进人的全面发展，培养一代又一代有理想、有道德、有文化、有纪律的社会主义公民。

3. 公民德育的目标追求

公民德育的目标追求，集中反映在它的主要内容及其要求上。这就是以"爱国守法、明礼诚信、团结友善、勤俭自强、敬业奉献"为主要内容和要求的公民道德基本规范；以"文明礼貌、助人为乐、爱护公物、保护环境、遵纪守法"为主要内容和要求的社会公德；以"爱岗敬业、诚实守信、办事公道、服务群众、奉献社会"为主要内容和要求的职业道德；以"尊老爱幼、男女平等、夫妻和睦、勤俭持家、邻里团结"为主要内容和要求的家庭美德。

（三）私德教育

1. 私德教育的基本内涵

私德，顾名思义，就是指与公德相对应的个人品德修养。它与公德相辅相成，缺一不可，共同构成社会道德。

2. 私德教育的重要性

没有个人的"私德"，也就没有真正意义上的"社会公德"。梁启超在《论公德》中说："道德之本体一而已，但其发表于外，则公私之名立焉。""人人独善其身者谓之私德，人人相善其群者谓之公德"。这就是说，私德是个人立身之本，公德是服务社会国家之本，如果个人私德不良好，往往就会妨害公德，所以一个人的私德是十分重要的，私德是公德的基础。私德，往往表现在独处之时，所以古人重视"慎独"。也正因为独处时最能表现私德，因而一个人的私德如何难以直接考察。但是，从一个人在公众场合的表现，则可以推测这个人独处时的品德状况。

我们经常会看到一些人在公开场合高谈"仁义道德"，背后却干着"道德败坏之事"。这种集体行为与个人行为的背离，知与行的背离，其根本原因就在于现在所推行的德育注重道德知识的传授，却忽视品德的培养，以至于人们缺乏的不是道德认知，而是道德品质。所谓道德品质，是指道德在个体身上表现出来的稳固的心理特征，即品德。而私德正突出地体现个人品德修养。因此，重视和加强个人的私德教育，有利于公德的培养，有利于集体行为与个人行为的统一，有利于知与行的统一。

3. 私德教育的目标要求

私德教育包括"知、情、意、行"即道德观念、道德情感、道德意志和道德行为四个内容。

道德观念是指对道德行为准则及其意义的认识。其中包括道德概念、原则、信念与观点的形成以及运用这些观念去分析道德情境，对人、对事和对自己的言行作出是非、善恶等的道德判断。

道德情感是伴随道德观念所产生的一种内心体验，也就是人在心理上所产生的对某种道德行为的爱慕或憎恨、喜好或厌恶等情感体验。强烈、健康的道德情感对品德的形成具有重要的意义，它是个体道德行动的内部动力，也是一种自我监督与自我检查的力量。在现实生活中，人们首先通过感情表明他们的需要，通过感情与他人建立或割裂联系，人们常常以他人的情绪表情和事物信息的情绪性作为鉴别判断的线索，以自己满意、不满意，肯定或否定的情绪化特征作为不加选择的第一反应，进而获得道德审美和精神享受。

道德意志是在自觉执行道德行为的过程中，克服所遇到的困难和障碍时所表现出来的意志品质。道德意志实际上是道德观念的能动作用，是人利用自己的意识通过理智的权衡作用去解决道德生活中的内心矛盾与支配行为的力量，这种力量经常在人为实现道德目标的行动中，通过采取积极进取或顽强自制两种形式得到具体表现。意志与行为紧密相连，体现在行为之中，是调节行为的精神力量。一个人有了道德观念，但是否引起行为，能否抗拒现实生活中的各种诱惑，使道德动机在内心冲突中战胜其他非道德动机，往往取决于其道德意志力。道德意志在道德观念转化为道德行为的过程中起着十分重要的作用。

道德行为是人在一定的道德意识支配下表现出来的对待他人和社会有道德意义的活动。它是人的道德观念的外在具体表现，是实现道德动机的手段。道德行为有两种不同的水平，初级水平的道德行为是一种不经常的、不稳定的、有条件的道德行为；高级水平的道德行为是一种无条件的、自动的、带情绪色彩的行为，即道德习惯。良好的道德行为习惯，能使品德从内心出发，不走弯路而达到高境界；而不良的道德行为习惯，会给改造不良品德工作带来困难。

参 考 文 献

[1] 程俊.高校师范生德育实效路径研究 [M].杭州：浙江大学出版社，2022.

[2] 许占鲁.高校思想政治教育过程的内生性建构研究 [M].杭州：浙江大学出版社，2022.

[3] 章旭.高校生态文化建设与文化育人路径探索 [M].北京：化学工业出版社，2022.

[4] 唐博.大学生德育教育创新研究 [M].长春：吉林文史出版社，2021.

[5] 富婷，曹景凯，赵品一.课程思政与英语教学研究 [M].成都：电子科技大学出版社，2021.

[6] 赵巧玲.育人理论与实践探索 [M].北京：中国纺织出版社，2021.

[7] 罗玲.新时代高校德育工作创新研究 [M].北京：中国农业出版社，2021.

[8] 周翠.高校美育德育的当代发展研究 [M].北京：中国纺织出版社，2021.

[9] 彭宗祥.新时代高校工程德育理论与实践 [M].上海：上海财经大学出版社，2020.

[10] 姚上海.高校大学生思想政治教育创新案例研究 [M].北京：光明日报出版社，2020.

[11] 董国良.教育理论 [M].北京：首都师范大学出版社，2020.

[12] 赵巧玲，宗晓兰.高校实践育人研究 [M].长春：吉林人民出版社，2020.

[13] 年仁德，戴淑贞，杨麦姣.高校中华优秀传统文化教育的设计与规划 [M].北京：知识产权出版社，2019.

[14] 焦金波. 多元文化中"生活认知"道德教育研究 [M]. 徐州：中国矿业大学出版社，2019.

[15] 孔亮. 高校德育教育引入传统文化的创新研究 [M]. 北京：世界图书出版公司，2018.

[16] 陈娟. 传统文化与高校德育教育工作融合研究 [M]. 北京：世界图书出版公司，2018.

[17] 周利兴，白戈枫，周效东. 云南省职业院校德育研究论文集 [M]. 昆明：云南大学出版社，2018.

[18] 姚运肖，韦地，王飞. 传统文化精神与大学生思想政治教育 [M]. 北京：国家行政学院出版社，2018.

[19] 代祖良. 创新校园文化的途径与方法 [M]. 北京：光明日报出版社，2018.

[20] 高姗姗. 高校思想政治教育与文化融合研究 [M]. 石家庄：河北人民出版社，2018.

[21] 王官成，苟建明. 高职院校文化育人的创新与实践 [M]. 北京：光明日报出版社，2018.

[22] 常佩艳. 文化视野下高校思想政治教育实践研究 [M]. 北京：九州出版社，2018.

[23] 邱影悦，徐辉，代小丹. 传统文化视域下大学生素质教育的培养 [M]. 长春：吉林大学出版社，2018.

[24] 奚冬梅，胡飒. 高校思想政治教育教学与实践研究 [M]. 北京：光明日报出版社，2018.

[25] 范锋，茅静华，高洁. 守正传承以文化人 [M]. 北京：光明日报出版社，2018.

[26] 滕飞. 思行致新——高校思政育人工作的探索与实践 [M]. 北京：中国经济出版社，2018.

[27] 刘志山. 社会主义核心价值观的多维视域 [M]. 广州：广东人民出版社，2018.

[28] 张淼. 中国传统文化与高校德育的融合研究 [M]. 昆明：云南科技出版社，2017.

[29] 裴苑竹. 传统文化下高校生态德育发展研究 [M]. 昆明：云南科技出版社，2017.

[30] 杨福荣，邰蕾芳. 中国传统文化与大学生德育教育研究 [M]. 西安：西安交通大学出版社，2017.

[31] 陈亚红，何艳. 传统文化与思想政治教育 [M]. 北京：中国轻工业出版社，2017.

[32] 王立荷，何丽，郭华. 传统文化与现代高校德育建设 [M]. 长春：吉林大学出版社，2017.